民航空中乘务专业系列教材

FLIGHT SERVICE SERIES

第5版

客舱服务技能与训练

贾丽娟 主编

高宏　田宇　黄天吉　刘英子 参编

北京·旅游教育出版社

民航空中乘务专业系列教材
编 委 会

主　任：高　宏

副主任：李　勤　　黄永宁　　姚红光　　杨　静

编　委：（以姓氏拼音为序）

安玉新	陈丹红	陈晓燕	陈振宇
成宏峰	程　茜	池锐宏	崔祥建
邓彦东	顾　骧	郭　蓓	韩　蕊
韩晓娜	何　蕾	何云画	洪　涛
黄建伟	黄　婧	黄天吉	贾丽娟
亢　元	李　程	李广春	李民田
李　仟	李永平	梁定召	梁悦秋
林　扬	刘　晖	刘英子	柳迪善
罗　丹	聂建波	彭飞扬	石　慧
苏雅靓	孙露铭	唐小燕	田　宇
王　傲	王化峰	王　娜	吴　菁
吴啸骅	向俊峰	向　前	谢小楠
熊　莹	薛兵旺	闫　华	杨　柳
杨　玮	余明洋	袁圣兰	张彩霞
张　晶	张　澜	张　丽	张晓明
郑大莉	郑　巍		

修订说明

民航空中乘务专业系列教材依据中国民航局关于空乘人员的素质、知识结构、能力要求开发和编写。作为全国首套针对空中乘务专业较为完善的系列教材，从2006年规划之初就一直坚持"探索教材体系、服务专业发展，创新教材内容、引领专业趋势"的指导思想。经过十几年的使用，本套教材得到了相关院校一线教师的充分肯定，获得了很好的口碑，对我国空中乘务专业的建设与人才培养发挥了重要作用。

我们欣喜地看到，在过去的十几年中，我国空中乘务专业办学层次不断提升，人才培养的内涵不断丰富，培养体系更加科学，在专业建设与教学改革方面取得了长足的进步。可以说，我国的空中乘务专业已经步入成熟发展时期。

此间，我们一直密切关注民航服务的实践，动态跟踪空中乘务专业的国内外发展趋势，不断深化对民航服务专业教育的认识。为适应未来民航服务国际化对人才培养的新要求，继续发挥本套教材在我国空乘服务专业教育的引领作用，完善教学体系和教学手段、丰富教学内容，提高教学的效率与质量，我们就教材在专业建设与人才培养中的实际效果以及毕业生在实际工作岗位上的职业发展进行了调研，在此基础上我们多次组织了工作在专业建设一线的空乘服务专业专家、教师对教材进行了修订，力图在教材的科学性、前瞻性和实用性方面有所创新，使这套空中乘务专业系列教材在未来的专业建设与人才培养方面发挥更大的作用。

本次教材修订我们主要遵循了以下原则：

1. 体现现代民航服务发展的趋势。《"十四五"民用航空发展规划》的发布全面开启了我国多领域民航强国建设的新征程。随着智慧民航建设新局面的拓展，民航服务学科的核心概念与外延正发生着变化。作为教材，必须反映这一发展趋势，摒弃传统的概念与思想，将智慧民航、绿色民航、民航安全等要素融入教材中，以发挥教材的导向作用，使教材的整体脉络更加科学、更具有前瞻性。

2. 提升教材的学科内涵。现今的空乘服务教育已从普通的专科教育为主，逐步走向本专科教育并存的格局，侧重点也开始从服务技能教育逐步向专注人才核心能力转变，学科的内涵逐渐凸显。为此，在本系列教材修订中我们适当融入了本科教学的理念，让教学内容更加体系化和饱满。

3. 教材编排模式向项目-任务式转变。项目-任务式教学模式是基于工作过程和岗位任职能力生成需要，把学习内容转化为以项目为载体、以任务为牵引的教学方式。通过强化学习者的主体地位，使学习者在完成任务的过程中，以体验、互动、合作的学习方式，感悟知识应用，形成技能技巧。这种方式更适用于职业教育教学的开展和教学目标的实现。

4. 理论与案例结合，着力于培育整体服务思想体系。空乘服务专业实践性很强，服务涉及的情境复杂，服务的艺术性凸显，教与学问题突出，理论的引领更需要案例的配合。为此，在本套教材修订过程中，除了进一步完善教材理论内容体系，还特别增加了案例的数量，并及时将最新的案例编入教材中，以为读者提供一个更为广阔的民航服务的"崭新空间"。

5. 从传统纸质教材向多媒体融合教材方向发展。我们在纸质教材的基础上，协同作者开发了配套的音频、实训视频、教学微课、延伸阅读、互动自测等多种形式的数字融媒体资源，并借助云存储及二维码链接技术进行线上呈现，极大丰富了课堂教学的形式，也更便于学习者自学。

6. 将课程思政有机融入，强调"立德"与"树人"并举。通过设定"素质目标"，或引入相关思政案例材料，来丰富教材的思政元素。

本套教材目前共有20个品种，涵盖了民航空中乘务专业的专业基础课、专业核心课及某些实训课，并在此基础上向航空运输大类方向有所拓展。另外，我们还策划出版了"现代航空物流管理系列教材"，可供学校根据专业方向进行选用。

高质量空乘服务人才的培养需要建立在科学的培养模式、学科建设、规范的课程体系以及合理的课程内容与有效的教学方法基础上。希望本套教材的修订再版能在优化民航空中乘务及相关专业培养方案、完善课程体系、丰富课程内容、传播交流有效教学方法方面尽一份绵薄之力。

对于教材使用中的问题，我们衷心希望能够得到广大师生的积极反馈及专家学者的批评指正，我们会全力以赴地不断提升教材的品质，以回报给予我们大力支持的广大师生。如有建议或疑问，欢迎发邮件至wytep@126.com。

旅游教育出版社

第5版前言

民航客舱服务，是空乘服务人员与乘客面对面、直接打交道的一个过程，是空乘服务环节中的重中之重。客舱服务水平的高低将直接影响乘客对航空公司的印象，并很大程度上决定着他们是否会再次选择乘坐某个航空公司的航班。客舱服务人员作为航空公司的形象代表，对客服务中的一言一行都是至关重要的。而且，客舱服务是一个实践性很强的工作，需要在掌握服务知识的基础上并经过大量的模拟训练，才能达到学以致用，为乘客提供高质量的服务。依据这些需求，我们特组织编写了"民航空中乘务专业系列教材"系列之《客舱服务技能与训练》。

本教材共分六个模块，另有附录一篇。模块一是对客舱服务技能的概述及要素分析与基础训练；模块二、模块三和模块四是客舱服务的基础理论知识，包括客舱服务的工作程序、客舱服务技能、客舱安全与旅客管理；模块五和模块六主要是客舱服务专业技能培训的内容，包括客舱中的应急处置和客舱服务模拟训练；附录主要介绍的是飞机客舱设备与系统。

本教材涵盖了客舱服务的基本概念、工作程序、典型案例和技能训练。在详解客舱服务基础知识的同时，更多突出了客舱服务技能培训与应用，例如对迎送客、安排客人就座、安置客人行李、安全检查、发放餐食饮料、巡舱、单项动作技能等，都用较大篇幅做了详细说明。教材中选择的案例，都是民航业发生的真实典型案例，对教学可起到良好的辅助作用。本书既可作为民航服务、特别是空乘相关专业的教材，也可作为空乘人员的培训用书，还可供有志于投身航空服务事业的人士参考阅读。

本教材自2009年首次出版以来，得到了诸多的肯定和反馈，我们也一直紧跟行业发展及教学需要进行不断修订和更新，本次为第5版修订。修订后的教材具有如下特点：

1. 以当代民航精神中的"三个敬畏"（即敬畏生命、敬畏规章、敬畏职责）为内核，突出课程思政

教材将思政教育元素与专业课程知识有机融合，引导学生不忘安全初心、注重工作细节、从典型案例中汲取榜样力量，发挥专业课教书育人的协同作用。

2. 推进数字化教学改革

为推进"三教"改革，我们重新组织拍摄了教材配套相关图片、部分模拟训练视频，重新制作了课件，并将部分资源以二维码的形式在教材知识点位置进行呈现，方便课堂数字化教学的开展。

3. 深化任务驱动型教学

本教材采用"模块–任务型"模式编排，特别关注学生知识和能力学习的过程性评价。特别是在模拟实训模块，以目标为引领，以任务为驱动，设计实训项目和任务，明确实训内容、过程及目标，并按照相应民航工作标准对学生的学习过程和学习结果进行动态评估。

4. 适应民航业的新形势发展，让教材与时俱进

由于疫情和国际形势趋于复杂性的发展，航空服务的技能和规则也在不断变化、更新和迭代中。本教材吸纳了乘务飞行经验超过十年的资深乘务长、乘务教员和标准化制定修订专家作为新的编写组成员，力求把最新的、最标准的行业规范引入到理论和实践教学中来。

本教材由沈阳航空航天大学贾丽娟副教授担任主编，参编者多为飞行经验丰富的乘务专家以及多年从事航空服务相关专业教学的一线教师，包括沈阳航空航天大学高宏教授和田宇副教授，以及天府新区通用航空职业学院黄天吉、刘英子老师（原四川航空股份有限公司乘务员）。修订后的教材共包含六大模块以及一个附录。其中，第一模块，由贾丽娟和高宏编写；第二模块和第六模块，由贾丽娟编写；第四模块，由贾丽娟、刘英子编写；第三模块和第五模块，由田宇、贾丽娟、刘英子、黄天吉编写；附录由贾丽娟和黄天吉编写。在本书的编写和修订过程中，我们参考了许多著作、教材、培训资料、论文、报纸等文献，另外也与国内、国外多家航空公司的多位中国籍乘务员、乘务教员进行了广泛沟通，在此特表示感谢。

此外，在拍摄教学视频和图片过程中，编者还得到了很多在校学生的大力支持，他们是：蒲文才、李思宇、富杨芷、常一惠、高嘉莹、姚钧瀚、高子恒、牛晓丽、冯天慈、傅敬毅、杨珂璇、于山惠、穆伽琳、孙鑫宇、李欣楠、崔馨元、高子淳、苏怡宁、王雯萱、王莹旋、彭思程、霍安琪、孙颢纯、赵怡宁，他们的训练照片和视频为本书添光加彩；吴扬明同学协助完成了大部分图片和视频的拍摄工作。在此一并表示感谢！

由于作者学识水平有限、对专业的理解尚浅，书中难免会有一些缺点和错误，恳请广大读者和专家予以批评指正。

编　者

目 录

模块一　客舱服务技能要素分析与基础训练 ……………………… 1

　任务一　初识客舱服务技能 …………………………………………… 3
　　一、客舱服务的含义 ………………………………………………… 4
　　二、客舱服务技能的特点 …………………………………………… 5
　　三、民航事业发展对客舱乘务人员的基本要求 …………………… 10
　　四、当代客舱服务技能的发展趋势 ………………………………… 12

　任务二　了解客舱服务技能的要素构成 ……………………………… 16
　　一、服务技能要素 …………………………………………………… 17
　　二、客舱服务技能的要素构成分析 ………………………………… 17

　任务三　服务技能的要素培养与基础训练 …………………………… 23
　　一、服务意识的训练 ………………………………………………… 23
　　二、服务心态的培养与养成 ………………………………………… 26
　　三、应变能力的培养与养成 ………………………………………… 28
　　四、发现问题能力的培养与训练 …………………………………… 30
　　五、解决问题能力的训练 …………………………………………… 32
　　六、服务中的技术方法 ……………………………………………… 34
　　七、服务中的技术规范 ……………………………………………… 35
　　八、服务中的技巧 …………………………………………………… 36

模块二　了解客舱服务的工作程序 ……………………………………… 39

　任务一　了解客舱服务的内容 ………………………………………… 43
　　一、基本内容 ………………………………………………………… 43

二、延伸服务 ·· 47
　任务二　熟悉客舱服务的基本程序 ································ 52
　　一、预先准备阶段 ·· 53
　　二、直接准备阶段 ·· 57
　　三、飞行实施阶段 ·· 62
　　四、飞行后讲评阶段 ·· 81
　　五、航空安全员工作程序 ······································ 86
　任务三　了解乘务服务各岗位工作职责 ···························· 88
　　一、客舱乘务员职责 ·· 88
　　二、厨房乘务员职责 ·· 89
　　三、广播员职责 ·· 90
　　四、乘务长（主任乘务长）职责 ································ 90
　　五、宽体客机区域乘务长职责 ·································· 91
　　六、要客服务人员的职责 ······································ 92
　　七、专 / 包机乘务组工作职责 ································· 92

模块三　客舱服务技能 ·· 97
　任务一　掌握有声语言服务技能 ·································· 98
　　一、服务用语规范 ·· 98
　　二、客舱服务语言技巧 ······································· 100
　任务二　掌握无声语言服务技能 ································· 105
　　一、迎客并引导旅客入座 ····································· 105
　　二、书报杂志服务 ··· 106
　　三、餐饮服务 ··· 108
　　四、灯光服务 ··· 116
　　五、门帘服务 ··· 117
　　六、电子娱乐服务 ··· 117
　任务三　掌握客舱服务专业术语 ································· 118
　　一、客舱服务专业术语 ······································· 118
　　二、乘务专业英文代码的含义 ································· 121
　　三、机上特殊餐食 ··· 121

模块四　客舱安全与旅客管理 …… 127
任务一　掌握客舱安全管理的核心要素 …… 129
一、客舱安全管理对飞行安全的影响 …… 129
二、客舱安全管理的目标及实现 …… 131
三、客舱安全管理的内容 …… 134
四、旅客的安全管理 …… 142
五、关于客舱安全的有关规定 …… 147

任务二　掌握特殊旅客服务的技巧 …… 152
一、特殊旅客的接受和处理原则 …… 152
二、特殊旅客服务程序 …… 152
三、特殊旅客的范围和服务 …… 153
四、特殊旅客运输 …… 163

任务三　掌握非正常情况的处置 …… 168
一、旅客管理规则 …… 168
二、旅客冲突 …… 168
三、旅客非法行为 …… 169
四、旅客遗失物品 …… 171
五、非常规旅客的处理 …… 172

任务四　掌握旅客运输常识 …… 175
一、国内旅客运输常识 …… 175
二、国际旅客运输常识 …… 179

模块五　客舱中的应急处置 …… 184
任务一　掌握灭火的处置 …… 185
一、飞机上常见的火灾隐患与类型 …… 185
二、乘务员对烟雾和起火的基本处置程序 …… 186
三、特定设备与环境失火的处置 …… 188
四、预防火灾 …… 191

任务二　掌握反劫机的处置 …… 191
一、遇有劫机时客舱乘务员的工作指导方针 …… 192
二、遭遇劫机时的处置方法 …… 193

任务三 掌握客舱释压的处置 ·················· 195
一、释压类型 ················· 196
二、客舱释压的反应 ············· 196
三、释压的处置 ················ 198

任务四 掌握危险物品的处置 ·················· 199
一、危险物品的定义 ············· 199
二、危险物品的分类 ············· 199
三、危险物品的运输限制 ··········· 203
四、飞机上发现危险物品的处置 ······· 205
五、处理危险物品应遵循的原则 ······· 206

任务五 掌握紧急迫降和应急撤离的知识和技能 ········ 206
一、紧急迫降和应急撤离的类型 ······· 207
二、紧急迫降和应急撤离的基本处置原则 ··· 208
三、迫降和撤离时机组人员的职责 ······ 208
四、应急撤离的基本知识 ··········· 210

任务六 掌握撤离后的求生技能 ················· 223
一、陆地求生技能 ··············· 223
二、水上求生技能 ··············· 228
三、特殊环境中的求生技能 ·········· 231

任务七 掌握机上急救的常识和技能 ··············· 232
一、急救步骤 ················· 234
二、威胁生命的紧急事件 ··········· 236

模块六 客舱服务模拟训练 ···················· 262
任务一 客舱服务技能分项训练（一） ············· 262
一、航前个人准备练习 ············ 262
二、航前准备会 ················ 263
三、起飞前项目检查练习 ··········· 264
四、经济舱迎送客练习 ············ 264
五、应急出口座位介绍练习 ·········· 265
六、安全演示及安全检查 ··········· 266

七、报刊服务练习 ································· 267
　　八、客舱广播练习 ································· 268
　　九、航后讲评练习 ································· 268
任务二　客舱服务技能分项训练（二）············· 269
　　一、托盘练习 ····································· 269
　　二、手推车练习 ··································· 270
　　三、欢迎饮料服务练习 ····························· 271
　　四、饮料单服务练习 ······························· 273
　　五、饮料服务练习 ································· 274
　　六、毛巾服务练习 ································· 278
　　七、餐布服务练习 ································· 280
　　八、餐食服务练习 ································· 282
　　九、水果切割服务练习 ····························· 285
　　十、乳酪服务练习 ································· 286
任务三　案例模拟训练 ································ 289
　　一、训练目的 ····································· 289
　　二、训练内容（案例） ····························· 289
　　三、训练组织 ····································· 292
任务四　客舱服务综合训练 ··························· 292
　　一、训练目的 ····································· 292
　　二、训练要求 ····································· 293
　　三、训练内容 ····································· 295
　　四、训练组织 ····································· 300
　　五、训练讲评 ····································· 300

附录　飞机客舱设备与系统 ··························· 301
　　一、急救设备 ····································· 301
　　二、烟雾及灭火设备 ······························· 306
　　三、厨房设备 ····································· 312
　　四、旅客服务设备 ································· 314
　　五、安全设备 ····································· 316

六、紧急撤离设备 …………………………………………………… 318
七、氧气系统——氧气面罩 ………………………………………… 327
八、空调和增压系统 ………………………………………………… 329
九、通信系统 ………………………………………………………… 329
十、客舱灯光系统 …………………………………………………… 332

二维码教学资源列表

资源类型	项目名称	页码
模拟训练视频	6-1 航前准备会	263
	6-2 迎客	264
	6-3 送客	264
	6-4 客舱安全演示	266
	6-5 客舱安全检查	266
	6-6 着陆前广播	268
	6-7 着陆后广播	268
	6-8 发放饮料	274
	6-9 客舱全流程服务	295

模块一
客舱服务技能要素分析与基础训练

模块导读

客舱服务技能是客舱服务工作能力的体现，特殊的技术性又决定了其职业的特征。本模块全面阐述了客舱服务技能的概念、特点和基本要求；从社会价值角度分析客舱服务技能的要素与要求；并根据当代民航服务的现状，分析我国客舱服务技能的发展趋势。从客舱服务技能的形成来看，服务技能是一项综合能力，但其微观上是由各个要素和要素之间的相互联系所构成的。因此，提高服务技能需要从技能要素的培养与训练入手，经过训练过程，培养健全的技能要素。

学习目标

1. 明确客舱服务技能的概念与内涵，加深对客舱服务技能的理解，强化对现代客舱服务技能的全面认识；掌握客舱服务技能的特点，了解客舱服务技能的基本要求，明确职业养成的基本问题，建立职业发展的基本思路；

2. 理解客舱服务技能的要素与本质，明确技能要素的构成以及相互关系；理解技能要素形成的基本规律；建立客舱服务技能的完整体系；

3. 通过各技能要素的状态评估，评价自己的服务技能状态，明确努力方向；

4. 通过技能要素训练，使各个技能要素得到真正的提高，从而提高技能素质，为全面提高服务技能奠定扎实的基础。

📄 行业观点

客舱服务体现着企业的文化品位

服务与安全、效益一样,关系到企业的生存和发展,关系到公司的形象和员工的利益,关系到公司的前途。乘务员是服务真正的探究者、操练者和执行者,怎样通过乘务员的心、手、表情、语言和行为使服务发挥出最大的效应,是我们共同研讨的课题。航空企业竞争的激烈和残酷,使竞争的局面上升了一个档次,除了实力的竞争、管理的竞争,更深一层的竞争是文化的竞争。

客舱服务绝不能停留在端茶倒水上,即使是端茶倒水也要端出品位来,创造性地开发客舱文化。要明了旅客的困难、要求和情绪,并用心去感受、体会和认同他们,用热诚、友善、行动去帮助旅客、感染旅客,并将这个过程转化为无与伦比的服务品质和口碑,用爱心、智慧创造个性化的服务、人情化的服务,甚至是家庭式的服务、奇迹式的服务,使旅程变得传奇和难忘,让旅客精神愉悦、一路开怀,情不自禁地愿意再一次光顾我们的航班。对于服务工作的热爱和真诚远比服务技巧更重要,要把服务变成生活的一部分,把工作变为一种享受和乐趣,用头脑、用心思挖掘这种乐趣,研究旅客的不满意点、遗憾点、希望点在哪里,把旅客的需求、难题、建议甚至投诉作为研讨的课题,追求旅客满意的最大化,这是检验我们服务质量的标准,也是我们获得成功的秘诀之一。我们必须去创造这种文化并宣扬这种文化,让文化影响到每一个角落,让舆论和氛围教育人、塑造人。

要摆正自己和旅客的位置,提供优质的服务。要明确服务的对象是谁,过去我们都把旅客视为"上帝",其实"上帝"离我们太遥远了,敬的成分多,爱的成分、亲的成分、情的成分不见得多,这个比喻可能不是很恰当。我们不能对旅客敬而远之,应该把旅客看成亲人、看成自己的朋友、看成衣食父母,甚至看成是需要倍加呵护和疼爱的幼子和爱人。旅客的身份各有不同,有长者、有晚辈,也有和你们同龄的年轻人,从职业上来讲更是千差万别。作为乘务员,怎样调整好自己的情绪,扮演好不同的角色,这又是需要大家共同商讨的课题。乘务员在航班中扮演什么角色的问题,答案有十几种。有人说,乘务员是服务员,是协调员,是医生,是护士,是向导;还有人说,乘务员是阿姨，是保姆，是搬运工，甚至是出气筒。这些角色并不过分，我们扮演的角色就是旅客需要的角色，并且要扮到最好，让旅客满意。比如，飞机上旅客之间发生不愉快，你就是协调员、劝解员，协调、安抚、帮助他们，让他们彼此之间露出笑容，你就演好了这个角色。飞机上有病人、老人、幼儿，你就是医生、阿姨。飞机上的大、重行李，需要你安排、摆放，你就是搬运工。出气筒的角色最不容易当，以前有人设想过空中委屈奖，就是这个意思。旅客由于自己家中的原因、地面的原因或其他各种外界因素，引起不快、伤心或愤怒，无处发泄，又急需找个出口释放，没关系，我们来当这个"出气筒"，多忍耐、多理解、多宽容。首先要当好听众，带着微笑倾听，然后再转换成劝解员、向导、心理医生的角色。总之，扮演好飞机上旅客需要的各种角色，我们离成功的距离就会越来越近，这是我们成功的又一个秘诀。无论是追求全面的品质服务，还是追求最佳的角色演绎，最终的目标就是追求旅客满意度的最大化，最大限度地满足广大人民的利益。

服务永无止境，成绩属于过去，明天更需继续努力，让服务成为旅客喜悦和满足的源泉。

任务一　初识客舱服务技能

服务技能，是指服务业从业人员在从事服务工作时所涉及的相关技能。服务技能，是服务操作中体现的技术能力。服务技能，是服务人员提供服务的基础，服务质量标准必须规定服务人员的技能要求。服务技能包括，应当具备的服务专业知识和服务技术熟练程度，有时还需要一定的服务经验。

客舱服务技能，是指在客舱服务过程中所涉及的相关技能，可分为动作技能和心智技能。如在巡舱、发派餐食等客舱服务活动中，动作技能起主导作用；而在对客沟通、特别是在针对特殊旅客的服务过程中，心智技能则起主导作用。

一、客舱服务的含义

对客舱服务最朴素的理解基于对服务基本概念的理解，因为客舱服务也是一种服务，不过它是一种特殊的服务，或者说是一种特殊行业的服务。但客舱服务作为服务行业的标志，与其他服务行业相比，其服务环境（服务场所）、服务内容与服务对象的特殊性，隐藏着客舱服务追求至高无上服务境界的神秘，揭示了客舱服务的整体概念。

从狭义角度看，客舱服务是按照民航服务的内容、规范要求，以满足乘客需求为目标，为航班乘客提供服务的过程。对客舱服务的这种理解，强调空中乘务就是一个规范性服务职业，体现了客舱服务作为服务的基本特征。但很明显，狭义的理解无法涵盖客舱服务的全貌与本质，更无法体现客舱服务追求至高无上服务的境界。

从广义角度看，客舱服务以客舱为服务场所，以个人影响力与展示性为特征，将有形的技术服务与无形的情感传递融为一体的综合性活动。这种理解，既强调客舱服务的技术性，又强调客舱服务过程所不可缺少的情感表达；而对客舱服务人员的个人素质与外在形象的特殊要求，以及在服务过程中所表现的亲和力与个人魅力的展示，也包含在服务的内容之中。

广义的客舱服务强调：第一，服务过程的完美性。完美，即无缺陷、无可挑剔，无懈可击。完美必然包括服务与环境的和谐、服务与内容的和谐、服务人与被服务人的和谐。在客舱服务发展过程中，航空公司不断追求文化理念、服务细节、亲情传递的完美结合，创造着崭新的服务境界。第二，服务过程的温馨备至。温馨即轻松、自然、亲切与快乐，核心是服务人员将自己的心境完全融合到服务过程，融合到乘客的情绪之中，心随乘客心而动，以暂时的自我"丢失"换来乘客的喜悦，以充分的个人展示换取乘客"忘我"的体验。第三，服务人员个人魅力的必要性。温馨的服务氛围是通过服务人员的个人魅力与高超的服务艺术创造出来的。人是服务过程的核心因素，客舱服务人员的个性影响力与展示性成为客舱服务不可或缺的重要因素。尽管我们不能过多强调客舱服务人员的外在特征的重要性，但离开了客舱服务人员的良好的外在条件，至少缺乏了"灵气"。我们赞誉航空公司的服务，空姐的良好形象是不可缺少的要素之一，空姐的美丽与高雅，在一定程度上代表着航空公司的形象，也是树立公司品牌的有力武器。

客舱服务是个完美的过程，服务的过程除了提供必要的、规范的服务之外，还传递着一种精神和文化，代表着一个民族的基本特征。因此，对从业者有着很高的要求，包括文化素质、修养程度、意志品质、技艺水平、机智灵敏和持之以恒的精神。

当然，我们认识客舱服务的时候离不开服务的本质，细微之处展现的是客舱服务人员的基本素质，因此，我们时刻要铭记客舱服务是一个平凡的工作，客舱服务人员是普通的人。

图 1-1　优雅的职业形象

心理学的研究结果显示，人的心理活动首先来自外部环境信息对视觉的影响，当人展现出魅力后，其以后的活动都具有魅力，即所谓"首因效应"，它决定着人的心理活动与情绪变化。魅力与人的外貌、气质息息相关。从心理学角度来说，魅力是一种赏心悦目、牵人情思的吸引力，具有一种扣人心弦、催人上进的感染力，它对服务质量与服务境界具有一种潜移默化的作用，将个性魅力与服务环境、服务内容完美结合起来，便形成了服务的个性。所以，塑造个性的魅力应该成为一个优秀空中乘务人员的不懈追求。

二、客舱服务技能的特点

客舱服务，是在特殊环境下对特殊群体进行的服务。由于环境等因素的限制，使得客舱服务技能具有自身的特性，体现在以下几个方面：

（一）程序标准化

服务标准可以涵盖的内容很多，包括一系列的服务制度、行为准则与规范，对于服务型企业来说，服务标准的精细化可以从以下几个方面去完成。

1. 规范性

服务标准的规范性，就是要求企业在制定服务标准时，一方面必须遵循行业管理的标准与规范，另一方面必须建立符合自身发展的行为标准与规范。对于前者，就是企业服务与管理必须是在国家的法律、行业的规章制度的约束下进行的。对于后者，则明显具有很大的灵活性，但同时也受到客户需求的约束。不过，除了这种宏观层次的规范之外，精细化要求更多的还是微观层次的规范。如服务的流程、服务的语言与态度、服务的仪表与着装、服务的内容与技术等。

航空公司服务的手段，除正常吸引服务对象的程序和亮点之外，其根本是一个持之以恒的过程。服务疲劳和服务对象需求标准的不断提高，是摆在民用航空服务业前非常难以逾越的一道鸿沟，尤其是在民航运输业的发展中，不能明确的某些法律、法规等制度，更为在前进道路上蹒跚起步的航空企业徒增困难和障碍。下面从行为标准开始逐个展开细节，力求通过对供需双方行为标准的规范和完善，达到促进民用航空服务生产力进一步发展的目的。

2. 安全性

任何一个行业，任何一种服务，都可能存在安全的问题，只是不同的行业或是不同的服务，其安全性的要求与重要程度不同而已。服务标准的安全性，要求的就是在服务流程设计、服务规则制定的过程中，必须坚持安全这一基础要求。事实上，在大部分的服务型企业，安全都是一个重要的问题，如旅游服务企业、酒店服务企业、交通运输服务企业等。

3. 及时性

在瞬息万变的社会里，人们最大的需求莫过于时间。在社会服务领域，人们不管是出于什么目的，或是购买什么样的服务，都希望能够在较短的时间内获得自己想要的产品或服务，如在银行排队等候办理业务、在机场排队等候安检、在商场排队等候交款或是心里等候邮件的到来、交付的货物及时到达等。对服务满意与否，完全取决于客户的耐心与企业的承诺，因此，服务型企业在制定服务标准，做出服务承诺时，应准确调查分析客户能够耐心等待的时间，以便实现服务的及时性。

4. 实用性

实用性，应该从两个角度来解释：一个角度是企业自身，要求所制定的服务标准应该具有可操作性，能够指导一线的员工；另一个角度是从客户的角度来讲，要求所制定的服务标准应该是适用的、符合客户需求的。换句话说，它要求企业所提供的服务是客户想要的，是对客户有帮助，或者说是有价值的。事实上，作为消费者或是客户，我们也经常购买或是享受一些服务，确实是有些服务并不是我们想要的，或者是符合我们要求的，甚至很多时候我们会有一种被强加的感觉。

📄 案例

服务在于细节

一直在国内飞行，感受着国内航班的服务，耳边也总是充斥着旅客的抱怨与不满，更有些看似"走南闯北"的人感叹，看看人家国外航空公司的服务，那才是上帝的感觉。

曾有机会去美国，但由于国际长途乘坐的是国内航空公司的航班，也就无法感受外航服务。但是，在其国内，我们也乘坐了美国国内航空公司的航班，如美联航、三角航等，并没有感受到与我国国内航班的差异，甚至有一种不如的感觉。然而，旅客的平静与高素质却让我震惊。

有一次，我们选择了日航的航班，由北京飞往东京，平静地感受了一下外航的服务。曾有人称，在相同的航线上，日航的票价就是坚挺，比国内航空公司票价水平要高出10%以上。究其原因，就是因为日航的服务好。那么怎样才是好，好在什么地方，却鲜有人描述。

一路上，带着一种挑剔，慢慢地感受着服务的差异。与国内航班相比，日航的服务似乎更为简捷，没有多余的花边服务（如健身操之类），但有两点却让我印象很深：一是茶水服务。在按照规定的程序配置完一次饮料、餐食之后，每一个乘务员并没有停歇下来，而是轮换着端着茶壶与杯子，在客舱里来回巡视，面带微笑地询问着，是否还需要茶水，每一个旅客几乎不需要按服务铃，就能随时得到茶水。二是安全服务。记得我在国内航班曾有这样的经历，一次，我们几个同事一起由北京去广州，中途我们起来走动，聚在一起聊天，突然飞机颠簸了起来，一个同事还不小心摔倒了。随后，才听到飞机广播中传来乘务员急促的声音，我们的飞机遇到气流，请大家回座位，系好安全带。这一次，我们同样遇到了气流，但是，却没有发生类似的问题。原来，在遇到气流之前的四五分钟，乘务人员就通知旅客回座位坐好，系好安全带，并关闭了客舱卫生间。也许你会说，那样的事件发生是我们旅客不注意安全造成的，但是，这种通知发生在遇到气流之前与之后的差异，却是我们不得不深思的一个问题。

记得有一次，我乘坐国内某航空公司航班去该公司授课，在航班上，有几个两三岁的小孩在客舱里到处乱窜，他们的父母看着只是哈哈大笑，谁也没有意识到这可能存在着危险。同样，乘务员也没有人去提醒。那是一个雨季，很容易遇上飞机颠簸的。当时我就在想：如果飞机颠簸，小孩受伤了，责任在谁？

我想，上述的案例或许已帮我们回答了什么是服务：服务于无形之中，服务于细致之处！

（资料来源：郑建军.《服务在于细节》.摘自《中国民航报》.）

（二）操作特殊化

客舱服务技能的特殊性，体现在以下几个方面。

1. 安全责任重大

让乘客安全抵达目的地，是机组成员的基本任务。空乘人员服务于客舱之中，面向形形色色的乘客。正常情况下，空乘人员首先就是安全员，担负着观察、发现、处理各种安全隐患的任务，担负着维持客舱秩序的任务，消除各种危机事件对飞行与客舱安全的影响。特别是在紧急状态下，空乘人员作为机组重要组成部分，担负着帮助乘客面对危机的责任。因此，参与飞行安全管理是空乘服务人员的基本任务，安全责任更大，远远超过其他服务行业。

📄 案例

南航空姐凭借嗅觉阻止了一场恐怖袭击

2008年3月7日，南航从乌鲁木齐飞往北京的CZ6901航班，在飞行途中发现个别旅客持有可疑液体，为确保旅客安全，飞机备降兰州中川机场排查，几名疑犯被警察带走后，飞机再度起飞安全抵京。

据介绍，一名来自新疆的19岁维吾尔族女子，将汽油注入易拉罐后带上飞机，并用香水掩盖汽油味。

事后，南航披露，企图制造事端的女子从飞机洗手间出来后，被乘务人员闻到其身上的气味不对，洗手间门口也有刺鼻的香水混杂汽油的味道，随后的搜查中，乘务人员在洗手间垃圾桶内发现可燃液体。之后机组保安及时将数名疑犯隔离。

2. 服务环境特殊

客舱是个特殊的场所，面积狭小，设施功能特殊，人员密集，而且客舱服务既受到飞行状态的影响，又受到乘客心理状态的影响。绝大部分服务工作是在运动中开展的，服务过程要受到飞行状态、各种规范的制约，因此，服务行为既有机动性，又必须符合规范的要求，服务过程必须与机组人员密切配合，发挥团队精神。

3. 技术性强，服务内容繁杂

飞行器飞行中，不同阶段有着不同的特性，要求服务过程必须符合技术规范的要求，不允许随意性；客舱中的各种设备、设施都与安全密切相关，操作过程严谨、规范；服务内容涉及的范围广泛，每个过程与环节均有技术规范的要求。

4. 个性呵护明显

乘坐飞机旅行是个心理状态不断调整的过程，在飞行的不同阶段以及不同气象条件下，乘客有着不同的心理、感觉和身体反应，甚至很多乘客处于紧张状态，存在恐惧心理。因此，服务过程需要服务人员采取积极措施，采取个性化服务，消除乘客的紧张情绪，稳定乘客心理，并协助乘客消除和缓解身体的不良反应。

5. 对服务人员的综合素质要求高

由于飞行环境、服务对象以及服务过程的特殊性，服务人员将面临复杂多变的各种问题和突发事件。这就要求乘务人员具有如下综合能力与素质：稳定的心理素质，临危不惧，果敢坚定；善于发现问题，果断处理问题；具有灵活的沟通能力和应变能力，能有效地与不同乘客进行沟通；具有很强的亲和力和超越自我情感的职业情感，能够向乘客奉献爱心、提供优质服务等。

三、民航事业发展对客舱乘务人员的基本要求

空乘人员是航空公司服务理念的传递者,是服务过程的完成者,也是情感的交流者。因此,空乘服务人员不仅要有美丽的外表,更重要的是要具备良好的内在修养、良好的心理素质、高尚的情操以及熟练的服务技能。概括起来,对空乘服务人员的基本要求有以下几个方面:

(一)外在条件

良好的外在条件,可以在乘客心里建立良好的第一印象和亲切感,增加感染力与亲和力。研究表明,美丽外表可以增加人的魅力,而无限的魅力使人感到安全、信任、可亲、可敬,也可以缓解心理压力。美是一种力量,是一种环境要素,甚至可以说,美就是生产力!同时,空乘服务人员展示着航空公司的形象,体现着航空公司的个性。因此,对空乘服务人员提出外在条件的基本要求是必需的。

图1-2 良好的亲和力

需要指出的是,我们对外在条件的要求,更重要的是体现在以外在条件为基础的、由内在气质所决定的整体美和亲和力,而不是简单的漂亮外表。

对于外在条件问题,很难用整齐划一的标准来衡量,但其基本点是一致的。其一是亲和力,即微笑中表现着真诚,眼神中闪烁着善良,表情中渗透着积极向上的情绪;其二是协调,即身体结构的协调以及动作的协调,前者是医学上的定义(形体美),后者是动作上的协调(体态美)。

(二)意志品质

性格决定命运。一个人的性格如何,跟他一生的发展、生活、工作乃至身体都有直接的关系。通常人的性格由四方面主要内容构成:态度、意志、情绪与理智,它们形成一个统一的整体,成为每个人的性格,自然就有优劣之分。好的性格,在这四个方面的表现都是上乘,缺一不可。其中意志起着特殊重要

的作用,它既能调控态度,又能调控情绪,并且促进和保证理智的充分发挥。空乘服务人员将面临复杂的服务环境与服务对象,因此,对空乘人员的意志品质要求是必需的。

自觉、坚持、果断、自制是构成一个人意志品质的四个基本因素。自觉主动,是意志品质的一个重要特征;持之以恒、坚持到底,是意志品质的另一重要特征;做事果断、当机立断,是意志品质的第三个重要特征;自控能力,是意志品质的第四个重要特征,是体现意志品质的保证。

鉴于意志品质在工作生活中的特殊作用,重视空乘人员意志品质的培养与考察将成为今后空乘人员选聘的重要依据。

(三)心理素质

在客舱服务中,经常遇到突发事件、复杂问题,需要冷静果断的处理。这就需要乘务人员具备良好的心理素质。经验表明,各种突发事件处置成功与否,取决于机组人员在整个特殊情况处置过程中良好的心理状态、正确的决策选择、准确的处置方法。因此,作为一名成熟的机组人员,其技术素质得以充分发挥与具有良好心理品质是分不开的。健康稳定的心理素质,将有利于空乘人员在面对各种突发情况时能够自控,保持情绪稳定,做到处变不惊,沉稳果断,游刃有余。如果没有稳定的心理素质,机组人员很难镇定自若、迅速有效地处理特殊性问题。同样,面对挫折、打击,甚至受到乘客不公平的对待时,良好的心理素质决定了其行为趋势,也就决定了行为后果。

(四)文化修养

文化是一个人思想意识、行为举止、道德风范以及价值观念的根基,通常所说"服务在服务之外"就是说明文化修养对服务人员的潜移默化作用。我国汉代文学家刘向说:"书犹药也,善读之可以医愚。"所谓"医愚",从心理与保健角度讲,就是使人开朗、消怒化郁,提高对人生意义的认识,读书作为一种积极的思维模式,可以增强人的信心、决定和能力。有良好文化修养的人更豁达、心怀开阔、更容易理解他人,更容易创造沟通的氛围。

文化修养决定着人的品位、思维方式、内在气质以及合作意识,有利于塑造高雅的气质和亲和力,提高自身的修养,同时深厚的文化底蕴有利于学习型组织的形成,有利于职业生涯的延续。因此,提高空乘人员的文化层次,提高文化修养将是今后的必然趋势。

(五) 合作精神

合作是一种价值趋向,在实际工作中合作是指能主动配合、分工合作,协商解决问题,协调关系,从而确保活动顺利进行,同时每个人都从相互配合中实现了目标。现代社会中,合作是基本的工作方式,也是趋势性价值取向。

客舱内的工作环境十分复杂,所出现的突发事件都具有不同程度的危害性,同时,由于飞行技术的复杂性以及危机事件处理技术的复杂性,需要机组人员团结一致,分工合作,互相鼓励,密切配合。合作是一种精神,也是一种职业道德,更是一种力量。因此,对合作精神的要求将列入选拔、培养空乘人员的重要因素。

(六) 服务意识与技能

服务意识,是服务人员主动、全面、周到服务的思想动机,是人们服务行为的方向与驱动力。有了良好的服务意识,就可以很好地体察乘客的需求,并驱使自己马上投入到满足乘客的需求中来。事后的领悟与事前的预见,使事情完全处于两种截然不同状态,这就是服务意识的差别,也就从根本上决定服务水平的高低。

服务意识和服务技能之间的关系是辩证的,必须高度统一起来。服务意识必须有服务技能作为保证,"服务意识到了,但没有做到"这是技能方面的差异。在提高服务意识的前提下,需要坚持不懈的努力,使乘务人员掌握全面、熟练的服务技能,保证服务质量。

图1-3 良好的服务意识

四、当代客舱服务技能的发展趋势

随着航空事业的发展和人们需求的多样化,人们对客舱服务的要求越来越高,同时,个性化服务的推广，使得空乘服务人员素质与服务质量对航空公司的影响越来越大。因此，审视当代民航事业的发展对客舱服务的要求是十分必要的。

（一）服务水准全面提高

随着社会的不断进步和人们对客舱服务消费需求向高层次、多元化以及细致全面的方向发展，客舱服务的水准将全面提高，以适应这种大的社会背景的变化。

从新中国第一代空乘服务人员的粗犷式服务，到今天的现代化的、细致入微的航空服务，经历了几代人的努力、奋斗与追求，客舱服务技能也必将朝着更高的水准发展。

客舱服务技能水准的提高将使得服务技能的培训工作显得更为重要，客舱服务人员入行的门槛将进一步提高。

（二）国际标准逐渐统一

航空服务业面临全面的竞争，竞争的结果必将优胜劣汰。胜者在市场中，将以推行不断完善的优质服务而立足于不败之地。长此以往，世界各国的航空服务将逐渐推行统一的服务标准，并互相认同。从而改变现在这种群雄割据、各自为营、互不认同的局面，使得航空运输服务的市场走向规范，获得更大的发展空间。

（三）品牌优势凸显

当硬件的设施设备条件趋于相近的时候，高水平的乘务服务将成为各大航空公司之间的主要竞争内容。打造出独具特色的品牌优势将在竞争中立于不败之地。

（四）简捷性、安全性增强

随着社会的进步，科技的高度发展，客舱服务工作在操作过程中的烦琐程序将得到科学合理的改善，工作中有可能涉及的安全隐患将被进一步改进和控制。例如，当今乘务员都高度紧张地应对安全门的操作，在不久的将来，安全门将可以实现自动化控制，这将大大减轻乘务人员工作中的精神压力。

（五）社会认同度提高

随着民航运输的日益普及，社会大众对民航服务工作的认识也从雾里看花逐渐转变为一目了然，对非人为因素造成的航班延误的态度也从激动不满慢慢向冷静接受转变，可以预期在不久的将来，人们对客舱服务工作的艰辛、客舱服务操作特殊性的认同度将逐步提高。

（六）控制增长速度，提升安全服务水平

民航局公布，从2008年起中国民航将抑制过快的增长速度，保证飞行安全，提高服务质量。

另外，民航局还制定了详细措施来减少航班延误，降低行李和货物运输差错率。

（七）新规新政频频出台

为了顺应瞬息万变的社会发展和科技发展，民用航空局加快了各项服务操作规范和管理规范的更新频率，加大了更新的广度，乘务人员要通过不断的学习和考核来适应工作上的要求和变化。

📄 相关链接

2020年12月，为应对疫情（甲型H1N1流感及新型冠状病毒感染），中国民航局飞行标准司发布了关于印发《疫情期间豁免机组成员值勤期、飞行时间限制的实施办法》的通知；截至2022年8月，中国民航局飞行标准司先后出台了九版《运输航空公司、机场疫情防控技术指南》；截至2021年12月，为保障疫情期间物资运输的通畅，同时为航空公司在客舱内装载货物的运行提供指导，中国民航局飞行标准司先后出台了两版《客舱装载货物运输的通知》。

🔊 新规示例

大型飞机公共航空运输承运人运行合格审定规则

（CCAR-121-R7）

（交通运输部令2021年第5号）

（1999年5月5日公布，2021年3月15日第七次修订）

2021年第5号

《交通运输部关于修改〈大型飞机公共航空运输承运人运行合格审定规则〉的决定》已于2021年3月4日经第5次部务会议通过，现予公布，自公布之日起施行。

部长

2021年3月15日

交通运输部关于修改
《大型飞机公共航空运输承运人运行合格审定规则》的决定

交通运输部决定对《大型飞机公共航空运输承运人运行合格审定规则》（交通运输部令2017年第29号公布，交通运输部令2020年第9号修改）作如下修改：

将121.481条（a）款修改为：

"（a）除本条（b）款规定外，合格证持有人在实施本规则运行中，应当建立用于机组成员疲劳管理和定期疗养的制度及程序，保证其机组成员符合本章适用的值勤期限制、飞行时间限制和休息要求。任何违反本章规定的人员不得在本规则运行中担任机组必需成员。"

增加一款，作为（b）款：

"（b）合格证持有人可以通过建立经局方批准的疲劳风险管理系统，申请替代本章部分条款的限制和要求。合格证持有人的疲劳风险管理系统应能保证不低于本章要求的安全水平，并至少包括以下内容：

"（1）疲劳风险管理政策；

"（2）疲劳管理及疲劳相关知识的训练；

"（3）疲劳报告系统；

"（4）飞行员疲劳监控系统；

"（5）疲劳相关不安全事件报告程序；

"（6）系统有效性评估。"

（b）款修改为（c）款，增加一项，作为第（10）项："（10）疲劳风险管理系统（FRMS），是一种以科学原理和运行经验为基础，通过数据驱动，对疲劳风险进行持续监测和控制，保证相关人员在履行职责时保持充分警觉性的管理系统。"

本决定自公布之日起施行。

《大型飞机公共航空运输承运人运行合格审定规则》根据本决定作相应修改并对条文序号作相应调整，重新公布。

任务二　了解客舱服务技能的要素构成

服务，是以满足服务对象需求为目的，由服务者的心理活动而引发的行为的集合。作为服务的结果，人们更多的是看服务过程为被服务者所提供服务的质量以及心理感受。而让短暂无形的服务在人们心里留下深刻的印痕，服务技能便在服务行为与消费者满意之间架设了一道桥梁，拥有了服务技能，服务的目标才能实现，有了娴熟的服务技能，服务质量才有保证。

服务技能，是通过练习获得的能够完成服务过程的动作系统，具有很强的综合性。而服务技能的形成是个渐进的过程，从技能的形成来看，服务技能要素的培养与训练是必不可少的有效环节，只有服务者具备一定服务技能的基本要素，并通过服务思想与服务意识的引导，才能形成娴熟的服务技能。

客舱服务与其他服务一样，其技能本质上是乘务人员行为中固化的动作系统，是完成服务内容的能力；同时，客舱服务的特殊性决定了客舱服务技能综合性凸显，内涵更加丰富。服务技能本身是个整体，但从一个人具备服务技能的过程来看，它的形成需要一个渐进的过程；而通过对服务技能要素的分析与分解，可以揭示服务技能形成的基本规律，通过服务技能要素的培养与训练来全面培养与提升服务技能。

一、服务技能要素

服务技能要素，即是形成服务技能所不可缺少、具有独立特征和作用的基本元素。各种服务技能要素之和不等于服务技能，但不具备服务技能要素也就无法形成服务技能，也就是说，服务技能要素构成了形成服务技能的必要条件。比如，沟通能力是服务技能的基本要素，不具备良好的沟通能力，就不能称其服务技能高超，但仅有沟通能力还不足以成为服务技能高超的服务人员，因此，沟通能力是服务技能的微观要素。再如，服务意识是一名优秀服务人员所必须具备的要素，是任何一名优秀服务人员均须具有的品质，但仅有服务意识还不够，还要具有必要的技术能力。

从服务技能的属性来看，其技能要素不是独立存在于服务技能之中的，如沟通能力不是简单语言问题，而与服务活动所处的环境、氛围、服务对象以及服务者的知识、心理等密切相关。但从其形成的过程来看，服务技能要素又具有相对独立的特征。如判断能力，就是人在一定的环境下，依据确切或模糊信息，判断事物的真伪、状态，或选择行动方案等的能力，具有明显的"辨别与判断"的特征，与其他能力要素具有显著的区别。很显然，判断能力不是与生俱来的，而是随着知识与经验的积累逐步形成的，具有明显的后天性。因此，判断能力是可以通过一定的方式得以训练与提高的。同样道理，构成服务技能的要素可以根据各个要素的特质与形成过程，通过强化训练固化到服务者的行为系统中，服务技能要素的训练是培养服务能力的基本途径。

二、客舱服务技能的要素构成分析

（一）客舱服务技能要素的系统构成

根据支配每个人服务过程行为质量关联度以及作用，可以将服务要素分解为以下几个层面，如图 1-4 所示。

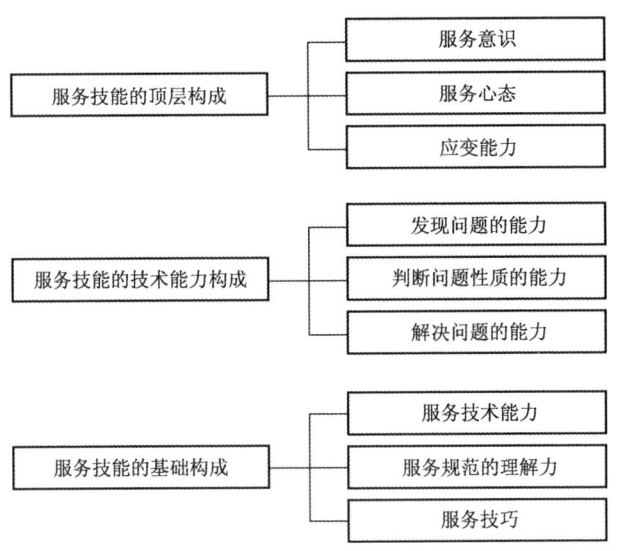

图1-4 服务技能要素的系统构成

（二）各技能要素分析

1. 服务技能的顶层构成

顶层，即是对综合服务技能具有统治地位，决定服务技能的品质以及未来服务行为的走势的要素集合。顶层要素除独立存在外，还会影响其他技能要素的形成过程与品质，并在服务技能的整体行程中起到催化剂的作用，贯穿在其他技能要素之中，并成为各技能要素之间联系的纽带和灵魂。

（1）服务意识

服务意识，是引导服务行为方式与方向的导向，在服务过程中起引领服务行为的作用。良好的服务意识体现在服务过程的主动性与超前性，能够及早发现服务问题，发现乘客的需求，主动为乘客提供服务，而不是被动机械地服务，就是俗话说的"眼睛里有活"。在实际工作中，具有良好服务意识的服务人员，能自觉融入工作环境，迅速进入服务角色，不断根据乘客的需求调整自己的服务工作内容与方式，建立起与乘客需求形成心理与行为的互动体系。

服务意识是服务活动的灵魂，体现在时刻准备着、积极主动的心态，而不是刻意追求的心理状态。当一个服务人员进入服务状态时，服务意识就会驾驭其思维，对乘客的行为给予关注与关心成为固化在头脑中的思维定式。服务意识的强与弱是衡量空中乘务人员是否合格的首要标准，也是决定服务质量的关键因素。如在客舱服务的初始阶段，每个乘务员都以规范的礼仪迎宾。如果服务意识淡薄，就会简单地认为，眼前的乘客不外乎是瞬间的过客；而具有良好服务意识的人就可以预见性地发现乘客的需要，适时地为乘客提供引领就座、安放行李物品等服务，并能及时发现乘客的个性需求。

（2）服务心态

这里所说的心态，是指服务过程的心理状态，特指在服务过程中的心理平衡与调整，使之有利于维持良好的服务状态。良好的心态，是维持高昂工作热情的动力的根本。客舱服务更多的是简单而重复性工作，而且长期处于紧张的工作状态，使人的身心十分疲惫，来自乘客的不同需求心理的压力，容易使乘务员产生厌倦心理，甚至受到乘客的不公平的待遇。因此，具有稳定的心理状态和自我心理调整能力是服务人员必备的基本素质。

（3）应变能力

应变能力，是在有压力的情境下思考、解决问题时，能够迅速而灵巧地转移角度，随机应变，触类旁通，做出正确的判断和处理。其基本特征是"因势而行事"，即根据事物的变化以及所处的不同环境或事物发展的不同阶段，采取不同的解决方法。应变能力强的人，总是能在复杂的动态环境中找到应对的措施，灵活机动地处理问题。

客舱服务过程中，乘客需求各不相同，需要根据乘客的不同需求和乘客的特点，以灵活的方式提供服务，应变能力是乘务人员必须具备的基本能力要素。特别是在遇到紧急情况时，需要迅速做出反应，及时采取有效的措施；在面对服务冲突的时候，需要灵活机智加以应对。

应变能力除了个人的先天因素外，更多的是在后天的学习与工作环境中磨炼出来的。提高知识水平可以开阔人们的视野，提高认识与判断能力；提高心理素质可以沉着冷静，遇事不慌，从容不迫；经验的积累可以使人们果断地选择有效方法处理问题。因此，应变能力可以通过培养训练得以提高。

2. 服务技能的技术能力构成

（1）发现问题的能力

服务是以乘客的需求（包括现实需求与潜在需求）为基本导向的综合性活动。适时提供恰当的服务，首先是及时准确地发现乘客的需求。乘客作为需求主体，其需求的表现形式是多种形式，有些是直接的，有些是间接的，有些则隐含在行为、心理、表情的微妙变化之中。乘务人员必须"察言观色"，从言谈举止的微妙变化中，去捕捉需求信息，并迅速做出反应。因此，发现问题是主动服务的基础，也是服务达到高境界的条件。

客舱服务有三种服务方式：一是被动服务，就是服务员根据乘客的明确要求而提供服务，如接到乘客按响服务铃后迅速根据乘客的需求提供服务；二是在乘客需求产生而没有明确提出服务要求前提供服务，如乘客在阅览书报杂志等，灯光亮度不够时，乘务员主动为其打开阅览灯；三是乘客还没有意识到服务需求时，乘务员能够提供需求，从而提前提供服务，如发现乘客表情变化，坐卧不安，身体不适，但没有明确的具体表征时，可以询问其是否身体不适，需要什么帮助等。

可以说，乘客的需求本身是无限的，而乘务人员能够提供的服务是有限的，这有限与无限之间，反映的就是服务质量的无限性，而能够为乘客提供的服务的差异，体现着乘务人员服务水平的差异，同时映射出来的是服务意识与服务态度，就是对乘客的服务之心是否到位。对乘客服务是一种呵护，而呵护本身就应该是主动的、尽心尽力的，不能主动发现乘客的需求也就无法提供完美的服务，所以，能发现服务中的问题是对服务人员的基本要求。

（2）判断问题性质的能力

乘客需求的多样性与复杂性，本质上根据需求的性质采取有效的服务手段；而采取服务手段是否有效，又取决于对乘客需求的判断能力。因事而服务，"事"就是服务需求的性质，如是必须提供的服务还是可以缓解的服务；是简单的服务还是复杂的服务；是个性的服务还是共性的服务等。通常情况下，乘客多，服务人员少，而且服务的环境与时间有限，这就需要乘务人员能够根据乘客需求的特征，迅速判断需求形式，有选择、有重点地采取行动。

（3）解决问题的能力

问题出现了，性质明确了，提供服务就需要提高有效性，即能够迅捷地提供服务，使问题得到解决。解决服务问题是乘务人员综合能力的体现，是针对解决问题过程的管理与所运用手段的匹配过程。很多时候，乘务员发现了问题，但又无从下手解决问题，甚至使问题更加复杂，如两个乘客之间产生纠纷，不知道是帮助哪一方，还是批评哪一方。其实这是能力问题，而不是技能问题，是在面临复杂情况下所体现出来的冷静、解决问题的思路与处理能力。很多时候，由于解决问题能力欠缺，导致小的问题变大，简单问题变得复杂，甚至一发不可收拾，影响公司的形象。

我们认识技能时往往有个误区，即认为服务技能高就可以解决服务中的一切问题。其实不然，技能提供了解决问题的可能性，但能否真的使问题得到解决还不能确定，只有服务技能运用到服务的实践中，使技能变为服务能力，才能体现出技能的实践价值。

3. 服务技能的基础构成

（1）服务技术能力

从微观层面看，服务技能是由服务技术的具体环节（技术动作）组成，扎实的基本功是必不可少的。服务技术能力，是完成服务过程所必须具备的工具、手段，是实现服务目标的具体操作，是支撑服务能力实现的"硬件"，具有一定的技术性。乘务员服务的技术能力，决定着解决服务问题的程度与质量。技术能力是服务能力的基础，乘务人员的技术要精湛，对技术过程执行要一丝不苟。

如机舱门、滑梯、紧急出口、灭火器等机上设备的使用与操作，关系到飞机安全飞行与旅客的安全，具有很强的技术性，需要乘务人员精准的掌握，包括程序与操作方法。再如，客舱中为乘客倒水，看起来很简单，但技术能力弱者与强者差异明显。如果技术娴熟，无论飞行处于什么状态，动作协调稳定，出现失误的可能性极低；如果技术粗糙，很可能出现服务差错。

在技术能力的培养中，要特别注意技术严谨性和技术操作纪律性问题，树立安全意识，注重技术细节，即职业素质塑造。

（2）服务规范的理解力

服务规范，是服务过程中必须遵守的行为准则，可以分为服务行为规范和服务技术规范。服务的无形性决定了服务行为不可能用定量的标准来统一，更多是需要引导型的软约束来规范服务者的行为。作为行业的行为规范，服务规范是对民航服务行为的约束，具有一定的强制性。

客舱服务规范，系统地总结了服务的目标、宗旨、服务程序、服务礼仪、服务内容、服务人员的职业道德、行为准则等，成为规范客舱服务，提高服务质量的纲领。乘务人员需要认真理解服务规范的内容，将服务规范的规定体现在服务的每一个环节。每个乘务员在客舱服务过程中，应该过程规范、内容规范、行为举止规范，展现民航服务高雅的风采。

（3）服务技巧

服务技巧，是在服务技术实施过程中所体现出来的个性特征，具有强烈的个性色彩。服务的差异在于，面对不同情况，各种服务方法的灵活应用以及对服务过程的驾驭程度。这种服务的差异，就是服务的艺术性的体现。在服务过程中，对同一个服务对象或事件，不同的服务者运用的服务手段不同；即使是同一个服务者在处理不同的服务对象或问题时，所运用的技术手段也不尽相同，表现出明显的因事、因人、因情节不同的服务差异。服务技巧作为服务者的特性差异，是经过长期积累形成的，具有明显个性特征的驾驭服务过程的能力。当面对服务问题时，服务者会表现出冷静、机智、灵活的风格，对变化的服务对象能够左右逢源、因势利导，扭转被动局面。服务的艺术的最大特点是驾驭性、灵活性、有效性，掌握服务技术的服务人员能够对服务过程进行驾驭，使其发展在自己的控制之内，而非无序发展。服务艺术没有固定的模式，需要根据当时的情形采取灵活的方式，最大限度地调动服务者的智慧与能力。服务艺术最终体现在解决服务问题的有效性，特别是解决服务冲突等棘手问题的有效性。

客舱服务，要求在简单服务中体现服务档次。基于消费心理，乘客对服务的要求很高，而且，飞行中客舱处于各种状态，不确定因素将影响乘客的心理状态。因此，让乘客满意不仅需要规范，更需要乘务人员具备良好的服务艺术，灵活机智地处理各种可能出现的问题，维护客舱的秩序，保证客舱安全，让乘客在温馨的环境中度过空中旅途生活。

任务三　服务技能的要素培养与基础训练

一、服务意识的训练

（一）服务意识形成解析

服务意识，是服务的灵魂，是客舱服务人员素质的关键因素。服务意识，其实质是指乘务人员为乘客服务的态度和观念，包括对乘客服务的积极性、主动态度和责任心等，其核心是主动为他人提供帮助。一名优秀的空乘人员必须具备良好的服务意识，目前，国内外航空公司在选拔招聘空中服务人员时，均把是否具备服务意识作为首要标准。

服务意识的形成来源于三个方面：

一是生活。生活的过程本质上就是生活群体内互相帮助的过程，在家里生活如此，在学校学习是如此，在任何群体中也是如此。能否形成主动、经常为他人做些事的习惯，本身就是服务意识的启蒙。将他人的需要与为他人提供帮助作为一种习惯性思维定式的人，就会在特定的环境中产生灵感——"我能做点什么"，而不是坐等他人的帮助。

二是学习。学习过程既是知识的积累过程，也是通过间接的方式获得思想、经验的过程。理解生活、了解生存之道，特别是借鉴他人的思想以及成功之道是十分必要的。这种积累会使你明白，服务他人本身就是人们生存的基本方式，人离不开人群，而人与人之间的相互联系就是"相互帮助"，人与人之间的相互帮助本身就是生存基本方式。当你主动帮助他人，你就会获得他人的尊重、社会的认可，你就得到了更大的生存空间。

三是工作实践。工作本身是竞争，但更是合作，需要相互配合。工作过程要为服务对象提供各种各样的服务，好的服务你可以获得更多的赞誉，否则，你将受到挫折，甚至失败。凡此种种，会使每个人体会服务，体会是否具备服

务意识对工作的影响，体会究竟什么是服务意识，理解服务意识的真谛，同时，你可以从他人的成功中去借鉴、学习怎样树立服务意识。

（二）服务意识的自我评价

下面的六个问题，从不同的侧面映射出服务意识的状态，可以评价一个人的服务意识的强弱。

1. 你是否遇到过由于自身的原因令你在群体中处于尴尬局面？

分析：在人群中总是热心的人受到爱戴，成为核心，人群中需要相互协助，因为每个人都可能面临困难与困惑。你能在这个时候给这个群体提供什么建议与帮助吗？其实，为他人提供帮助并不难，关键是你意识到帮助的重要性了吗？你思考过怎样去帮助别人吗？如果你总是在人群中从别人的帮助中受益，而付出得太少；或者你总是不以为然，你就会受到冷落，变得无足轻重，甚至会逐渐被群体所遗弃。这里的根本问题在于你的服务意识。如果出现，或经常出现被冷落的情况，说明你尚缺乏服务意识。因为你没有意识到你作为群体中的一员，你的行为必须与群体协调，甚至超前。你总是希望别人主导你的行为，被动地接受他人的帮助，而没有通过有意识的观察确定自己的角色，为他人提供帮助，导致你的行为总是和群体格格不入，笑话百出，尴尬不断。一个服务意识强的人，总是能够根据群体的需求趋势，超前主动地做出某些姿态或采取合适的行为，于是便能融入群体之中，尽心地为他人提供有益的帮助。

2. 你是否总是在被动状态下去工作或学习？

分析：意识本身的首要特征就是主动性、积极性，主动与否反映了服务意识的品质特征。如果经常出现被动地工作或学习状态，说明你的服务意识处于静止状态。可以想象，总是在别人的指令下去工作或学习，说明你没有积极主动的态度，你的工作或学习就会处于被动状态。你是否具备主动的行为意识，是检验你服务的标准。在客舱服务的过程中，当乘客的需要出现了，你就无法以主动的姿态去面对，甚至无法发现、理解乘客的需求。而服务意识积极的人，他一定处于主动的工作状态，主动才能及时，及时才能让乘客满意。

3. 在你生活的环境中，你能判断身边人最需要解决的问题吗？

分析：人的需求是永恒的，但你是否能主动发现取决于你的意识。能不能发现他人的需求，不是观察力所能决定的，而在你是否具有内在的责任，即我应该去观察，去理解他人，有为他人提供帮助的冲动与热情。责任心是服务意识的动力因素，与人的世界观、价值观有密切关系，责任在身，我自当先。某个人在他人需要帮助的时候出现并不是偶然的，因为他心中有一种责任：帮助他人就意味着自己的快乐。同样，当我需要帮助的时候，希望有人出现在我面前。具有责任心的人，关心他人，总是以"监护人"的角色出现。

4. 在你的生活中得到别人的帮助多吗？

分析：得到他人帮助与否，是你被他人认可与否的一面镜子。如果关键时候，你总是得不到及时真心的帮助，说明你对他人的困难淡漠，是你平时那种"事不关己，高高挂起"的态度的最好"回报"。如果在你需要他人帮助的时候，有很多人能主动出现在你身边，说明你的为人被大家所认可。

5. 你从内心为他人的成功高兴吗？

分析：发自内心地为他人的成功而高兴，说明你在体验他人成就过程中获得了同样的内心体验，内心同样渴望得到他人的肯定，而获得他人肯定的基本方式就是你为他人更多的付出。其实，为他人的成功而高兴，本身就是一种积极的心态，只有具备积极的心态，你才具有主动的思维与意识。在服务的过程中，每一个人都是通过为他人服务而获得愉快的内心体验，如果你不在乎这种体验，就说明你的服务意识淡薄，必然缺乏主动的服务意识。

（三）服务意识训练

训练 1：主动意识训练——人人都存在需求，只是你是否意识到

训练方式：将学生分为两人一组，每组学生自己寻找询问对象（不包括认识的人），询问同样的主题：你最近有什么困难需要帮助？询问地点可以是操场、食堂、超市等。

训练要求：每组至少获得 15 个需求者的信息，并进行分类整理。

考核点：主动心态，观察能力。

训练 2：服务的主角——做个群体中的服务主导者

训练方式：班级拟组织集体野外活动，需要做好各项后勤保障的准备工作。将学生分为若干组，每个组提出一个完整的后勤保障方案，方案要详尽具体，然后进行答辩，评选最佳方案。

训练要求：每个方案要涉及 20 个集体活动项目，提出相应的配套服务保障方案，并具有可实施性。

考核点：主动、全面的思考能力。

二、服务心态的培养与养成

（一）服务心态形成解析

服务既有艰辛，又有快乐，而能否持之以恒地从事服务工作，很大程度上取决于你的服务心态。服务心态是由爱心、热心以及耐心等所构成，而这些都是在人们成长过程中逐渐磨炼出来。生活的经历告诉你，坚持才能生存；工作的经历告诉你，坚持才能有所成就。坚持，就是坚定的信念以及由信念所决定的心态——平和的心态、积极的行为。很多人的成功告诉我们：挫折是自我的老师，意志是心态的中流砥柱，而点点滴滴的积累、平时的磨炼必不可少。

1. 每天去做一件简单而重复的事情

分析：简单的事往往缺乏激情，但平淡中反映着服务工作的本质：在平凡简单重复的工作中找到激情与快乐，你才能持之以恒地做好一件事情，才能把事情做到，做彻底。如果你能在重复简单的工作中不断寻求新意，从简单工作中找到乐趣，那就说明你具有饱满热情和自我调节能力，心态平和地对待事情；相反，你就会意志消沉，激情减退，丧失工作热情。

2. 心情不愉悦时能否愉快地接受一个新任务

分析：生活是五彩缤纷的，有愉快，更有挫折而导致心情不悦，这就是生活的常态，而每一天工作开始也许就是不悦心情的结束或者相伴。能否忘记那些不悦，能否跳出烦恼的怪圈，是一个人的生存能力的重要体现，更是服务工作所要求的。服务者的笑容不仅是面部的表情，更是发自内心的表现。内心的东西是不能勉强的，要主动学会遗忘，学会从萎靡中振作，从而轻装上阵，激情面对新的工作，否则，你就会失去自我，消失在实现目标的路途之中。

3. 每天是否都有新的生活动力

分析：人生需要激励，工作的热情更需要激励，充满激情的人总是能找到生活工作的乐趣，总是有自我激励的方式——找到生活的动力。现实生活中，没有事事顺心，只有自我心理平衡与调整。如果每天都能充满朝气、蓬勃

向上，喜悦的心情必然带动你工作情绪，感染你的工作氛围。相反，低迷的状态很难使你面对未来的工作。

（二）心态培养与养成训练

训练1：爱心养成训练——热爱你的父母

<u>训练方式</u>：每个人的爱心是从母亲的关怀、示范中得到的，耳濡目染，心灵的交融，启发了每个人的爱心。我们还记得千古流传的古诗《游子吟》中的诗句："慈母手中线，游子身上衣。临行密密缝，意恐迟迟归。谁言寸草心，报得三春晖。"这首诗深刻描绘了父母的慈爱，表达了父母的恩德是子女难以衡量和报答的，是应当永记于心、终生不忘的。可以说，培养对父母亲的敬爱心是一切爱心的源泉。

<u>训练要求</u>：每人每月给父母写一封感恩的信，寄给父母并在班级会上交流。

<u>考核点</u>：对父母恩情的理解与启迪。

训练2：热心养成训练——关怀身边的每一个人

<u>训练方式</u>：热心是爱心的表现形式，也是爱心在生活与工作中的渗透。没有热心，就谈不上爱心。特别是在服务工作中，热心是发现服务需求的基本渠道，也是传递对乘客关怀的基本途径。每个人以寝室同学为对象，每天观察、询问身体、学习、情绪状况，找出需要帮助的事情，交流内心烦恼，并给予帮助。

<u>训练要求</u>：每人记录每天的收获，并在课堂上进行交流。

<u>考核点</u>：从热心中体会关怀价值。

训练3：耐心养成训练

<u>训练方式</u>：柏拉图说，耐心是一切聪明才智的基础。培根也告诉我们，无论何人，若是失去耐心，就是失去灵魂。可见，耐心是人们行为的稳定器，是行为持续性的推动力。第一，10分钟法：没有耐心的原因常常是我们从没做到满足我们自己的需求。每天早晨抽出10分钟，好好想一想，确定哪些是最优先的需求。第二，试一试小石头疗法：兜里放一块卵石，当你失去耐心，坏脾气就要爆发的时候，把那块小石头从一个兜放到另一个兜里。第三，心理暗示法：对自己说，你完全有所需的时间来做某事，然后看看，你觉得你的耐

心增加了多少。

训练要求：教师每周进行检查，组织交流。

考核点：认真、坚持程度。

训练4：细心养成训练

训练方式：成功学大师卡耐基曾说过："一个不注意小事情的人，永远不会成就大事业。"可见，细心是成功的基础，细心出智慧。训练A：对身边所发生的事情，常思考其因果关系。例如：观察并思考"为什么某个同学总是自己走在上课的路上？"训练B：对做不到位的执行问题，要发掘其根本症结：一件事情如果做得不好或执行不到位，就要研究它的根本原因，而不是只研究表象。

训练要求：每个同学做日记，并在课堂组织交流。

考核点：培养细心的态度与习惯。

三、应变能力的培养与养成

（一）应变能力形成剖析

应变能力，是在有压力的情境下，思考、解决问题时能够迅速而灵巧地转移角度，随机应变，正确果断处理问题的能力。应变能力可以体现出一个服务人员面对突发事件是否反应敏捷，情绪稳定，特别是在较强刺激或处于不利的情境中时，能否保持自己情绪的稳定，并约束自己行为反应的能力。在客舱服务中，突发性的、非常规性的服务问题时有发生，如乘客身体不适、飞机出现颠簸，乘客出现骚动等，而这些问题通常突然出现，具有紧急性，没有规律，在处理时也没有定式，需要关键时候泰然自若。这就要求服务人员沉着冷静，正确判断，果断决策，及时采取行动。应变能力的基础是心理素质，即首先要有稳定的心理素质与自信；其次是思维方式，即能正确地认识问题的性质、状况；最后是能力水平，即具体解决问题的能力。

（二）应变能力的自我评价

（1）如果在匆忙中告诉你一件事，你能记住多少？①只记住一部分；②忙乱之中，一点也记不住；③完全记住。如果你记忆了全部，说明你在紧急情况下沉着冷静，自己控制能力和应变能力强；否则，说明你遇事慌张，不能驾驭自己的心理与行为。

（2）你到了一个陌生的地方，能否很快对当地的环境做出比较清楚的描述？如果能，你就能对新的环境有主动的观察能力，而且能有条不紊地思维。

（3）过马路时如果你被夹在机动车中间，你会：①退回原处；②仍然跑过去；③站立不动。如果你站立不动，观察后行动，说明你心理素质稳定，不会在紧急情况下乱了方寸。你能够理智地处理问题，因为任何行为必须在观察后才能采取。

（4）在街上遇到事变时，你的反应怎样？①退避三舍；②好奇而走近围观；③看看自己是否能助一臂之力。如果你选择③，说明你总想在特定环境下找到你自己发挥作用的空间，你坚信你能做些有益的事情，你自信自己能够根据实际情况尽自己之力。

（三）应变能力培养与养成训练

训练1：在讨论中与他人的观点达成一致

训练方式：将同学分成若干组，讨论之前公布讨论题目，如：团队合作应该持有的态度；谈谈对团队认识；你认为应如何对待刁蛮乘客等。要求大家踊跃发言，阐述不同的观点，最后使每个人在坚持自己基本观点的基础上，根据他人的观点进行完善，以形成自己完整的观点，并加以阐述。

训练要求：当他人的观点对自己观点提出挑战的时候，能够灵活应变，用自己的思想去有效地影响他人，并能够根据他人的观点完善自己的观点。注意他人观点的含义。

训练2：突发事件处理

训练方式：将学生分成若干组，围绕突发事件如何进行处理的思路训练。由教师提出问题，并逐步推进，使问题面临的环境不断演绎，错综复杂，让学生根据事件与环境因素的变化，提出解决问题的思路与方法。如：某建筑出现火警，怎么办？报警电话出现故障怎么办？火灾现场道路堵塞怎么办？周围有危险品怎么办？周围有群众怎么办？

训练要求：每进入一种事态状况时，每个受训学生必须谈出自己的观点，并要求与他人不同。

训练3：抓住关键，随机应变

训练方式：在飞行中，客舱的尾部发生了乘客骚乱事件，过道中挤满了试图离开客舱尾部的乘客，你在客舱的前面，怎么也无法挤到事发地点，此时，你怎样做才能对事件的解决有所帮助？怎样才能到达事发的客舱尾部？

训练要求：地点最好选择在服务模拟舱内，或者将教室作为模拟场所；将学生分组，训练组训练时，其他人扮演乘客，模拟骚乱的情境。

四、发现问题能力的培养与训练

（一）发现问题能力的形成剖析

服务过程，首先是发现乘客的需要，这是服务本身的指向，所以，就服务过程而言，发现乘客的需求是良好服务的基础。而作为乘务员，在服务中发现乘客需求的能力是一名优秀乘务员的基本品质，也是不同乘务人员的差异所在。而且，发现问题往往比解决问题更重要，因为只有发现了需要解决的问题，才可能去解决问题，也才能体现出解决问题的能力。要敢于和善于质疑，在发现问题的过程中，思维的创造性主要表现在能够同中见异、异中见同和平中见奇，能够从一般人不易觉察的地方看出问题。而要做到这一点，又在于能否对司空见惯的事物提出疑问。如果说发现问题是解决问题的开端，那么质疑又是发现问题的起点。不质疑，便无问题可言。善于质疑的品质和问题意识的建立又与一个人的好奇心和敏锐的洞察力相联系。

（二）发现问题能力的自我评价

1. 某堂课程效果不佳，你是否主动地去思考为什么会这样

如果在没有任何提示的情况下，能够主动观察，认真思考，并能够分析出问题的性质、问题的严重程度以及出现问题的可能原因，那么，说明你发现问题的能力较强；否则，说明你发现问题的能力较差。能够观察到某种现象，并通过对现象的分析，找出问题所在，这是主观意识支配下的主动思维，而在某种现象背后隐藏的错综复杂的原因，恰恰是问题所在，这就需要你具有敏锐的观察力，从诸多的疑似原因中，经过迅速严谨的思维活动，找出问题所在。

2. 好奇心

你是否总是对身边的事情感兴趣？喜欢对一件事情反复思考，经常问其为什么？

3. 敢于质疑

当一件事情出现以后，很快就有了对这件事的结论，你是否经常怀疑这样的结论？

4. 逆向思维

当有人说这件事情要做好就应该这样去做时，你能否从另一个角度思考，寻求解决问题的方案？逆向思维也叫求异思维，它是对司空见惯的似乎已成定论的事物或观点反过来思考的一种思维方式。敢于"反其道而思之"，让思维向对立面的方向发展，从问题的相反面深入地进行探索，树立新思想，创立新形象。当大家都朝着一个固定的思维方向思考问题时，而你却独自朝相反的方向思索，这样的思维方式就叫逆向思维。例如"司马光砸缸"。有人落水，常规的思维模式是"救人离水"，而司马光面对紧急险情，运用了逆向思维，果断地用石头把缸砸破，"让水离人"，救了小伙伴性命。我国古代有这样一个故事，一位母亲有两个儿子，大儿子开染布作坊，小儿子做雨伞生意。每天，这位老母亲都愁眉苦脸，天下雨了怕大儿子染的布没法晒干；天晴了又怕小儿子做的伞没有人买。一位邻居开导她，叫她反过来想：雨天，小儿子的伞生意做得红火；晴天，大儿子染的布很快就能晒干。逆向思维使这位老母亲眉开眼笑，心情舒畅。

（三）发现问题能力训练

训练1：敏锐的观察力

<u>训练方式</u>：录制一个商场门前广场的促销活动现场微型录像，设置反映该项促销活动特征的个别画面（非完全画面），让同学根据画面的特征，来推测活动的性质、促销产品的特征、服务领域以及消费者的反应情况。要求在播放录像后，每个同学以书面的方式给出答案，并在发言讨论中说出每个人判断的理由。

<u>训练要求</u>：根据事物的主要特征迅速判断问题。

训练2：问题的甄选

训练方式：某航空公司客舱服务调查中，乘客对服务的满意度总是不超过85%。其中，调查项目包括：乘务人员的态度、服务意识、精神风貌、服务纪律、对乘客的关注度、服务技能、客舱环境等。通过组织学生分组讨论，并结合实际案例分析使乘客不满意的主要因素、次要因素以及各因素之间的相互关系。

训练要求：学会抓住根本问题，并学会分析问题之间逻辑关系，了解问题之间不是平行关系，而是层次关系。

五、解决问题能力的训练

在客舱服务过程中，经常会遇到这样或那样的问题，遇到问题随之而来的就是解决问题，也就需要我们面对问题、解决问题。而圆满地解决问题是个综合性活动，是人的思维、智慧、能力等综合素质的体现。从解决问题的过程来看，需要细心的观察、足智多谋、三思而行、果断行动。

在实际工作中，解决问题能力核心在于两点：一是寻求解决问题的方案（或方法），二是如何将有效的方案变成满意的结果。前者是在明确问题的性质，找出产生问题的原因之后，为解决问题而提出的解决问题的实施方案，具有很强的针对性和实际操作性。如乘客对机上餐食提出意见，乘务人员就需要针对乘客提出的问题给予清晰的解决方案，而不是模棱两可的回答。当然，在实际客舱服务过程中，所谓方案的形成除了规律性的问题外，方案的提出是个思维的瞬间，与观察、实施连为一体，需要空乘人员用智慧、机敏的反应和服务经验作依托。后者是实现环节，体现在一句话、一个动作，或者是个一连串的行为，如乘客对客舱温度提出要求，解决的方法也许就是客舱团体温度调节、某个座位上方空调的调节、派送保暖毯；服务中，解决问题的环节是体现服务者与被服务者之间的最后底线。能否处理好、让乘客满意是直接决定服务质量的重要因素。解决问题的能力需要通过日常的培养与训练来加强。

（一）解决问题能力的自我评估

测试 1：你是否总能找到实现目标的最简捷方式

在乘务服务中，服务问题都发生在瞬间，解决问题也必须当机立断，果断行事，这就要求你能在面对问题时，第一时间找到简捷有效的解决方案，并立即予以实施。如果你总是犹豫不决，行动迟缓，或不能对症下药，不能将好的主意变成让乘客满意的结果，就说明你解决问题的能力不足。

测试 2：你每次提出的解决问题的方案是否全面

解决问题需要干净利落，不能拖泥带水，更不能顾此失彼，因为任何问题都可能具有连锁性，问题处理的结果同样具有连锁反应。如处理对一个乘客的服务问题，会引发其他乘客关注、评价，甚至新的矛盾。因此，需要你解决问题时周全细致。如，为一个乘客提供了湿巾，需要你环顾一下其他乘客的需求，而不能置他人的需求而不顾。如果你每次服务中都能使同类问题或相关问题得以圆满解决，那么说明你解决问题的能力比较强。

测试 3：你是否经常考虑实施一个方案不成功时的备选方案

任何问题的解决都基于判断，如果判断失误，解决问题的方案就可能失效，也就会使你处于尴尬境地，通常情况下，你应该有不同的方法来解决同一个问题，而且方案具有递进性，即另一方案比原方案更具有囊括解决更复杂问题的可能。如果你解决问题受阻，总是束手无策或乱了方寸，说明你解决问题时思想浮在表面，对问题缺乏更深层次的思考，对解决问题的准备不足。

（二）解决问题能力的训练

训练 1：迅速提出解决问题的方案

训练方式：列举客舱服务过程经常出现的问题，提出解决的简捷有效的办法。如乘客晕机，乘客对邻座旅客不满，飞机颠簸乘客恐慌，饮品溅出，餐食缺少，乘客对某乘务员不满，乘客不遵守乘机规定等。

训练要求：将学生分组进行讨论，每个学生阐述自己的观点，并在同组形成一致意见后，在课堂进行交流。在训练过程中，要避免教师给出方案或事前引导，要在学生提交后再进行点评、分析与总结，抓住让每个学生独立思考的环节。

训练2：服务方案的有效实施

训练方式：某乘客对乘务员的服务失误纠缠不放，拟提出投诉，乘务组讨论之后，请2号乘务员出面协调。方案包括：向乘客就服务失误道歉、听取乘客的意见与批评、评估失误对乘客的影响、征询乘客的要求、取得乘客的谅解，最终化解矛盾。

训练要求：挑选学生代表，分别扮作乘客与2号乘务员，进行实战演练，每次演练后有其他学生给予评价并提出补充意见；一组讨论后，更换服务事物的内容再进行同样模式的讨论。整个训练后，教师进行分析、总结，给出解决问题的思路与实施技巧建议。训练的核心点：体会如何将好的解决问题的思路变为乘客满意的现实。

训练3：体会不同服务方法的差异

训练方式：训练情境为客舱饮品第一轮送过后，乘务员再次来到乘客面前，征求意见是否还需要添加或收起杯子。服务意图有三种：第一，直接以收取用后的杯子为目的；第二，征询是否续加饮品；第三，在征询乘客意见基础上决定添加或收回杯子。

训练要求：对每种服务意图给出各种语言沟通的方式，并对每种沟通语言进行评估，从乘客的角度体会每种服务意图的内心感受，比较不同服务意图与语言运用的差异。训练核心点是服务意图与沟通语言的艺术性；如何让乘客感受到被尊重。

六、服务中的技术方法

空中服务环境的特殊性、服务对象特点以及服务内容的特殊要求，使得服务过程的技术手段有着特殊的地位。这些技术方法包括三个方面：第一，机舱硬件设施的使用与操作，如机舱门操作、灭火器操作、滑梯等应急设备的使用，通常与乘客安全密切相关；第二，乘客在机舱中直接接触与使用的设施与程序：如行李的摆放、过道的通畅、厨房的使用、卫生间使用、紧急情况处理等；第三，为乘客提供有形服务中的技术要求和无形服务中的基本要求，如有形的服务中的迎宾姿态、微笑、手势、餐食、饮品的配送技术与手法，无形服务中的态度、语言、眼神、意识等。

服务技术方法的掌握需要严谨的训练过程，通常情况下根据服务技术的不同采取不同的训练方法。

（一）硬件设施的使用与操作训练

需要在特定的硬件环境下进行训练。目前，具备齐备硬件条件的培训机构很少，因此，在一般的培训机构中很难完成这样的训练。目前，有效的方式就是运用三维动画模拟训练，即通过三维动画技术，将与服务相关的硬件设施实物、操作方法与技术要求，进行动态仿真模拟，使学生有亲临其境的真实感觉，提高感性认识，有条件时再进行实操训练。

（二）机舱中直接接触与使用的设施与程序训练

最有效的训练方式是利用服务模拟舱完成。目前民航部门有明确的服务技术规范，需要在训练中按照规范要求进行训练，切不可随心所欲，避免不规范的技术动作对后续岗前培训的不良影响。

（三）有形服务的技术和无形服务技术的训练

这些技术规范是在基础训练的基础上，通过专门的技能训练逐渐总结形成的。有一点需要注意，有形服务与无形服务均与基础训练有关，与站、坐、行、体态、微笑的训练密切相关，这些基础性训练质量直接决定着后期学生的整体素质发展。在有形服务技能训练中，要注意服务动作的"轻、柔、神"的综合协调训练，其中"神"具有画龙点睛的作用。另外，注意技术细节的训练，将每个技术动作进行分解，在训练中体会其中的服务"内涵"，而不是简单的"动作"；在无形服务训练时，着重将服务意识、职业精神和精神状态体现在无形服务的细节中。

七、服务中的技术规范

客舱服务有别于其他的一般服务，主要体现在客舱服务内容与规范的重要性这方面。客舱服务内容的丰富性，决定其必须以服务规范为导向，而科学、系统的服务规范又提升了客舱服务的品位。为此，乘务人员一方面要理解、掌握服务规范，知道服务的程序、服务内容的要求；另一方面要在服务过程中体现服务规范对服务的要求。教学中，应很好地理解民航部门和各航空公司的服务规范，并将规范要求融合到客舱服务技能训练中。

八、服务中的技巧

是否具备较强的服务技巧，是衡量不同乘务员之间差距的重要标准。技巧，主要体现在游刃有余地处理服务问题的能力，体现在灵活、机警、得体、全面等方面。服务艺术不是技术本身的问题，而是建立在服务技术之上的、具有灵魂作用的对服务的驾驭能力。服务技巧体现在服务过程的方方面面，但核心是对服务的感悟能力，亦即面对服务问题时所表现出来的"服务智慧"。对服务的感悟能力是一种基于服务意识的综合素质，是经过经验积累而形成。离开了综合素质，服务艺术不可能有高的层次；而没有经验的积累，服务技术也就失去了形成的土壤。

服务的艺术性，是在处理复杂、多变、急切的问题时体现出的有效性。因此，在服务艺术培养中，要突出灵活性、反应性、有效性训练。灵活性，强调处理问题不能按部就班，要根据问题的性质与变化去处理问题。反应性，就是对服务问题要敏感，不仅能发现问题，更要从细微之处去体会一个问题与另一个问题的不同之处。有效性，就是学会用最简捷有效的方法解决复杂问题，学会针对问题的要害去处理问题。

📄 相关链接

南方航空公司"七个一"细微服务标准

（1）见到特殊旅客问一问；

（2）见到老弱病残旅客扶一扶；

（3）见到睡觉的旅客将小毛毯盖一盖；

（4）见到阅读的旅客将阅读灯开一开；

（5）见到地板有异物捡一捡；

（6）见到小桌板脏了擦一擦；

（7）见到卫生间脏了冲一冲。

📄 相关链接

提供"六勤"服务

空乘服务人员在客舱餐饮服务过程中，除了做到面带微笑、亲切有礼之外，还应做到"六勤"服务：

1. 眼勤

"眼勤"是指眼里有活儿，善于观察。在服务过程中，眼睛密切关注客舱里的动静，适时捕捉旅客的需求，通过一个表情或动作，就明白旅客需要什么，并及时提高相应的服务。

2. 耳勤

"耳勤"指用听觉关注旅客和客舱的情况，有问题时能及时发现和处理。

3. 口勤

"口勤"是指做到热情主动打招呼，介绍服务设施的使用，询问旅客的需求，提供餐食服务要有恰当的语言提示等。

4. 手勤

"手勤"是指看到问题要及时帮助旅客解决，及时提供各种服务，包括帮助客人打开阅读灯，调整座椅靠背，为需要的客人递送报纸、毛毯、枕头、茶水等服务。

5. 脚勤

"脚勤"指常在客舱中走动，进行安全检查，及时发现并处理各项事务，及时发现旅客的服务需求等。

6. 脑勤

"脑勤"是指勤于思考，为提升服务质量动脑筋想办法，特别是在处理突发事件或各种矛盾冲突时，尤其要开动脑筋、沉着冷静、灵活应对。

模块小结

1. 通过对客舱服务技能概念的解析，分析了客舱服务的内涵。服务技能，是指服务业从业人员在从事基层服务性工作时所涉及的相关技能。服务技能是服务操作中体现的技术能力。客舱服务技能，是指在客舱服务过程中所涉及的相关技能。

2. 通过对客舱服务技能要素的解析，分析了客舱服务技能要素的内涵以及客舱服务技能的核心要素。重点阐述了客舱服务技能要素的系统构成。服务技能的顶层构成，包括服务意识、服务心态、应变能力；服务技能的技术能力构成，包括发现问题的能力、判断问题性质的能力、解决问题的能力；服务技能的基础构成，包括服务技术能力、服务规范的理解力、服务技巧。

3. 结合航空服务的实际情况，分析了客舱服务技能的要素培养与基本训练。

复习与思考

复习题

1. 客舱服务技能的特点是什么？
2. 如何从客舱服务技能的特点，正确认识对客舱服务人员的基本要求？
3. 当代客舱服务技能的发展趋势怎样？
4. 简述客舱服务技能要素的系统构成。
5. 服务技能的技术能力构成包括哪几方面？
6. 谈谈如何进行解决问题能力的自我评估？

思考题

1. 结合自己的实际情况，进行职业能力培养规划，设计自己的职业能力培养方案。
2. 成为一名优秀的空中乘务人员应具备哪些基本条件？
3. 结合自己的实际情况，如何进行服务技能的要素培养与基本训练？

模块二
了解客舱服务的工作程序

模块导读

　　客舱服务的工作程序，是指乘务服务工作的基本过程。客舱服务内容与基本程序，是体现客舱服务特点的基本标志。尽管客舱服务同属于服务范畴，但客舱服务与其他服务有着明显的不同。认识客舱服务的内容，对于理解客舱服务职业，做好乘客服务工作有着重要的意义。本模块根据客舱服务的特点，阐述了客舱服务的基本内容与延伸内容，使读者全面建立客舱服务工作的整体概念；结合客舱服务的技术特征，分析了客舱服务的基本过程。

学习目标

　　1. 明确客舱服务内容与客舱服务技能的关系；
　　2. 掌握客舱服务的基本内容与延伸内容，建立对客舱服务的全面概念；
　　3. 掌握客舱服务的基本程序，并通过服务程序的认识，理解客舱服务的系统性与严谨性的特点；
　　4. 通过案例分析，全面认识客舱服务的职业性，为更好地适应未来空乘服务职业要求而努力；
　　5. 通过本模块学习，全面了解客舱服务的内容与基本程序，进一步体会客舱服务职业的特殊性，从而树立信心，全面提高综合素质，提高服务技能，适应未来空乘服务职业的要求。

案例

让自己爱上天空
——海航空姐日记

直到现在我还能很清楚地记得，第一天在网上看到计划里有自己名字时那种既兴奋又紧张的心情。第一次飞行的头天晚上，我把航线资料记录在新买的本子上，反反复复地翻看着工作程序和紧急设备分布图，真不知道那天晚上是怎么过的，离起飞还有两个多小时就起床了，收拾得整整齐齐的，等待着那一刻的到来。说是等，其实也没闲着，一遍遍翻看着资料，又一遍遍检查飞行箱，生怕忘记了什么。早在培训的时候就听人说过，新乘务员干不好活，老乘务员会训人，所以在第一次飞行时小心翼翼地做着他们吩咐的每一件事，生怕有什么差错。老乘务员们看到我紧张的样子都发出了会心、善意的笑，也告诉我不要紧张，这也是他们曾经经历过的，慢慢就会好的。第一班飞行时总是记不住后服务间存放物品的格子，他们还特意帮我画了一张物品摆放位置图，当时看到这张图我感动得差点哭出来。每一位组员都耐心地告诉我应该怎么做，甚至手把手教我。第一班飞行结束后才知道，以前学习的理论知识和真正工作起来是有很大区别的，心里也总是有些愧疚，觉得让老乘务员们帮我做了不少事，受了不少累，心里也暗暗下定决心，一定努力掌握好工作程序和物品的存放位置，下次绝对不再麻烦老乘务员了。

在没有真正飞行之前，对于空中乘务员这份职业还存在着美好的幻想。开始时，我想，我们有着美丽的外表、优雅的气质、迷人的微笑和相当高的薪水，多么优美快乐的工作呀！但经过了这两个月的飞行，我想每个人都感受到在实际工作中美丽背后的辛酸，整天重复简单、枯燥的工作，毫无变化的服饰，狭小的工作空间，时刻都要保持的微笑，还经常会遇到由于航班延误而发脾气的旅客等。现实打破了我的美丽幻想，丝毫感觉不到这份工作的华贵高雅。就在我感到迷茫、彷徨，为理想的风帆几乎折断而惆怅的时候，一件小小的事情改变了我的思想。就在我第五次飞行送客的时候，同样还是站在后客梯车上重复着对每一位乘客的"再见，请慢走！"一位老大爷缓缓地走出机舱门站到我面前，亲切地握着我的手说："姑娘，谢谢，辛苦你了！"只是这么一句简单的"辛苦你了"，也许在老乘务员看来再普通不过，可是那句话对于我来说却是那么珍贵。我是眼里含着热泪目送那位大爷走出飞机的。就是他这么简单的一句话,给了我莫大的力量与鼓励。现在,每当工作中遇到不开心的事情,只要想到那位好心的大爷和他亲切的话语,我就会立刻充满力量,继续投入工作中去。

很喜欢一首歌:"不经历风雨,怎能见彩虹,平凡的人们给我最多感动……"两个月以来,每次飞行都会遇到不同特点的旅客,我很高兴与他们交流,也渐渐明白了这样一个道理:"只要你对旅客好,他们也会对你好。"以前经常听人说飞机上有许多麻烦的旅客,但我相信人与人之间都是可以相互理解的,只要怀着一颗真诚、执着、热情的心,就没有什么苦难克服不了。我发现当自己用发自内心的微笑去面对每一位乘客的时候,得到的也是同样真诚的微笑和感谢。现在最高兴的是自己的服务得到旅客的认可,当旅客下机的时候像老朋友似的道一声"再见,谢谢!"一种难以言表的满足和成就感从我心底油然而生……我想我是十分幸运的,因为在我工作之初就一点点地把之前在心中存留的疑虑都渐渐消除了,是实际工作给了我真正认识公司和旅客的机会。

生活是一首平淡的歌,但也会有一些小起伏。有时旅客在地面受气,就向空乘发泄,言语欠妥。乘客的情绪不稳定,这时需要用我们的爱心来体谅乘客,用周到的服务来化解乘客的怒气。5月23日,同样是厦门到沈阳的航班,接的是一个延误了很长时间的航班,在迎客时,我还是像以往满怀热情,面带微笑地向每一位乘客问好。可是,有的乘客却都不看我一眼,不停地抱怨,我向他们问候:"您好!"旅客回应的却是:"好什么好!再也不坐你们公司的飞机了!"听到这样的话我也是满腹委屈,但笑容依然灿烂,问候的话语依然亲切,因为我明白,当时自己的一举一动、一言一行都是代表着公司的整体形象,旅客现在的心情也是可以体谅的,我们只有靠更好的服务去弥补了。

快到沈阳的时候,由于天气原因,在沈阳上空有雷雨,机长随即决定将飞机先备降大连。当旅客听到这个消息时,客舱中顿时怨声载道。在大连周水子机场等候起飞通知期间有许多乘客要求下机,当天我是在前舱的三号乘务员,不停地向怒气冲冲的乘客进行着耐心的解释,也及时地为他们提供饮料。有的乘客还是觉得怨气难消,故意不停地按呼唤铃。我都带着微笑地走到他们面前,尽最大努力满足他们的要求。数次之后,旅客也觉得不好意思了,脸上露出了笑容,客舱内僵持的情绪在慢慢缓解。当机长通知雷雨散去,马上起飞的那一刻，客舱内响起了热烈的掌声，又恢复了以往客舱中的温馨、和谐的气氛。最后送客时，每一位旅客都向我们投来了赞许的目光，并主动道别，与登机时形成了鲜明的对比。通过这件事，我深深体会到爱心和真诚是乘务员必备的内在素质，细致入微的服务才能得到旅客的认可。

　　日子一天天过去，我渐渐适应并喜欢上了这种生活，觉得每一天过得都很充实，我已经把飞机当成了我的第二个家，每位旅客都是我的家人，我喜欢能够通过自己的优质服务让旅客在海航的飞机上感受到像家一样的温馨和舒适。记得西方一位哲人说过，"当你用心地去对待生活，生活同样会给你应得的回报。"这点我深有体会。在飞行5月18日海口到杭州的航班上有一对老年夫妇，我帮他们安排完行李送完毛毯之后，老大爷很不好意思地问我："姑娘，一会儿有饭吃吗？"我一听他这么问肯定是没有用过餐，询问过后赶忙回服务间拿两个餐盒让他们先吃点东西。在发餐之后得知有富余的热食，我又马上给老大爷和老大妈送了两份过去，同时给他们添加了饮料，一路上我不时询问照顾着这对老夫妇，在发意见卡时老大爷主动向我要了一张，点名表扬了我，过了不一会儿又向我要了一张意见卡，再交给我的时候我看到上面是他们夫妻俩给我们整个乘务组提出的表扬，当时我心里别提有多高兴了！那趟航班我一共收了10多张点名表扬信，这给了我莫大的鼓励。现在我每次飞航班几乎都能收到旅客的点名表扬信，这虽然算不上什么丰功伟绩，但我就是喜欢沉醉于这小小的成就中，因为这是对我工作的一种肯定。每当我目送一批批怀着愉快心情的旅客离开飞机的时候就想，旅客记住的不是我，而是海航人！

　　从来不期盼会得到什么回报，旅客的理解与宽容就是对我最大的支持，我希望每一位旅客在他们回家的路上还能记起旅途中的快乐！人生最大的幸福在于能做自己喜欢的事，生命的美不在于它的绚丽，而在于它的平和，空中的服务工作不是简单的循环往复，每天的工作我们都应该用心的、充满热忱的。在前辈榜样的感召下，在领导及同事的关怀和帮助下，而今，每当我穿上制服走进客舱的时候，都会感觉到一种自豪感。我时时刻刻提醒自己：在公众面前我是海航人，代表着海航！

　　我想自己是一个干一行爱一行的人，既然选择了，就要把它做好。曾经以为天空离我是那么的遥远，现在我却每天与它为伴，在爱上这份工作的同时我也爱上了这片天空。从今以后每一天的工作我都会用心去服务，我会带给每一位旅客最温馨的笑脸，消除他们在旅途中的恐惧和疲惫，让每一位旅客带着希望到达目的地；我会竭尽所能地帮助每一位需要我的旅客；我会像尊敬自己的师长一样尊敬每一位旅客；我会像照顾自己的父母一样照顾机上的老人；我会在旅客发脾气、发牢骚的时候倾听，并以笑脸相迎；我会在旅客晕机呕吐时，帮他们清洗干净而绝对毫无怨言；我会为流泪的旅客送上柔软的纸巾；我会为熟睡的旅客轻轻盖上毯子。我会发自内心地去做每一件事，而不仅仅当它是我的工作，最重要的是我会在每天的工作中牢记自己的誓言：让每一位旅客载着希望与欢乐，飞向人生的一个又一个目的地。

(资料来源：新浪博客.)

任务一　了解客舱服务的内容

客舱服务需要为乘客提供全面周到的服务，只有服务设计周密，才能使放心、顺心、舒心、动心的"四心"理念，落实到为乘客服务的行动中。只有将服务内容与乘客的需求相结合，从关怀与体贴的角度为乘客着想，才能为乘客提供满意的服务。特别是在民航竞争日趋激烈的今天，取得竞争优势，不能仅仅体现在口头上，必须落实在行动中，只有想到了，才有可能做到，也才有可能做得更好。

一、基本内容

客舱服务的基本内容，就是乘客必须享受的、具有一定标准与规范的服务内容。它是从乘客登机到离开飞机所必须得到的服务。这种服务是乘客具有的基本权利，也是航空公司的基本义务。从民航服务的特点出发和服务定位，客舱服务的基本服务内容应该包括如下几个方面。

（一）礼仪服务

1. 迎宾

以饱满的热情，迎宾的礼仪，迎接每位乘客的登机。迎宾礼仪，是空乘直接服务于乘客的第一步，给乘客留下的心理感受将影响其对公司服务的评价，必须给予高度重视。

2. 问候

真诚、温馨、甜美的语言，送出乘客登机的第一声问候。"欢迎您登机！"这一句简单的问候，代表着机组成员对乘客真诚的问候与欢迎。

（二）技术服务

技术性服务，就是与旅客乘机有关的、协助乘客完成旅行过程的专业性较强的服务。

1. 完成乘机须知演示

通过演示过程使乘客对机上安全设备、设施、用具等熟知，如安全带、氧气罩、紧急出口位置等的使用；乘机过程中对乘客的基本要求，如紧急降落时的自我保护方式等。目前乘机安全演示有两种方式，一种方式是在播音的引导下，由乘务人员通过示范动作和形体语言来完成；另一种方式是事先准备好演示的影像资料，通过多媒体进行播放。前者直观、明了，具有亲切感，较好地体现出乘务员与乘客的互动关系，但有时缺乏规范性；后者示范动作标准、规范，但由于没有现场气氛而缺乏对乘客吸引力。无论哪种方式演示，都是在展示航空公司的整体形象与客舱服务人员的良好精神风貌。演示者必须精神饱满，动作规范，眼神与动作一致，甜美的微笑保持始终。

2. 引导服务

引导服务，就是对走进客舱的乘客进行引导，使其能尽快找到自己的位置，安置好行李，尽快入座。机舱狭小、登机时间集中，会导致客舱内暂时性拥挤，因此，必须对乘客进行迅速疏导，否则容易引起混乱，延误航班。

（三）安全服务

1. 应急设备检查

乘务人员配合飞行员登机后根据各自的责任，对照《应急检查单》核实应急设备的位置，确认处于待用状态。

2. 航前清舱检查

在地面人员离机后、乘客登机前，有安全员的航班由航空安全员对乘客舱进行清舱检查，没有航空安全员的航班由乘务长指挥乘务员对乘客舱进行清舱检查。对检查出现的问题，按照安全规章，以必要的程序进行处理。

3. 旅客登机前的检查

在客舱安全检查和服务准备工作已经完成后，经济舱供旅客存放物品的行李箱全部打开，使其处于安全状态；机组成员的行李、飞行包等放在储藏间里。

4. 旅客登机时的安全检查

观察旅客的状态，行李摆放稳妥，确认出口位置处旅客，出现情况及时报告乘务长。

5. 机门关闭后的安全处置

确认所有便携式电子设备关闭，乘务长下达滑梯预位指令后，各区域乘务员操作滑梯预位，并相互检查，通报各区位滑梯预位情况；实施机门再次开启程序。

6. 飞机推出停机位安全措施实施

根据飞行前的安全要求，对安全带系扎情况、椅背、餐桌、遮光板、通道畅通等情况进行检查。

7. 滑行至起飞前

妥善处理有特殊要求的乘客，检查洗手间是否无人使用，处理客舱紧急情况，做好应对应急情况的思想准备。

8. 飞行中的安全服务

对飞行过程中的安全事项进行处理，防止各种事故隐患，保证全程飞行与旅客安全。包括行李箱关闭状态、餐车的滑动控制、全程监控驾驶门、客舱、洗手间、应急出口等。

9. 着陆前的安全服务

为保障飞机安全着陆所采取的一系列安全措施，包括旅客自身方面、机上硬件设施状况，如便携式电子设备关闭情况检查，安全带情况；检查走廊与应急出口有无障碍，小桌板、电源、门、洗手间占用情况等。

10. 到达后的全面服务

做好旅客下机前的各项准备工作。如解除滑梯预位情况，打开舱门，确认客梯/廊桥停稳状态等。

11. 下机后的安全服务

清理客舱，有无滞留旅客与物品。发现问题要登记，并及时上报。

（四）餐饮服务

按照服务规范向旅客提供餐饮服务。包括提供湿纸巾、饮料、酒水、餐食；对有特殊需求的旅客提供特殊餐食。

餐饮服务依舱位的不同、航程长短不同、时间不同，提供的餐饮服务内容各不相同。

（五）救助服务

1. 旅客安抚

对乘机过程出现恐慌、畏惧的乘客提供心理服务，像亲人一样关怀开导，并提供帮助，使其平安到达目的地。

2. 机上医务急救

对乘机过程中出现急性病症的乘客进行紧急救治，为乘客提供必要的医疗救助。

3. 特殊救助

对乘客登机后出现的非常情况或困难给予特殊救助。如登机前事情的延续处理、物品丢失、下机后的延续问题等。

（六）娱乐服务

为旅客提供报纸、刊物、视听等娱乐性服务，使旅客轻松愉快度过旅途。

（七）咨询服务

回答乘客关心的各种问题。如航线地理、旅行常识、航空知识、所乘坐飞机的机型特点等。

（八）旅客管理

通过实施有效的旅客管理，保证整个航程旅客的人身与财产安全，使旅客感觉放心、顺心、舒心、动心。这包括非正常旅客处理、需要特殊服务的伤残旅客处理等。

（九）应急处置

应急处置就是在紧急情况下，在机长指挥下，迅速采取处置措施，消除各种隐患。如应急撤离、客舱释压、危险品处理、客舱排烟等。

（十）机上商务服务

提供航线所经地区各种商品服务。目前，国际航班上商务服务发展较快，向着高档化、特殊化、民族化的方向发展。

二、延伸服务

客舱服务更多地表现出无形性的特点，乘客对航空公司服务的满意与否更多来自个性感受与内心体验。通常情况下，最能感动人的事件也就最能引起心理共鸣，最能给人留下深刻的记忆。在基本服务趋同的今天，各个航空公司的服务竞争，也在从技术层面服务，向内在服务转变，更加重视延伸服务。

（一）个性服务

个性服务，是指根据乘客的个性需要所提供的服务。个性服务是客舱个性化服务的重要体现，要求乘务人员根据不同乘客需求个性特点，采取积极的态度与特殊化手段提供个性服务。如喜欢言谈的乘客，就可以适度地与其进行多方面的沟通；对喜欢安静的乘客，就不要过多地打扰等。

旅客选择搭乘飞机出行，已不再是只为"到达"那么简单。随着国内航空高端消费市场逐渐成熟，旅客的分级消费观念也已逐渐形成，对于高端航空服务有着越来越多的诉求与关注。在出行选择多元化的当下，如何留住旅客的"人"，在航空服务普遍同质化的情况下，又怎样留住旅客的"心"呢？有的航空公司对产品、服务进行了细分与升级，也有的航空公司实行地面、客舱一体化服务管理，推出了系列特色服务项目。

例如，中国国际航空公司就面向白金卡和VIP旅客推出了全程私人秘书式的"飞行管家"贵宾服务。国航从旅客的实际需求和感受度出发，根据旅客提出的服务要求进行改良和"定制"。以国航浙江区为例，由浙江飞往各地的航程多是1.5~3小时。在头等舱餐饮上，为短航程的客人提供快捷简餐、轻正餐，方便旅客随时进餐。而在正餐的搭配上，推出了具有地方特色的龙井虾仁、东坡肉，素食配以糖藕、素烧鹅等，满足了大部分浙江出港旅客的口味。当有旅客反映肉质油腻，龙井虾仁中的茶叶烤制后失去了原有的味道后，国航又对烧制方法和原材料进行了改良，并在餐前征询旅客意见，力求将最佳口感的菜品呈现给旅客。

再如，深圳航空公司在深圳、广州和无锡始发两小时（含）以上航班，在不影响客舱安全的情况下，为生日当天乘坐深航航班的所有旅客送上特别的祝福和问候，给旅客送上一份惊喜和感动。

📄 案例

我会永远记着你，AIR CHINA 小姐

某日下午，国航北京售票处电话服务中心接到一位在山东威海参加国际会议的美国旅客的紧急求救："我的同事在威海不慎将脚砸伤，需立即回国休养，急需订两张次日北京至纽约的公务舱机票。"接线人员连忙查阅电脑，当日航班公务舱仅剩3个空位，此时距航班起飞时间还不到24小时，威海机场因大雪航班正在延误，客人何时抵京还是个未知数。时间已经是周五下午3点多，客人尚在威海，第二天客人赶到机场座位很难保留。工作人员一面安抚旅客，一面请示领导，华北营销中心梁总当机立断，指示先垫款出票，等候客人。

机票问题解决了，客人又提出要我们帮忙预订饭店，因为他们对北京完全不熟悉，希望预订离机场近、五星级标准、有专车接送，还要有很好折扣的饭

店。梁总经多方协调为他们选择了位于国贸的中国大饭店。房间订好后，梁总用电话告诉了客人，他们非常满意，千恩万谢后，又提出一个要求，他们要以刷卡的方式购票，还要一个懂英语的专人协助他们接机、中转、住宿、购票。为了让旅客没有后顾之忧，梁总考虑到饭店的位置及人员等多方面因素，安排了离国贸饭店最近的国航大北窑售票处的李小姐来负责此事。

　　接到这个任务，李小姐先做了一些前期安排。大北窑售票处周末的营业时间是早9点至下午5点，客人要求早晨8点钟来买票，所以李小姐事先吩咐好当日值班的工作人员早来一个小时。为了让客人放心，李小姐又把自己的联系方式包括手机号一并给了客人，告诉客人有任何事都可以与她联系，她的手机24小时开机。客人得知他们的要求都被尽数满足后，激动之情难以言表，几天来的疲惫和郁闷仿佛随着国航周到的服务烟消云散。

　　当天晚上，李小姐守着手机等到11点，还没有来自美国客人的消息，打电话到酒店询问，得到的回答是客人还未办理入住手续。李小姐心里打鼓，不知发生了什么事，把手机放在枕头底下，忐忑不安地睡下了。早晨一睁眼李小姐就给饭店服务台打电话确认客人是否已经入住，对方答复：客人已经来了。这下李小姐放心了，此时手机铃声也终于响起来，一位标准美语发音的先生与李小姐约好8点20分在中国大饭店大厅见面。李小姐准时来到大厅与客人见了面，由于其中一人脚伤未愈，无法行走，李小姐又安排出租车一同前往大北窑售票处。一进门，大北窑售票处的工作人员早已等候多时，从出票到为客人刷完信用卡，不到5分钟的时间。检查完机票，客人高兴地竖起大拇指，连连说："Perfect，perfect！ Air China Fantastic Service."起身离去时，竟然高兴得忘记了拿拐杖，李小姐追出去给他送拐杖时，他风趣地回答："我的腿已经好了。"

　　出完票后，李小姐用出租车送客人回到酒店，在挥手道别之际，两位美国客人握着她的手，用英语连声说道："我会永远记着你，Air China 小姐！"

（资料来源：民航资源网．）

（二）关怀服务

　　关怀服务，即通过细腻的服务，让乘客感受到如家的温暖与踏实。通过乘务人员细心观察发现乘客心理的细微变化，使乘客感觉到乘务人员可亲、可爱。关怀服务也就是通常所说的"嘘寒问暖"、朋友式的关怀、子女般的关怀、亲人般的呵护等。

📄 案例

当好怨怒旅客的情绪调节员

一次，我执行航班从海口飞往广州，一位旅客按呼唤铃，要求我给他找一份《海南日报》。可《海南日报》已经全发完了，于是我为他拿来了一份《广州日报》，带着抱歉的语气向他做了解释，谁知他很生气地接过报纸，翻了两下就放进座椅前的口袋里了。看着他一脸不悦的神情，我心里非常难受。

飞机起飞了，我一直注视着刚才那位旅客，我发现他好像很不舒服，一会儿伸手转转上面的通风口，一会儿又转转旁边座位上方的通风口，最后抱着膀子坐在座位上。一定是他感到空调太凉了，于是我赶紧走到他面前，亲切地问："先生，您是不是感觉空调有点凉啊？我给您拿条毛毯吧！"他看到我，愣了一下，点点头。我立即取来毛毯递给他，他轻声地说："谢谢！"我心里舒坦了好多，虽然他怒气消了一点，但我的目光仍然始终不自觉地落在他身上。送饮料时，看他喝得很急，我断定他一定很渴，于是我又主动倒了一杯给他送上去："先生，您一定很口渴吧，我又给您倒了杯，您慢用，如果不够的话请随时按呼唤铃呼叫我，我再给您倒。"我边送水边说道，他有点惊讶地看着我，接过那杯水，并连说："谢谢，谢谢，我的确很渴！"我连忙说："不客气，这是应该的。"那位旅客简单的"谢谢"两个字温暖了我整个人。当我得知他想喝杯黑咖啡时，我又立即为他冲调好一杯香浓的黑咖啡，他诚恳地对我说："对不起，一开始我向你要报纸的态度不好，请不要在意。我以为你们只会偷懒，还找许多借口来糊弄旅客，但是我现在断定，你不是。小姑娘，希望你能继续这样坚持工作下去，继续用你的诚心、细心、热心和亲切的态度为其他旅客服务，好吗？"

（三）后续服务

后续服务，即为乘客提供离机后的相关服务。包括旅游、住宿、商务等方面的服务。

案例

烦心人遇好心人

这是一个让人感动的小故事，只可惜没有几人能像头等舱乘务员谷小姐那样做得如此贴心周到。她被评选为当日航班的"爱心使者"，确实当之无愧。

某年5月22日，一位老妇人抱着个刚满周岁的女婴登上了由南航大连分公司执行的延吉飞往大连的班机，为了方便照顾她们，头等舱乘务员谷小姐直接将她们安排在了4A的座位上。"您一个老人家自己带个孩子乘机可够不容易的，有什么需要就叫我吧。"谷小姐一边帮老人安置到座位上，一边轻声嘱咐着。

飞机起飞后，不知什么原因，小女婴一直哭个不停，老妇人急得满头是汗，谷小姐送来小毛巾给老人擦汗，又抱起小女婴哄她开心，也许小女婴是真的喜欢这个甜美可人的大姐姐，她真的不哭了。谷小姐开始耐心地向老人讲解乘机常识，细心的她观察到老人仍愁眉不展，经过了解得知这位老妇人是孩子的姥姥，准备带孩子乘第二天的飞机去广岛看孩子的妈妈，可是老人身上除去买机票的钱已所剩无几，希望能找个便宜的旅馆在大连暂住一晚。得知老人的难处后，谷小姐凭借自己的经验向老人介绍了离机场最近的航天招待所。可老人从未到过大连，自己根本就找不到，这可怎么办？而谷小姐回大连后还要继续执行下一航段的飞行任务，中间包括晚餐和航前准备的时间，仅有一个半小时的休息时间，但想到老人到大连后人生地不熟，谷小姐怎么也放心不下，在征得乘务长的同意后，她决定亲自将她们送到旅馆。

飞机在大连落地后，谷小姐抱着孩子、领着老人下了飞机，在等候提取托运的两件行李期间，谷小姐考虑到老人自己带着孩子不方便，经与老人协商，准备将行李寄存在候机楼。谷小姐向地面工作人员说明了老人的情况，也许是被谷小姐的诚心感动了，老人的行李被以最优惠的价格寄存了。出了候机楼，为赶时间要搭出租车，可麻烦又出现了，因为距离太近在候机楼前排队的司机都不愿拉，万般无奈的情况下谷小姐只好答应给20元的车费才算坐上了车。到了旅馆，谷小姐帮助老人联系到最便宜的30元/天的四人间，后又与服务员几经协商，最后老人以20元/天的价格入住了。

安顿好了老人，谷小姐就要开始她的下一段航程了，她与老人道别并说好第二天一早来接她们，老人握着谷小姐的手非要把她垫付的几十元钱塞给她，可谷小姐说什么也不要，她说："您一个老人家出门在外不容易，用钱的地方还多着呢，您留着以后用吧。"几句朴实的话语令老人热泪盈眶、感激万分。

第二天一早，谷小姐不顾前一天飞行的劳累，如约到旅馆接了老人和孩子，并帮她们办完乘机手续，直到将她们送上飞往广岛的飞机。

谷小姐所做的一切，只有当天和她一起飞行的乘务长知道，当乘务长要将这件事报告给客舱部时，谷小姐拒绝了。她的理由很简单：如果一个人做好事是为了图名的话，那就失去其本身的意义了。但是乘务长还是被她的精神深深感动，也因此有了我们今天的这个"心约故事"。

（资料来源：民航资源网．）

任务二　熟悉客舱服务的基本程序

小资料

飞行箱里的秘密

飞行箱是每个乘务员的必备工具。简单的外形，清晰的标志，一系列的特征向外界传递着严谨规范训练有素的职业形象。飞行箱里装着什么？我们丰富的内心世界会为自己的飞行箱注入怎样的内容呢？

通常情况下，航空公司会对乘务组的装备有严格的要求。其中包括乘务员必须携带的物品：走时准确的手表、各种证件、专门定制的围裙和平底鞋等。可是，长时间离开地面，在封闭的客舱中度过自己的光阴，航空公司要求携带的装备显然不能够满足我们空中的生活需要。那么，我们的飞行箱中还携带了些什么呢？

飞行箱的容积是有限的，在放入航空公司要求必须携带的物品后，飞行箱所剩的空间更是狭小，而且不可能将自己喜欢的日常用品全部带上。但尽管如此，如果可能的话，还是应该带一些个人用品用来调节身心，娱悦情绪。飞行箱的空间是有限的,你可以放入最让你可心的物件陪伴你度过乘务生涯。要让客舱因为我们的存在而温暖所有在场的人,就需要我们不断调节自己的情绪和心情。作为飞机上的工作人员,乘务员有责任为旅客提供高质量的服务。但有时我们也会怀有一些不良的情绪。如果我们学会了自备调节情绪的物件,利用好飞行箱,将一个简单的工作必需品注入自己的情感,装入美好的秘密,你的工作将会更美好……

民航客舱服务工作具有一整套严格的工作程序,从航班前的准备到空中服务结束后的讲评,从起飞前笑迎旅客到航行中无微不至的细心服务,每一环节都有详尽的工作要求,空中乘务员应该熟练掌握,认真实施,这是提高客舱服务质量的基本保证。按照目前国内航空公司业务培训的规定,乘务服务工作分为预先准备、直接准备、飞行实施、飞行后讲评四个阶段。

一、预先准备阶段

预先准备阶段,是保证空中服务顺利进行的最重要阶段。这是客舱服务工作的第一阶段。明确航班任务、了解航班状况、进行个人心理、仪态着装与携带物品准备,这些都是完成乘务任务所必需的,也是服务规范所规定的内容。

(一)接受任务

接受任务的方式可以通过飞行中队、派遣科、电话、电脑等,目前国内外各大航空公司大都提前一个月左右在公司内部网站公布飞行任务安排计划。乘务员在接受航班任务后,应及时查看航班任务书,了解航班性质、航线/航段、航班号、机型、机号、机长姓名、乘务组人员、飞机起飞时间及签到准备、机组乘车时间,预先做好准备工作。航班性质包括正班、加班、包机、专机、急救或补班。

- 正班:是指对外公布的在班期时刻表上显示的正常的航班;
- 加班:是指对外公布的在班期时刻表上显示以外的非正常航班;
- 包机:是指由某个团体或者个人承包的航班;
- 专机:是指由某个团体或个人有特定级别身份指定的专用航班;

·急救：是指在发生突发事件（如医疗事故、赈灾）等情况下的临时增补航班；

·补班：是指针对在正常时间段内无法完成预定飞行任务的正常航班的候补航班。

（二）个人准备

1. 心理与思想准备

了解机场名称、方位、离城距离；了解飞行时间、距离与高度；了解航线相关知识；熟悉所飞机型的应急设备和服务设备以及应急处置程序，熟悉重要旅客、特殊旅客的服务；熟悉各号岗位职责和区域职责；执行国际/地区航班，应了解所到国家及地区海关、边防（移民局），检疫的相关规定。

2. 个人应携带物品准备

证件：乘务员在执行任务时必须携带的有效证件，包括《中国民航空勤登机证》《航空人员体检合格证》《中国民用航空客舱乘务员训练合格证》。国际航线乘务员在执行任务时还应携带《航空人员国际旅行健康证明/国际预防接种证书》《中华人民共和国因公护照》（国际航线）和《港澳通行证》（地区航线）。

·《中国民航空勤登机证》：乘务员执行任务时准许登机的有效证件。

·《航空人员体检合格证》：乘务员每年体检合格后由民航局下属的地方管理局颁发的证件（有效期为一年）。

·《中国民用航空客舱乘务员训练合格证》：乘务员每年都要进行一次复归训练，训练合格后由相关部门颁发合格证（有效期为一年）。

资料：《客舱乘务员手册》《客舱乘务员广播手册》《服务规范手册》《应急安全操作手册》、航线资料等。

物品：手电筒、手表、便笺、笔、开关器、剪刀、围裙、化妆包、牙具、针线包、皮便鞋、备份袜、眼镜等备用物品以及驻外期间的生活用品等。

姓名牌：将姓名牌别于指定位置。

📄 小链接

新版空勤登机证正式启用

2020年1月1日零时,中国民航新版空勤登机证正式启用。17万空勤人员开始持新版证件在全世界机场执行任务。空勤登机证是进入机场控制区的通行证件,是落实国际民航公约的重要举措。新版证件在国际民航组织9303号文件框架下,优化了版面设计,提升了防伪水平,同时开发应用在线实时查验、人脸识别等功能。此次民航局公安局充分利用换发新版证件契机落实真情服务,彻底重塑证件管理形态,实现了管理制度的飞跃,迈入全国规范化信息化管理的3.0时代。

3. 个人网上预先准备

网上准备是航空公司乘务员在飞行前必须完成的一项工作,其中包含执行航班的各类信息。乘务员应于飞行前一天18:00以前登录乘务准备网完成个人网上预先准备,如临时接受任务,可根据实际情况进行。具体步骤如下:

(1)打开网页:打开公司客舱网,进入客舱网首页,输入员工卡号和密码;

(2)点击进入:点击"乘务准备系统",再点击"网上准备",全选开始准备;

(3)进行准备:依次点击网上准备的内容,例如:"航班任务和航班动态"→"航线资料"→"飞机状况"→"飞行安全"→"餐饮配备与机上免税品销售"→"业务通告"→"乘客信息"→"乘务组人员信息"→"留言查询"→"乘客调查情况"→"航站天气"→"网上考试"→"组员准备情况"等,完成"网上准备"。

4. 个人仪容仪表准备

化妆、发型、着装按服务规范手册要求,乘务组按规定统一着装。

(三)集体准备

1. 航前签到

乘务员须于航班起飞前按各公司要求在乘务准备室签到及航前准备,由乘务长向乘务值班员汇报本组人员到位情况。

机组人员须在飞机起飞前 1 小时 30 分钟在飞行准备室签到处签到。

因天气等各种客观原因不能在规定时间内签到者，应提前打电话通知乘务值班处签到。

2. 航前准备会的组织

乘务员须将飞行箱带到乘务准备室进行准备，并以组为单位，将飞行箱整齐摆放好。乘务员在航前准备会之前，要认真学习最新的业务通告、文件通知，并对准备会的程序及内容进行提前复习。

通常是由乘务长主持召开航前准备会，介绍航班号、航线、飞机号、起降时间、机组乘机时间、机长姓名、机组分工，包括广播员、迎客乘务员，做好空防预案、了解业务通告，并对本次航班的各项工作提出要求。这些要求体现在制定工作程序、做好餐饮供应品配备、了解航线情况、准备海陆脱离预案，准备好应急设备及撤离时应携带的物品等各项工作上。乘务长（主任乘务长）出港前需检查乘务员携带的物品和个人证件有效期（健康证、登机证、执照等）；领取 CF 包（航线资料、业务通告、录像机钥匙、乘务日志、资料夹、录像／音带、铅封、班期时刻表、交接单等）。

3. 航前准备会的内容

（1）检查乘务组成员证件、装具、资料、制服着装及专业化形象；

（2）检查乘务员个人准备情况；

（3）检查乘务员对应急设备分布、使用及应急处置程序的准备情况；

（4）练习空防预案，明确联络暗号；

（5）重申危险品处置程序；

（6）通报航班特殊旅客及要客的情况，传达近期业务和行政方面的信息；

（7）根据各岗位职责进行合理分工；

（8）拟订服务程序，提出服务要求；

（9）检查手册插页的更换情况，考察客舱乘务员对新规定的掌握情况；

（10）国内航班预计起飞时间前 1 小时 40 分钟到达工作岗位，国际航班预计起飞前 2 小时到达工作岗位。

乘务值班员、检查员将随时抽查乘务员的航前准备情况，对于违反相关规定者，将记录在"地面抽查单"上。

乘务长要对整组准备情况进行监控，发现组员准备不合格者，有责任通知乘务值班员填写"地面抽查单"，并有权利向乘务值班员申请换人。

4. 乘务组与飞行组的沟通协调

乘务长、安全员在飞机起飞前按规定时间与飞行组进行协调。如出现飞行组连飞，乘务长、安全员按规定上飞机之后与飞行组进行协调。

在旅客登机前，机长与乘务组必须进行协作准备会。机长应把相关的信息传达给所有乘务员。协作准备会的内容应包括：

（1）机组成员介绍：机组成员变化情况及有效证件检查确认。

（2）机长向机组通报：预计飞行时间和高度、天气状况和天气预报对航路飞行的影响（雷雨、颠簸、预计飞行时间等）；运行相关信息（延误、不正常运行、返航备降的分工）的交流和传达；飞行适航状况和飞行检查情况；加机组人员的相关情况（机组人员、运行人员和安全检查人员）；飞行时间及地面滑行时间介绍、短距离滑行时对客舱服务的影响。

（3）乘务长向机组报告：客舱检查的情况，即旅客服务设备的完好情况，是否有严重影响飞行安全和旅客舒适的设备故障；特殊旅客及重要旅客情况。

（4）安全员向机长报告客舱和货舱清舱检查的情况。

（5）机组协调的内容：紧急情况下的分工及配合（中断起飞、紧急撤离或一发失效）；飞行组与乘务组对旅客广播协调的相关事项；驾驶舱与客舱的联络；空防保卫（反劫机、炸机等）的行动预案；机长对其他事项的要求。

机长在进行客舱协作时，应了解客舱乘务组的具体反馈意见，检查和询问客舱准备情况，要求每一个乘务员明白协作的内容和注意事项；对共同安全完成任务提出具体要求；机长应及时向主任乘务长/乘务长通告在协作后发生的任何运行信息变化。

二、直接准备阶段

直接准备阶段，是指从乘务员登机开始至飞机起飞前的阶段。飞行前的直接准备是为了执行空中乘务工作而进行的最后准备，它直接关系到能否圆满完成机上服务工作，确保飞行安全。乘务员必须按时到达现场并认真细微地做好各项工作，以便迎接乘客登机。一般根据航班起飞时间，提前一个小时10分钟登机，开始下列工作：

（一）客舱准备

1. 将个人行李存放到指定位置

乘务长包和个人行李应存放于 1 号门附近指定储物柜、指定的行李架或衣帽间内，不得放置在旅客的座椅上或应急出口处。

2. 检查应急设备

根据"客舱运行检查单"（见本书第 83 页表 2-2）进行应急设备检查，发现故障及时报告。

应急设备检查，是直接准备阶段最重要的环节，要求检查各应急设备是否在位、数量是否齐全。

（1）检查舱门：检查处于关闭状态的舱门是否已关闭到位并无夹带物品；检查话筒是否处于解除预位状态；检查门区工作灯及服务灯是否工作正常。

（2）检查氧气瓶：取下氧气瓶，检查氧气瓶是否在规定位置并固定好；检查氧气瓶压力表指针是否指示在 1800 磅 / 平方英寸（红色区域），检查氧气瓶是否配有包装完好的氧气面罩。

（3）检查灭火瓶：检查灭火瓶是否固定在指定位置；检查安全销是否穿过手柄、触发器位置；检查灭火瓶黄色压力指针是否指在绿色区域；检查灭火瓶是否在有效期内；检查灭火瓶是否铅封完好。

（4）检查防烟面罩：检查防烟面罩是否固定在指定位置；检查防烟面罩包装盒是否密封完好；检查防烟面罩捆扎带是否完整无松开。

（5）检查救生衣：检查救生衣是否放在指定位置且配备齐全；检查救生衣的包装是否完好。

（6）检查手电筒：检查手电筒是否放在指定位置并固定好；检查手电筒工作状态是否良好。

（7）检查急救药箱：检查急救药箱是否放在指定位置并固定好；检查急救药箱铅封是否完好，是否在有效期内。

（8）检查《安全须知卡》《出口座位旅客须知卡》：检查《安全须知卡》《出口座位旅客须知卡》是否在座椅背后的口袋里；检查《安全须知卡》《出口座位旅客须知卡》与所飞机型是否相符；检查《安全须知卡》《出口座位旅客

须知卡》有无破损。

（9）检查安全带：检查乘客、乘务员安全带是否在指定位置，收缩正常且搭扣使用正常；检查婴儿安全带及加长安全带数量是否配备齐全。

（10）检查扩音器：检查扩音器是否固定在指定位置，并处于完好状态。

（11）检查应急灯：检查测试应急灯开关，并确认应急灯开关处于完好状态（注意：连续 2~3 个以上的应急指示灯不亮，飞机便不允许起飞）。

（12）检查洗手间烟雾探测器：检查洗手间烟雾探测器是否绿色电源指示灯亮；检查洗手间烟雾探测器的指示灯是否工作正常。

3. 根据"客舱运行检查单"进行服务设备检查

（1）检查控制面板：乘务员检查"后舱乘务员控制面板"，乘务长检查"前舱乘务员控制面板"是否工作正常。

（2）检查广播/内话系统：乘务长及乘务员检查广播/内话系统是否工作正常。

（3）检查灯光及音乐系统：乘务长检查灯光调节及音乐播放是否工作正常。

（4）检查乘客服务组件：客舱乘务员检查阅读灯、通风孔、呼唤铃、耳机是否使用正常；检查小桌板、婴儿摇篮、座椅、靠背、阅读灯、观察窗等是否在位并完好；检查座椅背后口袋内服务用品的配置（如航机杂志、清洁袋等）。

（5）检查行李架：客舱乘务员检查行李架是否处于开启状态。

（6）检查遮光板：检查遮光板是否全部打开。

4. 检查客舱卫生

检查地板、座椅、小桌板、行李箱、衣帽间、座椅扶手、应急设备储藏柜、储物柜、壁板、玻璃窗、枕头、毛毯是否清洁。

5. 完成清舱检查，灯光调至高亮度，准备迎接旅客

清舱的范围包括：行李架、座椅周围、厨房、厕所、机组休息室、衣帽间、储藏室等，发现可疑物品或无关人员要报告主任乘务长。

（二）卫生间准备

1. 检查设施设备

检查马桶、水池、地板、镜子、台面是否干净。

2. 检查清洁用品

检查香水、润肤霜、洗手液是否齐全并放于指定位置。

3. 检查卫生用品

检查手纸、擦手纸、马桶垫纸是否放于指定位置并按规定摆放。

4. 检查冲水系统

检查冲水系统是否完好。

注意：飞机起飞、下降时，乘务员需要检查马桶盖是否盖好、洗手盆内活塞是否压下、卫生间门是否锁闭；空中飞行时，乘务员需要及时检查卫生间的卫生，保持卫生间的清洁。

5. 始发航班及经停航班，需投放化粪剂。

（三）厨房准备

1. 检查服务间控制面板

厨房乘务员接通厨房电源，检查服务间配电板、水表及污水表是否工作正常。

2. 检查并固定厨房设备

厨房乘务员检查烤箱、煮水器、烧水杯、冷风机、冰箱、保温箱、餐车及水车的刹车是否工作正常，储物柜锁扣、餐车锁扣等是否扣好。

3. 检查机供品

厨房乘务员按"机上用品配备回收清单"（见本书第85页表2-3）检查机供品。

机供品：航班上为旅客和机组配备的物品，包括服务用品、娱乐用品、清洁用品、饮料及食品等。

（1）熟悉位置：乘务员应熟悉机供品的存放位置。

（2）清点核对：厨房乘务员清点核对供应品、饮料杯、托盘、餐盘、热水壶、塑料冰桶、冰勺、酒钻、餐具包等服务用品及食品饮料的品种、数量等是否与"机上用品配备回收清单"相符。

（3）清点检查：客舱乘务员清点并检查报纸杂志、耳机（配有电视、耳机音乐的飞机）、扑克牌及儿童玩具（中、远程航班）等娱乐用品的数量和质量。检查报纸杂志是否为当日发行的或最新发行的中外文报纸杂志；外站配发的当地文字及中外文报纸杂志。

注意：在航班中，一般为旅客配备五种以上的中外文报纸，在头等舱、公务舱还配有各种杂志，供旅客阅览。

（4）接收检查：客舱乘务员接收并检查清洁袋、擦手油、香水、爽肤水、擦手纸、手纸、马桶垫纸、空气清新剂、杀虫剂等清洁用品是否与"机上用品配备回收清单"相符。

注意：在中、远程航班上，配有牙刷、眼罩、耳塞，头等舱配有牙具包、拖鞋、休闲服和被子等。

（5）确认签字：厨房乘务员检查无误后，在"机上用品配备回收清单"上签字。

注意：乘务员接收"机上用品配备回收清单"时须确认时间、航班号及航段等信息。

4. 检查餐食

（1）熟悉位置：厨房乘务员熟悉各类餐食的存放位置。

（2）清点核对：厨房乘务员清点核对餐食（正餐含冷盘和热食）及特殊餐食的数量是否与"配餐单"相符，餐食是否新鲜、无损坏。厨房乘务员与送餐人员当面清点。

（3）确认记录：厨房乘务员在便笺上记录餐食的种类及数量。

注意：一般装满餐车的冷盘为：每层3份，共14层，总计42份；装满烤炉的热食为：每层4份，共8层，总计32份。餐车应放冷风机位或将干冰放于餐车最上层；在烤炉架最上层放置干冰，以保持热食的新鲜程度。

餐食清点完毕，厨房乘务员写好单子，交给乘务长。

5. 检查厨房卫生

厨房乘务员检查服务间地板、服务台面、烤炉、冰箱、储物柜、垃圾箱等是否清洁，水槽渗水是否顺畅。

（四）乘务员准备

（1）完成各自区域设备检查任务。

（2）区域责任乘务员通过客舱广播系统向乘务长汇报各项工作的检查情况。

（3）旅客上机前，检查个人仪表，就位迎客。

（五）乘务长准备

（1）验收客舱卫生，签收机供品。

（2）做好地面消毒、杀菌工作。

（3）签收要客、特殊旅客通知单，了解要客、特殊旅客人数、姓氏、座位号及中途过站人数。

（4）接收海关总申报单、检验检疫单、货单以及旅客名单，并确认无误。

（5）准备完毕后，乘务长向机长报告，并向机组了解当日航线气象等有关情况，请示机长有无进一步的指示。准备工作必须于上客前10~20分钟完毕。

（6）准备迎接旅客。

三、飞行实施阶段

飞行实施阶段，是指旅客登机至旅客到达目的地后下机的阶段，是乘务员为旅客服务的主要过程，直接体现公司服务质量的好坏和服务水平的高低。乘务员应主动、热情、周到、有礼貌地为旅客服务。与旅客对话时要面向对方，保持适当距离，目光要注视对方，以表示尊重，应注意自己的身份，掌握用词分寸和节制时间，避免使用专业术语。为旅客发送供应品及食品时，要面对旅客，主动介绍名称及内容。对同一排旅客，应从里向外、依次递送。对外宾、女宾、老人、儿童应优先照顾。对旅客提出的要求，能做到的情况下，应尽量满足；不能做到时，应耐心解释，讲究语言技巧。应允的事一定要落实，不能言而无信。如无意碰撞或影响了旅客，应表示歉意，取得对方谅解，旅客下机时还应再次道歉。服务中对旅客一视同仁，对爱挑剔的旅客，也要耐心，避免发生口角。对举止不端的旅客，应镇静回避，必要时报告机长。

在空中实施阶段，客舱服务人员要随时保持客舱内清洁和卫生，细心观察旅客动态，及时处理旅客所需帮助解决的问题，对需要照顾的老、幼、病、残、孕等特殊旅客提供及时周到的服务。夜航飞行中，客舱服务人员应注意对客舱灯光、温度的调节，经常巡视客舱，注意观察旅客的需求，提醒睡觉的旅客系好安全带，以防颠簸。乘务员工作时脚步要轻，以免影响旅客休息。头等舱乘客睡醒后，乘务员要主动送上热毛巾，提供服务。随时注意检查厕所卫生及安全状况，保持厕所卫生干净整洁无异味。对睡觉的旅客提供毛毯，对阅读书报杂志的旅客打开阅读灯，有影像设备的飞机要协助旅客调试影像频道。提供资料、餐食服务时，要注意特殊旅客的餐饮服务。对休息睡觉的旅客，不要打扰，提供温馨提示卡并应记住其座位排号，等旅客睡醒后，及时为其提供服务。

飞行实施阶段的具体工作程序如下：

（一）迎客

1. 播放音乐并打开客舱灯光

旅客登机时，乘务长播放登机音乐，打开客舱灯光至高亮度。

2. 站立迎接并问候旅客

乘务员应站在指定区域内，着装整齐，站姿端正，面带微笑，热情而有礼貌地迎接并问候旅客。如图2-1所示。

图2-1 迎客

当乘客进入客舱，乘务员面带微笑，与乘客保持适当距离，上身前倾行鞠躬礼，主动迎接并问候："您好，欢迎登机。/ 您好，早上好 / 中午好 / 晚上好，很高兴见到您……"

3. 统计旅客人数

数客乘务员将计数器放在身体前部，表情专注，可以利用旅客的衣服颜色、性别、体征作为计数参照，按下计数器。

注意：数客前必须检查计数器是否工作正常，确认已经归零；数客时，要特别关注带着儿童和婴儿的乘客，对婴儿车、乘客自带摇篮内是否有婴儿要确认清楚；对地面人员上下飞机要格外注意监控。

4. 有秩序地引导旅客入座

（1）询问查看：面带微笑，主动上前，询问并查看旅客登机牌上的座位号。

（2）规范引导：五指并拢，伸出左手臂，侧身指引旅客向其座位方向行进："您好，您的座位是8排C座，靠过道，请往里走，座位号码位于行李架下方。"行进过程中，目光及时与旅客交流。

（3）引位确认：旅客到达座位，乘务员主动热情地指示座位："您好，您的座位在这里，请入座。祝您旅途愉快。"

（4）介绍设施：主动介绍呼唤铃、阅读灯等服务设施。

（5）确认出口座位：向出口座位旅客进行出口座位介绍及确认："打扰了，先生/女士，您就座的是我们的应急出口座位。正常情况下，请不要触碰带红色标记的把手；在紧急情况下，您愿意充当我们的援助者，帮助其他旅客撤离吗？（得到旅客的肯定答复后）请您在起飞前阅读我们的出口座位须知卡，同时请您监督，不要让其他旅客随便触碰我们的应急窗口。如果您还有什么疑问，请随时与客舱乘务员联系（看到旅客接过须知卡）。"

5. 协助旅客摆放行李

协助旅客放好随身携带的物品和衣物。如果大件行李安排不方便时，在不耽误航班运行的情况下，可与旅客协商托运。

（1）协助摆放：协助旅客将其行李摆放至行李架，确保行李稳妥："您好，我来协助您放行李好吗？"如图2-2和图2-3所示。

（2）确认告知：告知旅客行李不能叠放："为了您和他人的安全，请不要将行李叠放，我帮您把您的行李放在这里好吗？"紧急出口、第一排座椅脚下、厨房空餐车位、洗手间、储藏应急设备的柜子以及机组休息座位、无固定装置的空间不得安放行李："您好，这里是紧急出口，为了安全，按照规定这里不得摆放行李，我们帮您把行李安排在行李架内，感谢您的配合。"

（3）安全提醒：提醒旅客看管好自己的行李，自行保管贵重及易碎物品。

图 2-2 协助旅客摆放行李　　　　图 2-3 确保行李放置稳妥

（4）确认检查：检查乘客携带的占座行李是否固定。

（5）调整固定：将放置于座位下面的行李固定在不超出行李挡杆限制或影响旅客进出的位置；伞式折叠婴儿车挂在封闭式衣帽间内。

注意：旅客的手提行李不能捆绑在座椅上，药品不得冷藏在厨房区域；将旅客要求冷藏的药品放在盛有冰块的塑料袋内，由旅客自行保管。

6. 疏通过道

（1）引导疏通：面带微笑，主动疏通拥挤于客舱通道上的旅客："对不起，先生/女士，请您先侧身/请您先入座，让后面的旅客过去好吗？谢谢您的配合。"

（2）安置行李：疏通放于客舱通道上的行李："对不起，先生/女士，请您先侧身/请您先入座，行李一会儿我帮您一起安排。请让后面的旅客先过去好吗？谢谢您的配合。"

7. 根据普通舱要客的入座情况提供服务

（1）提供报纸杂志；

（2）提供热毛巾（或根据旅客要求）；

（3）提供饮料：茶水或果汁（或根据旅客要求）；

（4）起飞前，收回饮料杯、毛巾等。

8. 两舱服务

两舱服务对象是指购买头等舱和公务舱的旅客。

（1）引导入座

① 两舱旅客登机时，乘务员应主动上前迎候；迎候时，根据旅客名单或登机牌旅客姓名显示，使用"姓氏服务"或"职务称呼"；

② 主动帮助提拿行李，准确引导入座；

③ 主动协助旅客摆放行李；

④ 乘务员主动向旅客做简短的自我介绍。

（2）存放衣物

① 旅客递交衣物给乘务员委托存放时，乘务员应检查确认衣物是否有污损，提醒乘客贵重物品自行保管；

② 使用标识牌，做好座位号的记录；

③ 航程中妥善保管衣物，避免污损。

（3）提供毛巾和迎宾饮品

① 旅客入座后及时提供毛巾；

② 提供迎宾饮品时，摆上杯垫，将饮料杯置于杯垫上；

③ 征得旅客同意后，及时收回旅客用完的毛巾和饮料杯。

（4）提供报纸杂志

① 发放报纸杂志时，应主动向旅客介绍配备的品种，如图2-4所示；

图2-4 为乘客提供杂志

② 根据光线情况，为需要的旅客打开阅读灯；

③ 当旅客的需要无法满足时，应真诚地表示歉意，做好解释工作，并设法以其他方式弥补，争取旅客的谅解。

（5）提供拖鞋

① 两舱旅客登机后，乘务员挑选合适的时机为其提供拖鞋服务；

② 送至旅客手中或放于座椅前面的插袋内，并主动给旅客介绍拖鞋位置；

③ 主动询问旅客是否需要更换拖鞋，帮助其打开包装，将拖鞋摆放于合适位置，并协助旅客将换下的鞋子妥善放于规定的存储空间。

相关链接

中国民用航空局批准的存储区域

1. 存储区域：行李架；旅客座位下部至前限制区域和侧面到靠通道座位限制区域；衣帽间封闭区域。

2. 手提行李的规格：头等舱旅客可带两件手提行李，体积≤20cm×40cm×55cm，每件重量≤5kg；公务舱、经济舱旅客可带1件手提行李，CRJ机型体积≤20cm×40cm×55cm，每件重量≤5kg。

3. 一般情况下，除了手提行李允许带进客舱的物品：一件外衣或一条毛毯；一把晴雨伞；一架小型照相机；一只拎包，提供旅客阅读的适量读物；旅途中婴儿需要的食物等。

（二）关闭机舱门

（1）待旅客登机完毕后，进行欢迎词及防止登错机的广播。

（2）乘务长与值机人员核对旅客人数，确认旅客人数与舱单相符，航班文件携带齐全，机组人员到齐，供应品、餐食到齐，客舱安全管理措施落实后，报告机长并在得到许可后关闭机舱门。

如果数客数字与舱单不符，带班乘务长立即责成其他乘务员重新数客，避免延误航班。此时，带班乘务长通知全体乘务员到客舱，督促乘客在原位坐好，避免旅客随意走动，同时确认洗手间是否有人。

（3）如在计划起飞的时间范围内机舱门不能关闭，乘务长如未得到飞行组通告延误或等待的原因和信息时，应及时向飞行组了解，并将了解到的信息通过客舱广播系统通告旅客；延误或等待时，乘务长应间隔地与机长联系，以便向旅客及时传达有关信息。乘务组应根据等待时间，提供必要的客舱服务；如旅客登机后需下飞机等待，对旅客提出的某些特殊要求，乘务长应视情况与地面工作人员协商解决；与地面工作人员协作，力求减少延误或等待时间。

（4）关好舱门后，各号位乘务员在乘务长下达预位口令后将滑梯分离器预位。左右交叉检查完成之后，报告乘务长，乘务长通过内话报告及FAP面板显示舱门预位情况完成检查。如图2-5所示。

（5）旅客就座后，通过人工广播或预录广播向旅客告知电子设备使用规定。

（6）乘务员进行客舱安全演示（LCD不能播放时）。演示乘务员的站位要及时，动作要准确、整齐。如图2-6所示。

图2-5 客舱通讯及广播

（7）进行起飞前客舱安全检查，如图2-7所示。

图2-6 客舱安全演示

图2-7 客舱安全检查

① 确认所有便携式电子设备已关闭，手机调至关闭或飞行模式；
② 确认旅客系好安全带（扣好空座位上的安全带）；
③ 确认儿童系好安全带，婴儿由成人抱好并系好婴儿安全带；
④ 手提行李存放妥当，行李箱、柜门锁定；
⑤ 走廊、应急出口无障碍物；

⑥ 收起小桌板、调直座椅靠背；
⑦ 旅客座椅上无食品、饮料和餐具；
⑧ 拉开、扣紧门帘；
⑨ 打开遮光板；
⑩ 关闭厨房电源；
⑪ 固定厨房所有物品；
⑫ 电视屏幕归位固定；
⑬ 卫生间无人占用，盖上马桶盖，关闭卫生间门（平飞后再及时打开）；
⑭ 调暗客舱灯光；
⑮ 客舱乘务员不能在飞行关键阶段进出驾驶舱。

（8）滑行时不得为旅客提供除安全以外的服务，滑行等待时同样不许提供除安全以外的服务，除非机长明确告知等待时间。

（9）确认客舱安全检查完成后，乘务员回座位，系紧安全带和肩带，如图2-8所示。

图2-8 乘务员回座位坐好

（10）如客舱安全检查未能完成，乘务长应通过内话及时向机长报告。

（11）起飞前（安全带标示灯闪亮后），广播通知旅客再次确认安全带是否已扣好系紧，移动电话等禁用、限用电子设备是否已调至飞行模式或关闭的状态。乘务员调暗客舱灯光，默想发生紧急情况下的处置程序。

（三）起飞后

（1）"系好安全带"指示灯熄灭前，不得提供其他服务，乘务员可主动询问机长。

（2）"系好安全带"指示灯熄灭后，乘务员调亮客舱灯光，广播安全带、限制性电子设备规定，介绍航线及客舱设备，并需要根据起飞时间推算落地时间并进行预报。

（3）进行客舱致意，如图 2-9 所示。（乘务员在客舱中列队，鞠躬致意，站位 1 号、2 号、3 号、4 号位乘务员分别站在客舱第一、第三、第五、第七排。）

图 2-9　起飞后进行客舱致意

（4）为旅客发送报纸刊物。

（5）巡视客舱，协助旅客打开阅读灯和通风器，盖上毛毯，调整椅背，放下小桌板。

（6）播放录音和视频（如配备有相关设备），调暗客舱灯光，提醒及协助旅客放下遮光板。

（7）女乘务员换上围裙。

（四）经济舱餐饮服务

1. 送冷热饮

（1）厨房乘务员在厨房将热饮（咖啡、茶等）冲泡好。

（2）厨房乘务员在厨房将水车布置好。将饮料及其他物品整齐摆放到推车上，品名标牌要朝向乘客。

（3）广播员进行供饮广播："女士们，先生们，客舱乘务员将为您提供各种饮料，请放下小桌板，调直座椅靠背，谢谢合作。"

（4）客舱乘务员将水车推入客舱时，应注意掌握好方向，速度适宜。客舱乘务员提醒旅客注意安全（如旅客的脚、座椅扶手）："水车通过，请注意。"见图2-10。

图2-10　推手推车进客舱

（5）客舱乘务员面向乘客（45度）身体略向前倾，面带微笑，目光注视乘客："女士/先生，今天我们为您准备了茶水、咖啡、橙汁、可乐、矿泉水，请问您想要哪一种？"如图2-11所示。

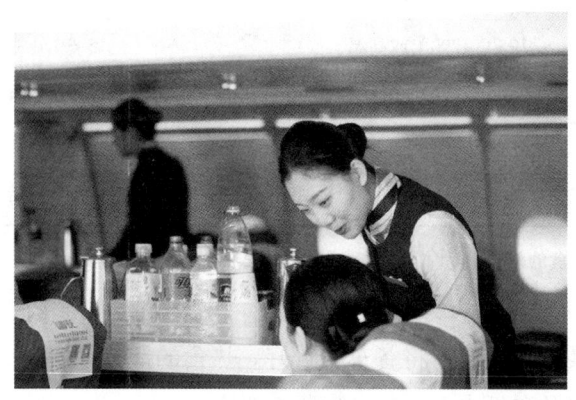

图2-11　询问乘客选择何种冷热饮

（6）饮料要打开后倒入杯中送给顾客，不得倒扣杯子在饮料瓶（盒）上。见图2-12。

图2-12　为乘客倒饮料

（7）正餐时，可供应啤酒等酒类。只有点心餐时，不供应酒类饮料。

（8）送饮料/送餐完毕，须再次为乘客添加饮料。

（9）回收饮料用具时，客舱乘务员面向乘客（45度）身体略向前倾，面带微笑，目光注视乘客："女士/先生，您是否还需要使用？"

注意：收餐时，一般餐车上只摆放热茶、咖啡、矿泉水和适量纸杯，如乘客有其他饮料需求，应随时记录，用托盘为乘客提供。

注意：收餐时，如乘客有其他饮料需求，应随时记录，用托盘为乘客提供。

2. 送餐食

（1）厨房乘务员在厨房将热食烤好。

表2-1　客舱餐食烘烤参考数据

餐食	烘烤温度	烘烤时间
面包	150℃~175℃或高温	7~10分钟（部分要打开锡纸烘烤）
肉类	175℃~200℃或高温	15~20分钟
海鲜类	175℃~200℃或高温	15~20分钟
手扒类	200℃~250℃或高温	18~20分钟
蔬菜	150℃~175℃或高温	7~10分钟
点心/早餐	150℃~200℃或高温	10~15分钟

说明：1. 套装餐食的热食烘烤时间以主菜为准；
　　　2. 根据餐食冷冻情况调节温度及时间。

（2）厨房乘务员在厨房将餐车布置好。热食的摆放以安全、美观为准，不能压住刀叉勺包及湿纸巾。

（3）广播员进行供餐广播："女士们，先生们，客舱乘务员将在××分钟后为您提供正餐，请放下小桌板，调直座椅靠背，谢谢合作。"

（4）客舱乘务员将餐车推入客舱时，应注意掌握好方向，速度适宜。客舱乘务员提醒旅客注意安全（如旅客的脚、座椅扶手）："餐车通过，请注意。"

（5）客舱乘务员面向乘客（45度）身体略向前倾，面带微笑，目光注视乘客，主动询问："女士/先生，今天我们为您准备了鸡肉米饭、牛肉米饭和面条，请问您喜欢哪一种？"

注意：餐车停留时要随时踩刹车，应始终有乘务员看守。记录个别未用餐的乘客，并贴上温馨提示卡。

（6）发热餐时，要垫小毛巾递给客人。将放有热食的餐盘一侧面向乘客递送："这是鸡肉米饭/牛肉米饭/面条，请慢用。"

（7）需要时，应帮助旅客安放小桌板。送餐时，要防止汤汁倾出或盘碟碰撞。

（8）遇严重颠簸时，应停止供餐。

（9）头等舱、公务舱瓷杯加热，毛巾加热，面包、蔬菜、主食要分开烤。

（10）乘客预订的特殊餐食应先提供，避免用客舱广播系统直接广播。

（11）回收餐具时，客舱乘务员面向乘客（45度）身体略向前倾，面带微笑，目光注视乘客："女士/先生，您是否还需要使用？"

（12）一般使用空餐车回收（未使用的餐盘摆放在餐车的最上部）。

相关链接

解密航空餐诞生流程

航空配餐的生产是一个比较复杂的过程，包括食材的采购和储存、原材料的加工、餐食的制作、综合配装、运送装机、机上供餐服务等环节。航空餐生产的每一道程序都有严格的指标，一切标准都源自质量管理体系ISO9001和食品安全管理体系ISO2200。

1. 设计餐谱

按照不同航线、不同舱位和航空公司自身特色的要求，配餐公司每种配餐将会最少提供三套备选餐谱供航空公司挑选。

2. 原料采购

原材料的采购首先要通过招标来选择有资质的供应商提供。航空配餐所需的所有原材料选料精细，多以进口高档原料为主，海鲜类全部为鲜活品质，家禽、畜类及一切原辅材料等均要通过精选、过磅、检验三道程序。

3. 原材料初加工

原材料初加工即将蔬菜、水果、海鲜、蛋类和肉类经过清洗、消毒后，分类存放在专用的2℃~5℃保鲜库中，然后再送到各车间进行制作、烹饪。航空配餐工作人员进入生产车间之前要戴上一次性消毒头套、穿上白色工作服、一次性鞋套，然后经过"风淋机"的洗礼，强大的抽风和吹风把身上的毛发和灰尘吹得一点不剩，还要经过消毒液洗手、紫外线过滤等。员工不允许佩戴各种饰物，更不允许化妆。通过紫外线杀菌，生产间里的细菌含量非常低，可以和医院手术室相比。从原料收货、原料预加工、餐食制作到餐食装配，整个航空餐生产间的温度均在18℃以下。

4. 烹制

烹饪火候控制在七八成，汁水要比较多，以防二次加热时烤干食品或烤不热，如果是青菜则要保证加热后不能变色等。为保证食品新鲜卫生，烹调好的餐食必须先进行快速降温冷藏，达到规定温度后再由配餐间进行装配。由于飞机在飞行过程中经常会出现颠簸，这个时候乘客如果在吃一些有硬物的食物时容易噎住，因此航空配餐要做到鱼不能有刺，肉不能有骨头，海鲜不能有壳。此外还要考虑各种因素的限制，比如羊肉因加工后会散发出味道因而就不允许上飞机。

5. 配餐

装配餐食的车间空气中的悬浮颗粒物指数必须小于10，一次工作配置的份数以三十份为界。航空配餐要求质量统一，配餐中心设有专人为每份成品称重，多去少补后迅速用保鲜膜将其包好。乘客拿到的餐食都是等质等量的，误差以克计算。配好的成品餐食在室温下存放不得超过半小时，就要及时推入2℃~5℃的保鲜膜中存放，之后根据航班动态，为保证食物安全，冷藏食品车将直接按时配送上飞机。

6. 上机

上机后，为了保证餐食一直处于低温以抑制细菌滋生，送餐车里的温度只有15℃。

（五）国际航线头等舱正餐供应程序

（1）提供餐谱和酒单；

（2）订餐饮；

（3）提供热毛巾并回收；

（4）铺桌布；

（5）提供餐前酒水；

（6）提供开胃小吃；

（7）摆放餐具；

（8）提供热面包；

（9）送沙拉；

（10）配送主菜；

（11）提供餐中酒饮；

（12）回收全部餐具；

（13）提供餐后毛巾并回收；

（14）提供热饮。

相关链接

"旅客休息提示卡"的诞生

在航班服务中，经常会发生在供餐时有些旅客睡着了、没有享受到供餐服务的情况。乘务员总是靠个别记录的方式来区别，但有时会发生遗漏服务的情况。乘务员在航后讲评阶段对存在的这个问题进行了探讨，创造发明了"旅客休息提示卡"。当旅客休息时，乘务员在其前座椅背后贴上旅客休息提示卡，等旅客醒来后乘务员就能及时为旅客提供餐饮服务，杜绝了以往遗漏或重复询问的问题。

（六）为飞行组提供服务

（1）起飞前，乘务员应视情况向机组人员提供需要的饮料。起飞后，等系好安全带信号灯关闭后,为机组人员供应饮料。提供饮料时,不可使饮料越过中央仪表板。

(2)向机组人员供餐的时间应事先安排好,达成一致意见。

(3)在进入驾驶舱前,须按联系信号联系。

(4)所有送驾驶舱的物品,在用完之后确保全部取出。

(5)在飞行期间,乘务员有责任每隔30分钟进入驾驶舱进行服务一次。

(6)在驾驶舱内与机组人员对话前,乘务员应注意观察,以不影响其工作为前提。

(7)飞机下降前,乘务员应进入驾驶舱取得有关到达的信息,并从驾驶舱里取走杯子等物品。

(七)客舱巡视

图2-13 巡视客舱,为旅客提供服务

(1)每隔3~5分钟巡视客舱一次,回答旅客问题,及时处理呼唤铃,为旅客提供所需服务。见图2-13。

(2)与旅客沟通,征求旅客对餐饮和服务的意见和建议。帮助旅客换书报杂志,为阅读办公的旅客打开阅读灯。

(3)添加饮料,回收不用的餐盘、杯子。

(4)检查客舱和卫生间的卫生,清理走廊的不洁之处(女乘务员进入卫生间清扫时应摘下围裙,头等舱卫生间应保持一客一清扫,经济舱卫生间3~5位旅客使用后应清扫一次)。

(5)视情况调节客舱灯光或调节客舱温度(昼间飞行,保持客舱温度21℃~23℃;夜间飞行及旅客休息时,保持客舱温度22℃~24℃)。

(6)照顾好特殊旅客。

(7)照顾好睡觉旅客。

(8)飞行时间2小时以上的航班,乘务长应制定值勤时间表,乘务员轮流值勤。

（9）乘务员工作时，脚步要慢，动作要轻，以免影响旅客休息。

（10）要劝告旅客不要高声喧哗谈笑，保持安静的环境。

（11）乘务员应监控客舱安全，注意观察旅客动态，严防劫机。

相关链接

三轻服务

"三轻"服务是指说话轻、走路轻、操作轻。三轻服务是客舱乘务员必须具备的基本职业素养，客舱乘务员通过三轻服务为旅客营造安静、舒适、祥和的客舱环境。三轻服务更是头等舱品质服务必不可少的重要组成部分，头等舱乘务员通过为旅客提供三轻服务还能更好地诠释优雅性、突出品质。

三轻服务的要求：

（1）飞行全程中客舱乘务员应为旅客提供三轻服务。

（2）客舱乘务员开关舱门、驾驶舱门、门帘、卫生间门、餐车门、锁扣、储物柜门、烤箱门、衣帽间，盖马桶盖，锁闭行李架，推餐车，踩刹车，收放乘务员座席时要轻。

（3）客舱乘务员与旅客交流时，音量要适中。在服务间、客舱内与飞行机组、安全员以及客舱乘务员相互交流时必须使用普通话，控制好音量，做到不被旁人听到（带班乘务长在进行工作安排及讲评时，要做到音量适中，确保组员均能听见），禁止谈论与工作无关的话题以及讲粗话、脏话等不文明的语言。

（4）客舱乘务员在客舱、服务间行走时动作要轻柔，速度慢，节奏缓，姿态雅，尽量避免鞋跟与地面摩擦发出声响。

（5）客舱乘务员在客舱、服务间应使用规范的服务动作。拿放物品时，做到轻拿轻放，避免发出声响。尤其是拿放饮料、壶、杯、盘、碟、碗、瓶、刀叉勺等用具时，更要轻柔。

（6）头等舱乘务员在为旅客盖毛毯、调座椅、收取小桌板、开关遮阳板、开关阅读灯、调节通风孔、递送服务用品时，更要小心谨慎、动作轻柔，为旅客提供更高标准的三轻服务，突出服务品质。

（八）下降

（1）落地前 30 分钟广播下降，并介绍到达站的地面温度、天气情况及城市简介。乘务员列队向乘客鞠躬致意。

（2）回收毛毯、枕头、娱乐用具、杂物等。

（3）整理厨房，填写回收单，固定所有设备，关掉厨房内的所有电源开关。

（4）对客舱安全检查（同起飞前一样），对旅客进行安全检查。见图2-14。

图 2-14 确认行李箱关好

（5）对重要团体旅客、要客和身份保密的旅客，应事先和陪同人员商妥下机顺序。

（6）乘务长向要客征求意见并道别。

（7）检查客舱设备有无损坏，填写客舱维修记录。

（8）乘务员回座位，系紧安全带、肩带。

（9）如客舱安全检查未能完成，乘务长应通过内话及时向机长报告。

（10）放起落架后（安全带指示灯闪亮后），广播通知旅客再次确认安全带是否已扣好系紧，确认手提电脑等限用装置是否已关闭。乘务员做好防冲撞姿势准备。

（九）着陆后

（1）广播欢送词及旅客注意事项，强调"系好安全带直到信号灯熄灭"以及"机舱门开启之前不得使用禁、限用电子设备"；同时播放落地音乐。

（2）维持客舱秩序，滑行时提醒并控制旅客不要站起来。

（3）主动归还替旅客保管的衣物、行李及限制性物品。

（4）乘务长指挥各号位乘务员滑梯预位解除，并交叉检查，向机长报告。

（5）登机桥（梯）停稳，地面工作人员给予开门手势后，乘务员打开登机门。

（6）飞机完全停稳后，打开舱门，检查并与地面人员确认客梯、自备梯是否停靠稳妥，再请旅客下机，以保证旅客下机时的安全。重要旅客有先下飞机、后上飞机的权利。

（7）乘务长应向边防（移民局）、海关、检疫人员递交总申报单和旅客名单，得到允许后，方可安排旅客下机（国际、地区航班）。

（十）送客

（1）乘务员应站于指定位置，向旅客道别。

（2）航班结束后，乘务员应进行客舱检查，如发现旅客丢失的任何物品，应尽快归还失主或交有关部门处理，交接时应有文字手续。

（3）中途站旅客不下飞机时，乘务长应与地面人员核对人数。

（4）对旅客托管的物品全程负责，在中途站应避免地面人员误拿，以免丢失。

（5）遇有衔接航班的旅客，乘务员应尽力协助，提供旅客可能的转机航班建议和指导。

（6）转机旅客下机时，乘务员应与地面工作人员联系，通告有关旅客的转机事宜。

（7）如发生机上事件，填妥《机上事件报告单》交所属及相关部门领导。

（8）清点供应品和服务用品，与供应品人员办理交接手续。

（9）在中途站，要了解该站的乘客人数和身份，做好相应的各项准备工作。

（10）在中途站，待清洁工搞好卫生后，乘务员应立即检查客舱和厕所的卫生情况，补充厕所所需的卫生用品，并做好下段航程的服务准备工作。

📄 新闻链接

民航局 96 号文件在工作中的贯彻执行

2012 年 10 月 16 日，民航局正式颁发了 96 号文件《关于加强客舱安全管理工作的意见》，要求在飞机起飞后 20 分钟和落地前 30 分钟客舱乘务员不得从事与客舱安全无关的工作，只能履行安全职责。

为什么会规定在起飞后 20 分钟和落地前 30 分钟呢？因为飞机在离开地面后到达安全飞行高度需要 20 分钟时间，而从安全巡航高度到落地也需要 30 分钟的时间，而这两个时间段都是颠簸的高发阶段。如果这段时间内，乘务员还在为旅客提供客舱服务，那么乘务员和旅客的安全都是没有保障的。有数据显示，80% 的飞行事故都是在这两个阶段发生的。在这两个阶段，如果乘务员还在进行客舱餐饮等服务，一旦发生严重的颠簸，任何服务用品，比如餐具、一次性杯子等都会使旅客受伤。

同样，为了响应民航局的 96 号文件，南航也编写了乘务员新的标准操作流程，详细地规定了乘务员的职责。但在新标准执行的初始阶段，可能会引起旅客的不理解和抱怨，甚至投诉。在这种情况下，也就考验了乘务员与旅客的沟通能力。比如，在一次航班中已经进行了下降安全检查后，所有的乘务员都已经坐好系好安全带，一位旅客按亮了呼唤铃。在这种情况下，乘务员是可以出客舱查看，但是不能进行任何与安全无关的服务了。后舱一名乘务员出去询问旅客有什么需要，旅客说："我需要一杯水。"乘务员告知旅客："先生，非常抱歉，我们的飞机已经进入下降阶段了，我们已经停止客舱的餐饮服务了。"说到这里，旅客已经有了不满的情绪，说：我只是需要一杯水，都不行么？乘务员发现旅客情绪已经开始激动，就为旅客再次解释："这个阶段比较容易颠簸，如果我再为您提供水，如果发生颠簸，您手中的水杯就很可能伤到您或周围的旅客。我们会让前舱的乘务员为您准备好一支小瓶的矿泉水，在您下飞机时给您，这样不影响您的饮用，您看可以吗？"旅客听完了乘务员的解释觉得很有道理，就点头表示同意并对乘务员说了声谢谢。乘务员在回到服务台后给前舱的乘务员打了电话，旅客在下飞机时收到了乘务员准备好的水。

在旅客的质疑和不满中，只要乘务员耐心解释，大部分的旅客是可以理解并接受的,航空公司并不是为了节约成本故意降低服务标准,乘务员也不会因为有新规定的出台而拒绝旅客的合理要求,但是为了保障乘务员和航班上所有旅客的安全,我们严格地执行新规定还是很有必要的。

(资料来源:中国民用航空网.)

四、飞行后讲评阶段

航后讲评,是客舱服务工作的最后阶段,也是总结服务工作,提高服务质量的重要环节。航后由主任乘务长或乘务长主持召集全体乘务组讲评会,认真总结本次航班的服务工作,在航班上反映出的问题,应填写《乘务日志》,认真填写客舱故障记录,对于重大事故填写重大问题事故报告单,并向单位领导如实反映,提出改进措施,进一步改进服务工作,提高服务质量。如遇有特殊情况,主任乘务长或乘务长应写出书面报告,及时上报乘务部门。

(一)航后讲评会的方式

飞行航后讲评可采用带班乘务长综合讲评、检查员点评和乘务员自我讲评等多种形式进行。

(二)航后讲评会的内容

飞行航后讲评内容包括:工作差错、典型事例、特殊乘客服务、应急突发事件的处置、乘客意见反馈、乘务员绩效沟通以及改进乘务员工作建议等。

带班乘务长对航班上反映出的问题,应在乘务日志上反馈。遇重大事故,填写相应事件报告单,并向单位领导及时、准确地反映,提出改进服务工作等的意见。

征求机长对乘务组讲评的意见,并根据机长的指示汇报该次航班乘务工作情况,虚心听取机长意见。

认真填写《乘务日志》。《乘务日志》的内容如下:

(1)乘务长应对航班四阶段上反映出的安全及服务工作问题在乘务日志上反馈,并提出改进意见;

(2)乘务长应对乘务员在航班中的表现进行评价,并对表现突出人员进行表扬，对航班工作中存在问题的组员提出改进建议或处理；

（3）对特殊旅客服务情况的反馈；

（4）对机上突发事件的处理进行汇报；

（5）遇航班不正常事件的处理；

（6）对机上设备问题提出建议；

（7）对机上卫生等其他问题提出建议；

（8）对机上娱乐报刊问题提出建议；

（9）对机供品、餐食配备问题提出建议；

（10）相关信息的汇报。

（三）驻外讲评

（1）总结上段工作完成情况，指出存在的问题及须改进的地方；

（2）组织组员进行相关业务、案例分析及客舱服务简报等学习；

（3）对后续航班进行准备，并提出工作要求；

（4）总结驻外管理情况。

信息卡

国航西南分公司客舱服务部启用新版《乘务长日志》

国航西南分公司客舱服务部《乘务长日志》启用以来，对该部加强乘务队伍管理、提高服务质量和现场生产运行质量产生了积极作用。为提高打分评价的科学性，并便于有关数据录入，近期国航西南分公司客舱服务部对《乘务长日志》做出重要修改，出台新版《乘务长日志》。

为拉开分值区间，更好地体现乘务员之间的差异，新版《乘务长日志》将评价分值由"5、4、3、2分"改为"100~60分"。为确保打分的严肃、公正，国航西南分公司客舱服务部要求乘务长对60~69分、95~100分的打分原因，在专门设立的分值说明栏中予以说明。由于打分分值的修改，该部重新拟定了评价标准，以10分为一个分值区间，对每一个分值区间的打分条件予以明确。此外，针对不少乘务员姓名相同的情况，为提高统计工作的准确性和及时性，新版《乘务长日志》增加了乘务员工作号栏目。

国航西南分公司客舱服务部新版《乘务长日志》已于近日开始试用。该部要求乘务长大胆管理,对航班乘务组员的各类表现进行实事求是的评价。此外,该部相关职能部门将继续做好《乘务长日志》数据和有关情况的统计与分析,为乘务员的管理考核提供参考依据。

表 2-2　客舱运行检查单

阶段	检查项目	状态
预先准备阶段	飞行小时/值勤/休息期限制	符合
	乘务员到达乘务准备室	准时
	乘务员有效证件 (1)空勤登机证　　　　　　(3)体检合格证 (2)乘务员训练合格证　　　(4)国际旅行健康证明/国际预防接种证书	齐全
	乘务员装备 (1)《乘务员手册》　　(3)《应急安全操作手册》　　(5)手电筒/手表 (2)《乘务广播词》　　(4)乘务长包/计数器　　　　 (6)围裙/化妆包/备份袜	齐全
	乘务员个人准备情况 (1)制服/专业化形象　　　　　(5)空防预案/客舱安全条例 (2)航班计划航线知识　　　　 (6)近期业务通告 (3)所飞机型应急设备　　　　 (7)特殊/重要旅客信息及要求 (4)应急/危险品处置程序　　 (8)国际/地区航班CIQ规定	检查
	国际/地区航班CIQ表单	携带
直接准备阶段	机组行李存放	符合
	客舱维修记录本	在位
	应急设备(数量、位置、状态) (1)便携式氧气瓶/面罩　　　　(9)机组救生衣 (2)水、海伦灭火瓶　　　　　　(10)机载应急检查单 (3)呼吸保护装置　　　　　　　(11)乘务员座位(安全带/肩带) (4)急救箱/应急医疗箱　　　　(12)广播器/内话/括音器 (5)滑梯/救生筏/救生包　　　　(13)生化隔离包 (6)应急定位发射器　　　　　　(14)黄色警示带/救生绳 (7)成人(儿童)、婴儿救生衣　(15)演示用品 (8)应急灯光/应急手电筒　　　(16)安全须知卡	正常
	卫生间 (1)烟雾探测器　　　　　　　　(3)呼唤铃/标示灯 (2)自动灭火器　　　　　　　　(4)垃圾箱盖板	正常
	娱乐系统 (1)视频/音频　　　　　　　　 (2)机载娱乐	正常

续表

阶段	内容	
直接准备阶段	客舱设施……………………………………………………………………………正常 （1）照明　　　　　　　　　　（4）衣帽间/行李架 （2）座椅/安全带　　　　　　　（5）客舱设备标志 （3）小桌板/椅背/遮光板　　　　（6）红色警告标志	
	旅客服务单元…………………………………………………………………………正常 （1）安全带/禁烟标示灯　　　　（2）阅读灯/呼唤铃/通风器	
	厨房系统………………………………………………………………………………正常 （1）电源/跳开关　　　（3）餐车　　　　　　　（5）水量表/水关断阀门 （2）烧水器/杯/烤箱　　（4）固定装置/刹车/锁扣　（6）储物箱/柜	
	检查结果……………………………………………………………………………报告	
飞行实施阶段	旅客登机前（程序）…………………………………………………………………实施 （1）清舱检查　　　　　　　　　（2）报告与申请	
	机舱门关闭前（程序）………………………………………………………………实施 （1）特殊旅客交接　　（4）旅客/机组人数清点　（7）应急出口座位安排 （2）航班文件核对　　（5）旅客行李存放　　　　（8）客舱安全管理整体评估 （3）公文/邮件交接　　（6）特殊旅客座位安排　　（9）报告与申请	
	机舱门关闭后（程序）………………………………………………………………实施 （1）滑梯预位指令发布　　　　　（4）"电子设备使用规定"广播 （2）滑梯预位操作/互检　　　　　（5）禁、限用电子设备检查 （3）回答指令　　　　　　　　　（6）安全演示	
	滑行（程序）…………………………………………………………………………实施 （1）客舱"安全简介"　　（2）特别简介　　（3）十五项安全检查	
	起飞前（程序）………………………………………………………………………实施 （1）乘务长确认客舱　　　　　　（3）乘务员自身准备（安全带/肩带/安全姿势） （2）报告（如客舱未准备好）　　（4）安全带确认广播	
	起飞后（程序）………………………………………………………………………实施 （1）"防颠簸"广播　　（3）旅游管理　　（5）客舱广播 （2）驾驶舱门管理　　（4）客舱安全监控	
	下降（程序）…………………………………………………………………………实施 （1）广播　　　　　　　　　　　（2）十五项安全检查	
	着陆前（程序）………………………………………………………………………实施 （1）乘务长确认客舱　　　　　　（3）乘务员自身准备（安全带/肩带/安全姿势） （2）报告（如客舱未准备好）　　（4）安全带确认广播	
	着陆后（程序）………………………………………………………………………实施 （1）"系好安全带"广播　　　　　（3）制止旅客不安全行为 （2）"电子设备使用规定"广播	

续表

飞行实施阶段	机舱门开启前（程序）·················· 实施 （1）解除滑梯预位指令发布　　（3）回答指令 （2）解除滑梯预位操作/互检　　（4）解除滑梯预位再确认
	机舱门开启后（程序）·················· 实施 （1）文件/物品交接　　（3）核对人数（中途站）　　（5）设备故障登记 （2）特殊旅客交接　　（4）客舱检查
飞行后讲评阶段	《乘务日志》························· 填写
	《乘务员飞行记录本》···················· 填写
	乘务组讲评························· 完成
	重大事件（如发生）···················· 报告

表2-3　机上用品配备回收清单

品名	单位	配备数	回收数	品名	单位	配备数	回收数	品名	单位	配备数	回收数	品名	单位	配备数	回收数	品名	单位	配备数	回收数
大可乐	瓶			干红	瓶			湿毛巾	条			头等舱牙具袋	只			不锈钢咖啡壶	只		
小可乐	听			绿茶	包			锡纸包湿毛巾	条			公务舱牙具袋	只			塑料咖啡壶	只		
大雪碧	瓶			红茶	盒			湿纸巾	条			普通牙具袋	只			塑料咖啡壶盖	只		
小雪碧	听			方糖	盒			小毛巾	条			头等拖鞋	双			大托盘			
汤力水	听			液体奶精	包			盒毛巾	条			公务拖鞋	双			小托盘			
干姜水	听			糖包	袋			面巾纸	盒			普通拖鞋	双			毛巾夹			
苏打水	听			奶包	袋			手纸	卷			眼罩	双			冰夹			
鲜牛奶	桶			盐包	袋			坐垫纸	条			睡衣	件			糖夹			
橙汁	桶			胡椒包	包			卫生用品	包							面包夹			
菠萝汁	桶			餐巾纸	包			小香皂	块							开瓶器	只		

续表

品名	单位	配备数	回收数	品名	单位	配备数	回收数	品名	单位	配备数	回收数	品名	单位	配备数	回收数
牙签	包			香水	瓶							开奶器	只		
筷子	双			清洁袋	只			餐布	条			摇酒壶	只		
塑料刀叉	副			护手霜	瓶			垫盘布/纸	条/张			量酒杯	只		
				洗手液	瓶			垫桌布	条			色拉碗	只		
								垫车布	条			色拉勺	只		

五、航空安全员工作程序

航空安全员，在航空服务中扮演着神秘而重要的角色，其工作职责是在所执行的航班中，在机长的领导下，在乘务组的配合下，有责任对所发生的劫机、炸机、非法干扰事件予以处置。

（一）预先准备阶段

（1）明确航班号、飞机号、机型、机组人员情况、起飞时间、中途站、降落目的地以及航线情况。

（2）根据航线的特点，结合空防形势的通报和上级对空防工作的要求，制定本航班的空防形势措施。配有两名安全员时，要有明确的责任分工，密切配合。

（3）按时参加机组准备会，了解、熟知最新业务通告，做好与乘务长、机长沟通工作。

（4）按时领取个人器械，进行个人准备。

（5）乘务组的航前准备会上要有空防预案，明确分工，专人负责。与机长、乘务员沟通预先措施，听取或执行机长的指示。

（6）各种证件携带齐全，自查证件在有效期内。

（二）直接准备阶段

（1）航空安全员登机后，对空舱进行全方位的检查。

（2）检查机上紧急设备处于良好的备用状态。

（3）在未派安全员的航线上，机上安全检查的工作由双执照安全员完成，或由乘务长指定负责空防的乘务员完成。

（4）旅客登机前，安全员会同乘务员对客舱进行清舱，保证机上无外来物和外来人员。

（三）飞行实施阶段

（1）旅客开始登机时，安全员应处于合适的位置，密切注意旅客的状况，注意机场工作人员的情况，防止偷渡人员混上飞机。旅客登机后，确认工作人员已全部下飞机，核实旅客舱单与人数是否相符。安全员在旅客登机的过程当中，应协助乘务员维护机上秩序，处理旅客非法干扰客舱安全的行为；关闭机门后，及时向机长报告，坐到指定的座位上，看护驾驶舱门。

（2）航空器起飞后，按照规定锁定驾驶舱门，出入驾驶舱的乘务组人员，必须按照事先的联络方式出入。

（3）航程过程中特殊情况的处置，均按公司《航空安全员管理手册》的规定执行。航程中注意观察旅客的动态，坚持巡视客舱，观察旅客的举动。

（4）对扰乱机上正常秩序的人员，经机长同意可采取必要的强制性管制措施，并交地面工作人员处理。

（5）空中遇劫处置程序、空中发现爆炸物处置程序、执行遣返任务，均按照公司《航空安全员管理手册》的有关规定执行。

（四）航后阶段

任务结束后，应及时做好器械的交接工作、及时反馈航程中的各种问题，遇有重要情况及时向上级汇报。

任务三　了解乘务服务各岗位工作职责

空乘人员应该履行自己的职责,这样才能做好客舱服务工作。

一、客舱乘务员职责

按照分工负责本区域旅客的服务工作,服务中严格按本公司服务程序,了解本区域旅客的特殊要求,有针对性地做好服务工作;负责本服务区内的客舱、卫生间的检查、物品的增添;卫生间的清洁、书报杂志的摆放、整理、分发;主动向旅客介绍航线地标、机上设备、乘机常识,耐心细致地回答旅客的询问;与其他乘务员搞好协作配合,及时将发现的旅客特殊情况报告乘务长(主任乘务长);负责保管、交还旅客物品及落地后的客舱检查,远程航线应做好与下一乘务组的交接工作。具体职责如下:

(1)飞行前检查应急设备、服务设备、娱乐系统和客舱卫生状况并逐级报告。

(2)检查书报杂志的种类、数量并摆放整齐。

(3)引导旅客就座,协助旅客摆放行李物品。

(4)依照乘务长下达的操作指令,正确操作滑梯预位装置,正确回答操作指令。

(5)旅客就座后,以示范的形式向旅客作客舱安全简介。

(6)飞机起飞和着陆前进行客舱安全检查。

(7)供餐时根据旅客的订餐情况或宗教信仰,提供特殊餐食。

(8)保持客舱清洁,及时清理污物。

(9)检查卫生间的卫生,及时清理和补充卫生用品。

(10)定时巡视客舱,及时为旅客提供服务;回答旅客问询,听取旅客的建议和意见。

(11)与飞行组联系调节适宜的客舱温度。

（12）航班飞行中，发现异常情况及时报告乘务长或机长。

（13）正确操作机上设备，合理使用机供品，执行机供品回收制度。

（14）飞机着陆前归还为旅客代管的衣物；旅客下机后，将旅客座位上的毛毯整理收回。

二、厨房乘务员职责

负责管理厨房内食品、供应品的检查，确保餐食及其他食品的质量；熟练掌握厨房设备的使用方法、负责厨房区域内安全设备的检查；起飞、落地时按规定关闭厨房电源，放置好厨房用品；做好餐饮服务的各项准备工作，按规定烘烤餐食、准备冷热饮及保持餐食温度；确保厨房整洁、餐具干净无污物、各种物品摆放整齐美观；与客舱乘务员搞好协作配合，按公司服务工作分工同时做好客舱服务工作；做好中途站交接工作，认真做好回收、整理、清点、铅封工作。具体职责如下：

（1）飞行前，检查厨房内服务设备包括锁扣、餐车刹车装置等，检查厨房电源、配电板及应急设备，检查水量指示。

（2）检查存放有餐食、机供品的餐车和标准储藏柜，有无不明外来物品并报告乘务长。

（3）按随机配备清单核查航班所携带的机供品，如发现过期、变质或不洁净的食品、饮料应报告乘务长。

（4）将机供品及用具放于储藏柜，飞行中保持厨房工作间及用具的整洁干净。

（5）供餐前，按服务程序进行准备工作。

（6）不得将塑料制品或纸类等易燃物放入烤箱内。

（7）茶水、咖啡不得倒入厨房洗涤槽内。

（8）冰块、茶包不得倒入卫生间的马桶内。

（9）按操作程序使用厨房设备，起飞、着陆时应关闭厨房电源。

（10）飞机着陆前，清点、整理、回收机供品，并负责中途站、目的地机场的机供品交接。

三、广播员职责

在主任乘务长的领导下,完成本服务区域的服务工作,同时担任客舱内广播;在航班上,按本公司规定的广播内容,适时向旅客进行中、外文广播;遇有航班延误、颠簸等特殊情况,及时用中外文广播通知旅客;广播时发音要准确清晰,语调柔和亲切、热情,广播速度音量适中,正确使用广播设备。

(1)广播员应通过广播员考试,具备良好的语言表达能力和外语水平。

(2)广播员根据《乘务员广播词》进行广播,应发音清晰,语调柔和;速度和音量适中,不要求广播员背诵广播词。

(3)广播语种顺序为中文、英文,如需要可增加地方语广播。

(4)早班、短航线或夜航时应酌情减少广播。

(5)航班飞行中,除执行专、包机任务外,通常不应让旅客使用广播设备。

(6)乘务长应监督广播质量。

(7)紧急情况时,应由乘务长负责广播。

四、乘务长(主任乘务长)职责

在执行航班任务时隶属于机长领导,有权处理机上服务及客舱安全的各种事宜。在服务工作中,负责对乘务工作的组织协调、管理,督促乘务员按照业务部门的有关规定做好服务工作,确保优质服务及客舱安全。认真学习理解有关服务的规章、业务通告,善于观察、总结服务工作经验,及时反馈各种信息,提出合理化建议。在执行航班飞行任务中,认真核实签收各种文件,负责有关物品的交接,填写"客舱故障本""问题反映单"等。妥善处理与飞行组及地面各部门的关系。当航班中出现特殊情况时,有权更改服务计划,合理调整乘务员的工作区域,及时妥善处理旅客投诉各种事宜,并将有关情况填写《乘务日志》。掌握、了解乘务组成员的思想、业务能力,有计划地对组员进行培养和考评,对组员的晋级、提升有建议权。飞行中遇有紧急情况及时报告机长,并有责任指挥乘务员沉着、冷静地进行处理,尽最大努力保证旅客安全。

五、宽体客机区域乘务长职责

（一）乘务长的工作范围

乘务长在主任乘务长的领导下开展工作，协助主任乘务长处理客舱安全和机上服务有关事宜；乘务长在空中服务工作中，除执行本区域规定的工作职责外，还应对所管辖区域的客舱安全及服务工作进行全面管理，督促该区域乘务员做好服务工作；负责签收所负责的文件、物品（清洁物品、免税品、CIQ单据、药品等），并向主任乘务长报告有关情况；协助主任乘务长做好乘务组成员的考评、驻外管理及业务培训等工作；认真学习有关服务规章、业务通告，及时向主任乘务长反映各种情况，提出合理化建议。

1. 航前准备分工内容

在国内航线或中小机型带班时执行主任乘务长职责。航前准备的内容包括：熟悉所执行任务的情况（航班号、机型、机号、机长姓名、航线等）；乘务员分工；紧急情况处置预案；应急设备；航线知识（航线情况、餐饮配备、CIQ规定、航线特点等）业务通告；注意事项及要求。

2. 航前准备分工原则

航前准备分工原则是综合考虑全组乘务员状况，尽量做到力量强弱搭配。应挑选有上岗证书并为本组广播最好的乘务员作为广播员。F舱、C舱乘务员要确保由经过F舱、C舱岗位培训，能胜任F舱、C舱工作者来担任。厨房乘务员一般以男性为主，客舱乘务员一般以女性为主，消防员应选择男性乘务员。遇有无人陪伴小旅客，应指定乘务员负责。

（二）乘务长的工作要求

对乘务组管理要以身作则，要求组员做到的自己首先做到；精通业务，熟练掌握服务技能；公平、公正对待组员，一视同仁；关心组员的工作、学习、身体健康及生活；坚持原则，严格要求，严格管理；充分信任、尊重组员，提高组员的自信心和责任意识。

六、要客服务人员的职责

（1）由指定的乘务长或乘务员负责要客的服务。

（2）了解要客的身份、饮食习惯，制定相应的服务程序。

（3）具备一定的外语会话能力并能较准确地回答旅客问询。

（4）要客登机时，应主动协助其就座，一般安排要客在前排就座。如需要，向其介绍旅客服务设备的使用方法。

（5）服务前向要客作自我介绍。

（6）提供热毛巾和饮料服务。

（7）与要客的随行人员联系，了解要客对服务的特殊要求。

（8）要客休息时，协助其调节椅背，盖好毛毯，放好枕头，拉下遮光板，关闭通风器和阅读灯。

（9）需要时，呈送要客留言本，征求要客对服务的意见与建议。

（10）向要客呈报有关信息，如：航线情况、预计到达时间、目的地机场天气等。

（11）飞机到达停机位后，如需要，协助处理要客手提行李。

（12）引导要客及随行人员先下飞机。

（13）检查要客座位，如发现遗失物品，应尽快交还。

七、专/包机乘务组工作职责

（1）通常应指定工作能力较强的乘务组执行专/包机任务。

（2）预先了解任务性质、飞行日期、航线、机型、机号、机组人员及上级部门的要求。

（3）根据旅客身份和特殊要求，制订服务计划。

（4）与有关部门协商机供品的配备。

（5）预先了解专/包机客舱布局的调整，协助有关部门进行客舱隔间的安排以及门帘、地毯、椅套等装饰的选择。

（6）预先了解专/包机旅客的宗教信仰、风俗习惯和禁忌。

（7）登机时，协助旅客放好行李、衣物。

（8）与专/包机陪同人员联络，根据主宾需求，调整服务程序。

（9）飞行中尽量减少对旅客的打扰。

（10）如有必要，请贵宾留言，主动征求其意见。

（11）通知旅客有关事宜时，应以口述形式当面告知。

（12）下机时，按专/包机代表团要求的顺序安排旅客下飞机。

（13）检查客舱，发现遗失物品及时交还旅客或按遗失行李程序办理。

（14）飞行结束后应进行讲评。如需要，与专/包机接待部门联系落实次日飞行的机供品。必要时，应前往专/包机配餐部门检查餐食的配备情况。

（15）多日、多航段的专/包机任务结束后，组织讲评会并向上级主管部门汇报服务情况及反馈旅客的意见与建议。

（16）填写专/包机工作日志。

信息卡

乘务长和乘务员在客舱中的角色

保证客舱安全和提供优质服务，是我们客舱机组人员两项最重要的工作。这看似简单，其中却包罗万象。要想做好这两项工作中的任何一项，都需要严格遵守制度，认真执行规章，仔细为旅客服务。对我们而言，这都是统一的、密不可分的。从另一方面讲，安全是基础，是前提，没有客舱安全，就没有客舱服务。

在客舱中，乘务组共同肩负着维护客舱安全的责任。乘务长与乘务员的安全目标，是统一的。但由于他们的角色不同，导致了分工不同。

一、乘务长的安全职责

乘务长是客舱安全的监督管理者。他/她被要求：

1. 对各种安全规定、文件规章有清楚的了解和掌握

只有达到这个最基本的要求，全组人员才能以严格准确的标准来进行工作。一方面，虽然我们每一项安全工作都是有章可循，组员都应该严格按规章操作，可就在组员的具体操作过程中，会有很多个人的行为加入，影响到工作质量。因而在必要的时候，乘务长应该对组员的行为有一种正确的引导和纠正，让每一项安全工作步入正轨。另一方面，在很多客舱事件发生的第一时间，乘务员首先想到的就是报告乘务长，然后等待获取指令。乘务长此时对安

全规定掌握的尺度，会影响和决定事件的处置。因而，对于各种有关安全制度处置程序的了解，对乘务长来说意义重大。

2. 对客舱的掌控能力要强

这其中包括灵活的处置能力、敏锐的观察能力和对事物的预见能力。

首先，在客舱乘务员忙着落实安全工作的同时，乘务长要保持清晰的思路，要同时掌握客舱里正在进行的工作，以及下一步将要进行的工作和已经发生过但仍需跟踪的工作。这样才能掌握好客舱工作节奏，随机应变，遇到突发事件仍有条不紊地进行管理和指挥。

其次，乘务长用一种敏锐的眼光对乘务员所做的具体工作以及对客舱旅客有一个了解，然后发现问题。乘务长要在航班中善于发现问题。工作中存在问题是难以避免的，但重要的是不能让问题触及安全，变成安全隐患和事件。因而，乘务长对于乘务员安全工作的跟踪是必要的。并不是说要跟踪乘务员去工作，而是要跟踪他们的工作落实情况，对落实情况有一个主动的了解。对一些重要工作可以进行检查，以履行监督职能。发现安全问题就要及时给予指正，以避免此类事件再度发生。

乘务长对旅客也要有一个大致的了解。尤其是对特殊旅客、第一次乘机旅客、好奇心强的旅客、行为与众不同的旅客等。对他们的人数、分布，所占旅客的比例都要有所了解。因为对他们的管理从很大程度上影响着整个客舱的安全管理。但乘务长不可能对每一位旅客进行服务和管理，这就需要将管理职能下放到区域乘务员。在对整体掌握的情况下，要求区域乘务员担负起责任，对区域内的每一位旅客认真负责，并加强相互之间的沟通。

乘务长应该根据航线特点、乘务员工作特点和旅客特点来安排工作，融合自己的工作经验，综合分析，就航班中可能出现的问题，或常会发生的问题在航前准备时提前与组员沟通，做出相应的要求，并要求组员对这类问题敏感，提示她们应该注意的重点，做到防患于未然。

二、乘务员的安全职责

乘务员是客舱安全规定的具体实施者，是直接面对旅客的一线人员。通常她们掌握和了解第一手关于旅客和安全的信息，并有机会在第一时间内给予必要的应对措施。

一名合格的乘务员都应该具备全面的安全知识和安全事件处置能力，但会由于经验的多少和安全意识的强弱，在工作中有不同的表现。例如在颠簸期间提供热饮，难免会有烫伤旅客的事件发生。发生的原因不外乎就是颠簸、没有传递到位或旅客不小心。安全意识强并且有经验的乘务员会在递送时，先观察递送途中是否有障碍，并提醒旅客热饮烫手请拿好，会将饮料杯处置妥当才松手，会交给大人而不是孩子，会在颠簸时提醒旅客拿好杯子以免烫伤。

烫伤事件一旦发生，一些乘务员往往比较惊慌，先去忙着给旅客道歉，而不是处理问题。其实，很多安全事件第一时间的处理是至关重要的。如果是准备充分，在饮料车上随时备有冰块或冰过的小毛巾，那么由于热饮造成的烫伤会在很大程度上减小。基本上不会造成太大的伤害。

从这件简单的事例中，我们可以看出，乘务员应该具备的不仅是强烈的安全意识，还要积累经验，保持清晰的头脑，具备相当的事件处置能力。同时，大家也应该注意经验的汇总和交流，制定出应对不同事件的流程，为乘务员的服务提供一个思路、一个依据，也会大大提高我们的安全服务水平。

乘务员还要提高对客舱安全事件的敏感度。历史告诉我们，曾经有空难事故是由旅客先发现一些迹象，告诉了乘务员，却没有得到足够的重视和解决，而最终造成了严重后果。乘务员对于这些迹象绝不能忽视，毕竟很多情况乘务员本身不能判断，需要汇报机组来解决。但有些乘务员心存疑虑，在安全问题上对自己不自信，害怕一有小事就汇报乘务长或机组会让别人认为是自己能力欠佳。其实，及时汇报的行为应该得到鼓励，在日后的工作中，这种事情会了解得越来越多，也会处置得越来越好。但如果乘务员缺失了这种敏感，我们的安全工作就会有危险。

当然，我们不能仅靠旅客去帮我们发现问题。最主要的还应该是我们乘务员主动去做好安全工作。在实际工作中，很多安全工作是细小琐碎的。这需要我们有强烈的安全意识，强烈的责任心去做事。比如清理卫生间时，不仅要保持清洁，看到水池、地面上的烟灰要立刻反应是否有人吸烟了，卫生间是否存在火灾隐患等。安全无小事，乘务员要学会对安全事件敏感，才能杜绝安全隐患，提高安全水平。

客舱安全需要我们每一位乘务员来共同维护，大家既要协作配合，体现团队力量，也要分工明确，认真、仔细地完成自己的工作。我们的最终任务就是：将每一项安全工作落到实处，确保每一次飞行安全。

模块小结

1. 本模块阐述了客舱服务的基本内容，具体包括：礼仪服务、技术服务、安全服务、餐饮服务、救助服务、娱乐服务、咨询服务、旅客管理、应急处置、机上商务服务等内容。这些服务是乘客应该享受的权利，是具有一定标准与规范的服务内容。

2. 本模块介绍了客舱服务的延伸服务，比如：个性服务、关怀服务、后续服务等。

3. 本模块说明了客舱服务的程序及各阶段服务的主要任务和工作重点。

4. 本模块介绍了客舱服务工作各岗位的工作职责。客舱人员应该履行自己的职责，这样才能做好客舱服务工作。

复习与思考

复习题

1. 客舱服务的基本内容包括哪些？
2. 客舱服务的延伸服务包括哪些内容？
3. 客舱服务的程序包括哪几个阶段？各阶段服务的主要任务和工作重点是什么？

思考题

1. 如何理解客舱服务的延伸服务，如何丰富其服务内容？
2. 在飞行中的飞行实施阶段有哪些服务？如何更好地完成这些任务？

模块三
客舱服务技能

模块导读

前面已经提到过，乘务人员的工作职责是在保障旅客安全的前提下提供优质服务。那么，乘务人员如何才能保证在千头万绪的客舱工作中得心应手，保证自己的服务得到旅客的普遍认可呢？答案是，过硬的服务技能。

客舱服务内容，包括起飞前的迎客、安排座位、安排行李、发放报纸，以及平飞后的餐饮服务和落地后的送客等，比较烦琐，而总结下来，旅客在评价乘务员服务质量好坏时常常围绕乘务员"语言是否得体""动作是否规范"等展开。所以，得体而恰当的语言和规范的服务动作，成为乘务人员服务技能训练的两个最主要方面。

本模块着重介绍客舱有声语言服务技能和无声语言服务技能。通过对本模块的学习，学生要熟练掌握客舱服务用语规范、服务语言技巧和乘务工作各个阶段的基本服务动作规范。

学习目标

1. 明确客舱服务语言的概念及分类，及其在乘务工作中的重要作用；
2. 掌握称呼、问候等基本客舱服务用语规范；
3. 掌握拒绝、消除误解、消除紧张情绪、消除对抗情绪等特定语言技巧；
4. 掌握客舱工作各个阶段的基本服务动作规范。

任务一 掌握有声语言服务技能

从广义上讲客舱服务语言分为有声服务语言和无声服务语言。有声服务语言，是指在服务过程中，乘务人员借助一定的词汇、语调来表达思想、感情、意愿，与旅客交流的一种比较规范的、能反映一定文明程度又比较灵活的口头言语。它是架起航空公司和旅客之间良好沟通的桥梁，是客舱文化的重要组成部分，是旅客对服务质量评价的重要标志之一。在服务过程中，语言得体清晰、纯正悦耳，就会使旅客有愉快、亲切之感，对服务工作产生良好的反应；反之，服务语言不中听、生硬、唐突、刺耳，旅客会难以接受。强烈的语言刺激，会引起旅客的不满与投诉，严重影响航空公司的信誉。因此，对于以语言表达为主要服务内容的乘务人员来说，服务用语事关服务质量和服务态度，认真掌握有声语言服务技巧至关重要，是提高服务质量的关键。

一、服务用语规范

（一）对旅客的称呼

称呼，是使用称谓词语来招呼他人的行为。在言语交际中，人们最先说出的话通常就是对对方的称呼。在客舱服务中，对旅客的称呼体现空乘人员的服务态度，反映空乘人员对旅客的关注程度。称呼不当，旅客就会不满，甚至产生反感，就会影响沟通的效果，降低服务的质量。因此，选择恰当的称谓形式来称呼旅客，对顺利开展服务工作，营造和谐美好的客舱环境具有重要意义。

在服务时，一般称男性旅客为"先生"，称女性旅客为"女士"。

为头等舱旅客提供服务时，要称呼其姓氏，如李先生、王女士。这种称呼使旅客有一种受到重视和礼遇的感觉，对于所提供的服务给予认可。此外，对重要旅客应在姓氏服务的基础上加称职务，如某经理、某董事长等。

（二）客舱问候语/服务用语

1. 迎客和送客

"您好""欢迎登机""早安""中午好""下午好""晚上好""再见""祝你旅途愉快""欢迎您再次乘坐××航空公司的航班"等。

2. 为旅客提供服务

"请问，需要我来帮助您吗？"

"请问，您需要毛毯吗？"

"请问，您需要什么饮料？"

"请问，需要添加饮料吗？"

"您需要用餐吗？我们现在准备为您提供正餐（小吃、点心）。"

"如果您现在暂不需要用餐，我们将在您需要时提供，到时请您按一下呼唤铃，我们将随时为您服务。"

3. 解决服务中的问题

"我还能帮您做点什么吗？"

"我会尽力为您解决。"

"对不起，牛肉饭已经没有了，但在下餐开始时，我们会请您优先选择餐食品种。"

"对不起，您需要的饮料供应完了，但您可不可品尝一下××饮料，这种饮料味道也不错。"

"对不起，热食每位旅客仅配一盒，稍后我去查看一下有没有富余的米饭，或者您看给您提供些面包可以吗？"

"很抱歉，航班由于天气原因延误了，我们会及时为您提供最新消息。"

"很抱歉，飞机有点小毛病，为了保证安全，我们必须更换零件，机务人员会以最快的速度换完零件。"

"谢谢您给我们提的宝贵意见，我一定会向领导如实反映。"

"虽然这不属于我的职责范围，不过我很愿意为您代劳。"

（三）客舱内禁止使用的服务用语

在客舱服务中，以下语言会引起旅客的不满情绪，属于禁用语言：

"没有了""供应完了""没办法""这不关我的事""这是地面的事""这是其他部门的事，与我们无关""不能放在这里""你去告好了""找我们乘务长""我不知道""我忙不过来""你想干什么"，等等。

（四）特殊情况时服务用语

遇到突发状况和紧急情况时，客舱乘务员要起指挥作用，尽最大可能保障旅客的生命安全。这个时候，客舱乘务员的语言要有力度，要体现出作为客舱安全使者的果断，因此，语言应简洁明了，要使用如"跟我来/学""服从我的命令""你必须这样""听从指挥""坐""跳""动作快""到这边来"这样的语言。

二、客舱服务语言技巧

客舱乘务员每天面对形形色色的旅客，这些旅客在个性、心境、期望方面都会有区别，所以，客舱乘务员在运用共性化的表达方式与技巧为旅客服务的同时，还要有个性化的语言技巧，要掌握特定的表达方式。

俗话说，一句话可以令人勃然大怒，一句话也可以令人舒心感动。沟通的目的在于营造和谐温馨的客舱氛围，了解旅客的需求。

1. 沟通三要素

（1）有一个明确的目标；

（2）交流信息、思想和情感；

（3）达成共同的协议。

2. 有效沟通的黄金法则

（1）良好的沟通从形象开始；

（2）倾听让沟通变得简单；

（3）赞美是沟通的润滑剂；

（4）学会换位沟通，减少沟通障碍；

（5）懂得积极反馈，搭建沟通桥梁；

（6）善用肢体语言，让身体会说话。

相关链接

"合一架构"理论

安东尼·罗宾，当今世界上最知名的潜能开发专家。他所创立的沟通技巧称为"合一架构"理论，只有三句话：

"我感谢你的意见，同时也……"

"我尊重你的观点，同时也……"

"我同意你的看法，同时也……"

上面的每一句话里，表达了三件事。第一，你能站在别人的立场看这件事，而不以"但是"或"不过"字眼来否定或贬抑他的观点，因而达成契合；第二，你正建立一个使你们携手合作的架构；第三，你为自己的看法另开一条不会遭遇抗拒的途径。举个例子，如果有人对你说："你百分之百地搞错了。"而你反顶了一句："我认为我没有错！"你认为双方能心平气和地谈下去吗？那是不可能的。这时反倒会有冲突、有抗拒。相反地，如果你这样说："对于这件事，我十分尊重你的看法，同时也希望你能站在我的立场听听我的看法。"在沟通时你无须赞同他的主张，但是你一定得尊重他的立场，因为毕竟各人有各人的认知方式和情绪反应。

（一）拒绝的技巧

1. 无奈策略

无奈策略，就是在拒绝对方时，充分说明自己的难处，使对方感到拒绝不是由于不同意，而是出于无奈。这种拒绝方式，可以通过强调拒绝的不得已而减轻对被拒绝者自尊的伤害。

2. 贬己策略

贬己策略，就是在回绝对方的同时，故意贬低自己的能力，让对方感到回绝不是由于不愿意，而是由于能力不够，水平不高。这种拒绝方式，可以通过故意贬低自己而减轻对被拒绝者自尊的伤害。

3. 拖延策略

拖延策略，就是不直接拒绝对方，而是将决定接受还是拒绝的时间拖延到以后，让对方在拖延中放弃自己提出的要求。这种拒绝方式并不对被拒绝者说"不"，表面上只是表示接受还是拒绝现在难以决定，所以，对拒绝的表示常常是不明确的，虽然显得比较客气，但也有可能被拒绝者误以为还有机会而不肯放弃提出的要求。

4. 建议策略

建议策略，就是在拒绝对方时，不直接说"不"，而是建议对方采取另外的解决办法，以此暗示回绝。这种拒绝方式，一方面可以达到拒绝的目的，另一方面又表示出对对方要求的关注，使对方感到是在为他着想，因而显得比较有礼貌。

5. 先肯定后拒绝

先肯定后拒绝，就是先对对方的建议或要求进行肯定和赞扬，然后再转向拒绝。这种拒绝方式通过先肯定，可以表示出对被拒绝者的尊重和理解，从而减轻因被拒绝而产生的不快。

6. 委婉表达

委婉表达，就是以各种婉转的表达形式含蓄地表示拒绝。上述各种拒绝的策略，包括"先肯定后拒绝"，其目的和所要达到的效果都是使拒绝尽可能和缓一些，含蓄一些，但它们都主要着眼于表达内容的选择和安排，而委婉表达则主要着眼于语言表达形式的选择。委婉表达的好处是：对拒绝的表达越间接就越有礼貌，越曲折对被拒绝者的伤害就越小。

（二）消除误解的技巧

误解，顾名思义便是错误的理解。在人际交往的过程中常常会碰到领导的误解，同事的误解，甚至朋友之间也会发生误解，这是由于人们是在不同的年代、不同的环境里成长起来的，思想上、观念上达不到共识，并且常用世俗的眼光去看待周围的人和事物，因此具有一定的片面性和偏见而造成的。在客舱服务中，乘务员的一些行为和语言也有可能引起旅客的误解，从而影响和旅客之间的正常沟通。

误解是人际交往中的巨大障碍，需要我们去消除它。有的误解无须我们去解释，彼此便会领悟明白，通常是指语言思想上的小误会；有的则需要双方当面解释才能消除；还有的误解不能仅靠解释，它还需要一定的时间，需要被误解者做出一定的行动和牺牲才能解除,当然,这种误解是很深的、很麻烦的。

遇到这种情况具体该怎样做呢?首先不要急于解释,有些人在被别人误解后常常是伤心委屈,为了得到别人的理解便急于解释说明,其结果总是事与愿违,越解释越不明白,误会越深,因为人们对所见到的、听到的事物表面现象已形成固定思维,就像一顶帽子一样早已扣在你的头上,你再去强迫他们接受你的想法,想通过几句话语来改变他们的意念和观点是不可能的,只能让时间证明,"事实并非如此"。

要用事实来说话,用自己的行动来证明一切。第一步,要远离对你造成误解的人或事物,这并不是要你去逃避现实;第二步,不要再做一些让他们形成错误思维的事情,如急于解释或其他类似的事情;第三步,要学会忍耐,等待一定的时间,这样他们才会重新思考,认真去调查,最后达到观念上的转变。第四步,当有了时机时,就要采取行动,通过做各种有利自己的行动,从侧面来展现自己,让人们重新认识你,最后再慢慢地解释,这样你便能从误解中解脱出来。

案例

用耐心和智慧化解误会

一次旅客刚登机完毕后,某旅客向乘务员小李索要报纸,小李告知飞机很快就要起飞了,起飞后马上发。刚起飞后不久,安全带指示灯还没有熄灭,飞机又有些颠簸,那位旅客就开始按呼叫按钮。小李只好艰难上前,旅客生气地说:"小姐,你们到底想不想发报纸啊?"小李连忙说:"对不起,先生,飞机正在颠簸,请稍候,我们马上发。"没想到,旅客更加生气,埋怨小李是在找借口不想干活。小李见旅客对自己的误解已经产生,只好微笑着抱歉,没有过多解释,回到了乘务员座椅。

待安全带指示灯熄灭,飞机平飞之后,小李迅速首先向那位旅客提供了报纸,在接下来的服务中,小李始终保持饱满的工作状态,周到地提供服务,每次到达那位旅客那里,都格外细致入微,旅客似乎态度有所转变,语言开始缓和,小李适时地解释:"对不起,先生,刚才让您久等了。只因刚才系好安全带指示灯还没熄灭,飞机很斜,还属于飞行的关键阶段,那时在客舱内站立或行走都是不安全的。"旅客听后,很不好意思,忙为自己刚才的态度道歉。小李最终用自己的智慧化解了一场误会。

遭到误解的确是一件很苦恼的事情,但只要我们做得对、行得正,有正确的处理方法,乌云会及早散开的。

(三)消除紧张情绪的技巧

很多第一次乘坐飞机的旅客都会有紧张情绪,严重者还可能发生晕厥,因此,掌握及时消除旅客紧张情绪的语言技巧,也是每位客舱乘务员应当具备的职业素质。遇有因第一次或虽然多次乘坐飞机而紧张的乘客,乘务员应当首先让其以最舒适的姿势坐下,为其调整座椅靠背,以便其放松全身紧张的肌肉,让其慢慢做深呼吸,为其播放舒缓的音乐,可以跟他聊一些轻松开心的话题,但是要避免提及"第一次坐飞机""空难""失事""安全"这样的字眼。

(四)消除对抗情绪的技巧

旅客在机场候机时可能会遭遇某些不快,如航班延误等。通常情况下,大多数旅客会把这种不快的情绪带上飞机,并迁怒于空乘人员,由此产生与空乘人员之间的对抗情绪。这种对抗情绪直接影响着空乘人员和旅客之间的正常沟通,给客舱服务带来极大的障碍和不便,因此,空乘人员要巧妙地化解或努力减少这种对抗情绪。首先,要清楚一点,那就是思想上的共同愿望是消除对抗情绪的基础。如果旅客因为航班延误产生与乘务组的对抗情绪,那么,空乘人员应当尽量让旅客知道,整个乘务组的心情和所有旅客是一样的,都为航班无法按时起飞而遗憾,都希望能尽快到达目的地。其次,文明的语言是消除对抗情绪的"良方"。空乘人员在服务中,正确运用"请、您、谢谢、对不起"等文明敬语,将淡化旅客与空乘人员之间的对抗情绪,使旅客产生共鸣,在轻松、和谐的气氛中接受服务。最后,实事求是、灵活处理,也是克服对抗情绪的重要基础。要将飞机延误的真实原因告知旅客,真诚地求得谅解,同时妥善做好延误后的服务工作,尽最大可能满足旅客旅途中的要求,以缓解其烦躁的情绪。

任务二 掌握无声语言服务技能

无声服务语言,包括表情语言、动作语言和体态语言,是乘务员进行客舱服务的重要载体。亲切的微笑、标准的动作、优雅的体态会给旅客留下美好而深刻的印象,也是高素质乘务员的最直接表现。因此,掌握乘务工作各个阶段的基本服务动作规范,对客舱乘务员来说,十分重要。

一、迎客并引导旅客入座

(一)迎客

迎客工作由站在机门口的乘务长和2号乘务员完成。

形象:按乘务员专业化形象要求。

站姿:身体与机门呈45度夹角,工作站姿站好,身体直立,双手交叉,虎口相对,右手搭握并遮住左手四指,自然下垂置于体前,两脚可平行靠紧,也可前后略微错开,右脚内侧靠在左脚后跟部。如图3-1所示。

眼睛:与客人有目光交流。

鞠躬:15度,如图3-2所示。

手势:五指并拢,手势明确。指示较近座位时,大臂和小臂成90~120度夹角;指示较远座位时,手臂伸直。

表情:面带微笑,有亲切感。

语言:问候语,称谓正确。

注意事项:鞠躬结束抬起头时,要保持微笑。

图 3-1 站姿

图 3-2 鞠躬

（二）引导旅客入座

由站在客舱内的各号位乘务员完成（按服务职责中规定的站位），主动引导旅客就座，帮助安排行李，如图 3-3 所示。

形象：按乘务员专业化形象要求。

站姿：站在座位旁边，工作站姿站好。

表情：面带微笑，有亲切感。

语言：提供问候等语言服务，称谓正确。

注意事项：

（1）关注旅客的小件物品，提示旅客安全摆放；

（2）不能将双手放在前排的座椅靠背上，不要倚靠在座椅上；

（3）关闭行李箱，声音一定要轻，如图 3-4 所示。

二、书报杂志服务

在直接准备阶段，前舱乘务员要将书报杂志分类整理并叠好，美观地放在飞机上的指定位置（报纸一般放在旅客登机后左手边第一排靠过道的小桌板上，供旅客登机后自行拿取，杂志一般放在座椅背后的口袋里，也有的航空公司在平飞后由乘务员分发给旅客）。

图 3-3 引导旅客入座

图 3-4 关闭行李箱

由乘务员发放报刊时,如果是双通道飞机,那么两边乘务员的工作进度要尽量统一。

(一)杂志和报纸的摆法

1. 扇形摆法

适用于杂志和竖版的报纸,相同的报纸可以摞一起,不同的报纸扇形展开,相同的杂志不能摞起来,直接展开即可。

拿法:左臂伸直,左手四指并拢手心朝上托住报纸、杂志的底部,拇指在里侧,右手四指并拢手心朝上,大拇指扶在报纸、杂志的右上角,如图 3-5 所示。

2. 层叠摆法

适用于横版的报纸。相同的报纸可以摞在一起,不同的报纸露出报头,依次层叠。

图 3-5 送杂志

拿法:左臂伸直,左手四指并拢手心朝上托住报纸的底部,拇指在里侧,右手四指并拢手心朝上,大拇指扶在最上面的报纸的右上角。

（二）杂志和报纸的发放要求

（1）熟悉所配报刊的名称。

（2）拿得要有力度。

（3）站稳后再介绍，身体前倾，与客人成45度角，如图3-6所示。

图3-6 送报纸

（4）眼睛注视旅客而不是报纸，注重与旅客的眼神交流。

（5）语言："女士/先生，您想阅读报纸/杂志吗？我们有××，您请。"

（6）拿取报纸杂志时，如果是拿中间和里侧的报纸，右手的拇指和食指捏住报纸的一边，沿边缘滑至上角，翻手掌抽出；送到旅客面前时应拇指在上、其余四指在下，且刊头在上递给旅客；最外面的报纸直接拿，右手掌心朝外，大拇指压在报纸的外侧，其余四指在报纸的内侧。

（7）按照从前到后，从里到外的顺序提供报纸杂志。

三、餐饮服务

客舱乘务员在提供餐饮服务时，除了标准的身体语言外，还涉及沏、推、拉、端、拿、倒、送、放、收、捡等动作。

（一）服务时的身体语言

站在面对客人成45度角的方位，身体前倾与客人保持一定的距离，双脚并拢。女乘务员双手重叠屈肘放于腰间，注意不要驼背，如图3-7所示。男乘务员双手自然垂放在体侧或双臂自然垂放于体前，一手五指并拢握于另一手手腕处。

乘务员在与旅客交谈时，要注意身体重心的转移。当弯腰超过45度（面对小旅客时）或需要长时间交谈时，可以采用蹲姿进行交谈，如图3-8所示。

图 3-7 身体语言

图 3-8 采用蹲姿进行交谈

（二）沏

（1）冲泡咖啡时，厨房乘务员将一袋速溶咖啡倒入咖啡壶内（每包咖啡可沏一壶咖啡），将煮水器内的热水加入咖啡壶（七成），如图 3-9 所示。

注意：咖啡温度与浓度要适宜；壶内不要放糖和奶，将糖包、咖啡伴侣交给需要的旅客。

（2）沏泡热茶时，厨房乘务员将茶包放入茶壶中，将煮水器内的热水加入茶壶（七成），适时用夹子或勺子取出袋茶，如图 3-10 所示。

注意：袋茶破裂时应停止使用；取出的袋茶放入杯内，以便再次冲泡时使用；冲泡袋茶的次数一般以 2~3 次为宜。

图 3-9 冲泡咖啡

图 3-10 沏泡热茶

（三）推

推餐车时，双手扶在餐车两侧，控制好方向，如图 3-11 所示。车停下给客人服务时，要注意随时踩刹车，车不能离开人而单独放在过道上，如图 3-12 所示。

图 3-11 推餐车

图 3-12 车不离人

（四）拉

拉餐车时，两手拉住餐车上部扶手，如图 3-13 所示。

图 3-13 拉餐车

（五）端

端托盘时双手竖着端，端在盘子的后半部，或者左手端在托盘的中部边缘，右手端在托盘的右下角；左右手四指并拢托住盘子的下部，拇指扶在盘子的外沿，大小臂大约成90度夹角，尽可能端低一些，靠近自己的身体，如图3-14所示。端托盘在客舱中转身时，身转盘不转。切记不可端着空托盘行走。

拿空餐盘时，盘面朝里竖着拿，拇指在里，四指并拢在外，餐盘自然垂放在身体一侧，餐盘的内侧靠近自己的身体如图3-15所示。

图3-14　端托盘

图3-15　拿空餐盘

（六）拿

拿取空杯子时，要用小毛巾垫取，如图3-16所示，以免污染。

倒饮料时要拿杯子的下1/3处，如图3-17所示，方便客人接过杯子，也符合卫生要求。一般纸杯为盛热饮时使用，塑料杯为盛冷饮及酒类时使用。

拿酒瓶或饮料筒时，拿其中部或下部，如图3-18和图3-19所示。

图 3-16　避免污染

图 3-17　拿杯子

图 3-18　持瓶、筒中下部

图 3-19　倒冷饮

（七）倒

倒冷饮时，先问是否需要加冰，再拿住杯子下部的 1/3，将杯子倾斜 45 度，倒至杯子的七分满；如果是供餐，饮料倒至八分满；如果遇有颠簸的情况，饮料倒至一半满（注意：斟倒饮料时瓶口不要搭在杯口上）。供酒和饮料时，不要拿杯子的上部，尤其是送冰镇酒或饮料时，否则会在杯子上留下指纹。

倒啤酒或听装带气饮料（如可口可乐、百事可乐、七喜、雪碧）时，打开前不要摇晃，要借助小毛巾在餐车内打开，防止起泡外溢，倒时杯子倾斜45度，沿杯壁倒入，七分酒液三分酒沫。要根据旅客的需要，整听送出或随时为旅客添加饮料；倒啤酒时，必须整听送出（注意：婴幼儿、神经衰弱者不主动提供可乐）。

为小旅客提供饮料时，倒至杯子的1/2。如果小旅客需要咖啡、酒类等饮料时，要先征得其监护人的同意。

倒葡萄酒时，红葡萄酒倒至杯子的1/2，白葡萄酒因其低温冷藏口感最佳，因此，只需倒三分满，客人喝完后可随时添加。

用托盘提供热饮时，右手拿壶，左手托住托盘，托盘上摆空杯子。倒饮料时，提请旅客自己将杯子拿下放在托盘上，倒饮料时壶嘴冲向过道。

（八）送

递送东西的原则是先里后外，先女士后男士，先长后幼，先身份高者后身份低者。

送礼品时，用大托盘，要摆放整齐美观，航徽或标记正面对着客人，由客人自选（最好多放一份，最后一位客人也有挑选余地）。

送饮料时，如果用大托盘送，每盘不超过15杯，并提供三种以上饮料供客人选择，托盘内要垫放防滑纸；如果用水车送，水车摆放要安全、整齐美观，使用方便。饮料筒标签朝外；为了保持清洁卫生，不要将杯子的包装纸取下，杯子的高度以不超过矿泉水瓶的高度为宜；使用整车时，冰筒挂在侧面，茶水、咖啡壶放在车里，壶嘴朝里，靠乘务员身体一侧摆放，以确保安全。

递送饮料时，面向机头方向时，乘务员左侧客人的杯子用右手递，乘务员右侧客人的杯子用左手递；面向机尾方向时，乘务员左侧客人的杯子用左手递，乘务员右侧客人的杯子用右手递，如图3-20和图3-21所示。

图 3-20　右手递　　　　　　　图 3-21　左手递

在为两舱（头等舱和公务舱）旅客送迎宾饮料时，必须为旅客提供杯垫和餐巾纸；送餐前饮料时，必须为旅客铺餐布；进行饮料服务时，不用铺餐布。

送小吃或饼干时，放在铁盒子内或大托盘上，航徽或小吃商标名称正面对着客人，拇指不能进入盘内。

送餐食时，用手推车送，餐车门要在厨房内打开，餐盒由上至下拿取，餐盘由下至上拿取，用双手将餐盒/餐盘送出，餐盒上航徽正对着客人。送给头等舱旅客的餐盘，要将热食对着旅客，航徽正对客人，热饮杯把与客人右手成45度角，方便客人接取，如图3-22所示。

图 3-22　方便客人接取

单独送热饮时，热饮壶放在小托盘上，注意壶嘴不要对着客人，壶内的热饮不要太满；杯子倒扣在小托盘左上角。乘务员用双手端托盘，边走边向两侧旅客询问是否需要热饮；不需要每位旅客都问到，但乘务员的眼神要看到每位旅客；当旅客有需要时，乘务员用左手端托盘，右手拿起一只杯子放在托盘的右上角，然后右手拿壶倒饮料，再送给旅客。

向小旅客递送饮料或食物时，将杯子和食物放稳妥，尽量放在小桌板的中间，并用语言提醒小旅客及其随行大人。

两名乘务员用一辆餐车或饮料车时，可以每人各送一排，沿客人的桌面送出，以免烫伤旅客。

为两舱旅客提供拖鞋时，可以根据旅客的需要，打开包装放在地板上，也可以放在座椅背后的口袋里。

（九）放

放的原则是轻、稳、准。无论在客人面前还是在厨房工作都应做到。

为头等舱旅客服务时，应为旅客摆放餐具。摆放顺序为：面包盘—黄油碟—盐、胡椒瓶—酒杯—刀—叉—勺。

（十）收

收的原则是从前往后，先外后里（同一排的客人都用完餐时，先收靠过道的，再收里侧的）。

收空杯子，单独用托盘收时，盘子对着过道，不可冲着客人，如图 3-23 所示。在征得客人同意收走之前，不要端起空托盘，当客人同意收走，再端起托盘收。也可在用餐车收餐盒时同时收杯子。收杯子的方式与递送饮料的方式相同，即面向机头方向时，乘务员左侧客人的杯子用右手收，乘务员右侧客人的杯子用左手收；面向机尾方向时，乘务员左侧客人的杯子用左手收，乘务员右侧客人的杯子用右手收。在托盘内将杯子由里向外摆放（即先从靠近自己身体的一侧开始摆放），空杯子可以摞在一起，但每摞最多不超过五个。

图 3-23 收空杯子

收餐盒，要用空餐车收，背向旅客一侧的餐车门要在厨房内打开。餐车顶部放两个大托盘、一块湿毛巾、一盒盒纸，牙签、清洁袋若干。如果垃圾袋放置在餐车中，收取的餐盒由下至上在托盘上逐格摆放，每摞最多不可超过五个，超过五个后，就要随时转移到餐车内已经撑开的垃圾袋里，将餐盒五个一起由下至上在餐车内逐层码放；如果垃圾袋挂在餐车外部，收取的餐盒由下至上在垃圾袋里逐格摆放，收满后装入餐车。

收取头等舱旅客的餐盘时，则应将餐盘由上至下逐层码放于餐车内。

（十一）捡

在清理客舱卫生，需要捡拾东西时，不能深弯腰，上身要保持挺直，右手捡时右腿低，左手捡时左腿低，托盘在身体的一侧，捡起后起身，把托盘拿起，把物品放在托盘上。

四、灯光服务

（1）旅客登机之前，客舱灯光调至"高"挡。

（2）播放安全须知时，客舱灯光调至"中"挡。

（3）飞机起飞前，客舱灯光调至"暗"挡。

（4）飞机起飞后，"系好安全带灯"灭，客舱灯光调至"中"挡。

（5）夜航飞行或播放电影时，客舱灯光调至"关"挡，打开门槛灯。

（6）夜航飞行开第二餐前10分钟，客舱灯光调至"暗"挡；5分钟后，再调至"中"挡。

（7）飞机落地前8分钟，将客舱灯光调至"暗"挡；滑行中，调至"中"挡；飞机落地停稳后调至"高"挡。

（8）夜航飞行中，厨房灯光调至"中"挡。

（9）头等舱、公务舱灯光在有条件的机型上单独控制。

（10）灯光调节的注意事项：

①长航线夜航飞行时，灯光调节时应注意由暗逐步到亮，给旅客以适应的过程；

②当旅客在阅读时，必须经过询问后才帮助其打开阅读灯；

③飞行中的任何时候，厨房值班灯不得关闭；

④入口灯在迎、送客时打开，其余时间关闭；工作灯在入口灯关闭时打开。

五、门帘服务

（1）飞机平飞后，将门帘展开，起到舱与舱、舱与厨房间隔作用；

（2）飞机在起飞、下降时，必须将门帘收起扣好，以便于乘务员观察和保证安全的需要；

（3）飞机在起飞、下降时，必须打开遮光板。

六、电子娱乐服务

（1）旅客上、下飞机时，打开登机音乐，以轻音乐为主。

（2）登机音乐的音量由小至大调节，音量适中，以不影响两人交谈为宜。

（3）飞行全程发送多频道音乐节目，旅客可以通过耳机收听（如配备）。

（4）飞机起飞前可以通过视频系统播放乘机《安全须知》录像，向旅客做好起飞前的各项安全简介；平飞阶段，旅客可以通过视频享受休闲娱乐购物等服务。

📄 相关链接

具有里程碑意义的事件

1. 第一次开通宽带互联网

2013年1月16日，德国汉莎航空公司在一架从法兰克福至华盛顿的客机上开通了宽带互联网，成为世界上首家在飞机上为旅客提供上网服务的航空公司。

2. 第一次开通移动电话

2008年3月21日，在阿联酋航空从迪拜飞往卡萨布兰卡的一架A340-300客机上，数百名旅客第一次体验到了在3万英尺（约合9144米）高空的机舱里，通过移动电话与地面进行语音通话的奇妙感觉。阿联酋航空也因此成为世界上首家开通机上移动电话使用功能的航空公司。

3. 第一次提供iPad租赁

2011年11月18日，首屈一指的低票价航空公司捷星航空在飞机上开始提供iPad租赁服务，成为全球首家拥有iPad定制程序的航空公司。该项服务最初面向飞行时间长于2小时的航班，可以让旅客观看时下最新的电影、电视节目，欣赏来自好莱坞的最新音乐，体验最新一代的游戏，观看电子书和电子杂志等。

任务三　掌握客舱服务专业术语

客舱服务专业术语是指客舱服务工作中涉及的专门用语。只有掌握客舱服务专业术语才能更好地了解客舱服务要求，完成服务工作。

一、客舱服务专业术语

（1）任务：指乘务员所飞的航班计划。

（2）任务书：全称《乘务飞行任务书》，内容包括飞行机长、乘务组人员等级、航班情况以及人员变更情况等。

（3）签到：机组成员在飞机起飞前，在规定的时间内到航班调度部门，在签到表上签名或在计算机上确认。

（4）准备会：飞行前由带班乘务长组织的全体乘务员参加的航前乘务组会议。会议的主要内容一般有：复习航线知识、机型知识，明确业务分工，了解业务通知，制订服务方案和客舱安全紧急脱离预案等。

（5）机组会：飞行前一天由机长召集机组成员及带班乘务长参加的会议。会议的主要内容一般包括：汇报各工种准备情况，听取机长的有关要求等。

（6）供应品：为旅客和机组配备的航班上需要的物品的总称。

（7）回收：将机上剩余的供应品清点后放入规定的餐箱、餐车内，铅封好并填好回收单的工作过程。

（8）操作分离器：将飞机客舱门、紧急滑梯的手柄移动至自动（预位）或人工（解除）位置的过程。

（9）机上值班：长航线餐饮服务后，为保持乘务员的精力和体力而采取的轮换工作制度。

（10）安全检查：飞机在起飞、下降、着陆、颠簸或紧急情况下，确认旅客及各种设施是否符合安全规定而进行的检查。

（11）巡视客舱：乘务员在客舱走动，观察旅客需求、安全状况，处理特殊情况，提供及时、周到的服务行为。

（12）清舱：旅客登机前，安全员或乘务员检查机上所有部位，确保机上无外来人、外来物。

（13）关封：海关官员使用的公文。关封常用信封封好后在航班起飞前交给乘务长，由乘务长在到达目的地后转交海关官员。

（14）旅客名单：写有旅客姓名、目的地、座位号等内容的单子，通常由商务部门在飞机起飞前同业务袋一起送上飞机。

（15）核销单：机上免税品出售后填写的表格，用于海关核销进口免税品。

（16）特殊餐：有特殊要求的餐食，如婴儿餐、犹太餐、清真餐、素食等。

（17）航线图：标明飞机飞行航线、距离及地点的图示。

（18）航班：在规定的航线上，使用规定的机型，按规定的日期、时刻进行的运输飞行。

（19）载重平衡表：载重平衡表是航班载运旅客、行李、邮件、货物和集装设备重量的记录,它是运输服务部门和机组之间、航线各站之间交接载量的凭证,也是统计实际发运量的根据。它记载着飞机的各种重量数据。

(20)载重平衡图:以空机重心指数作为计算的起点确定飞机的起飞重心位置,并根据飞机重心位置的要求,妥善安排旅客在飞机上的座位和各货舱的装载量的填制图。

(21)随机业务文件袋:随机业务文件袋内有总申报单、旅客舱单、载重平衡表、货运单及邮件路单等业务文件及客、货、邮舱等图。

(22)客舱乘务员:客舱乘务员的英文名称为 cabin attendant、cabin crew 或 flight attendant。是指出于对旅客安全的考虑,受运营人指派在航空器客舱内执行安全、服务值勤任务的机组成员。

(23)局方:局方是指民航局和民航地区管理局及其派出的机构。负责对大型飞机公共航空运输承运人的合格审定和运行实施统一监督管理。

(24)运营人:全称"公共航空运输承运人",又称"合格证持有人",是指依法设立,获得所属国家资质认可,通过局方运行审核的航空运营人或航空公司。

(25)机组成员:指在飞行期间在航空器上执行任务的航空人员,包括飞行机组成员和客舱乘务员。

(26)机长:是指经合格证持有人指定,在飞行时间内对航空器的运行和安全负最终责任的驾驶员。

(27)客舱乘务教员:指满足相应经历要求的,在航空公司承担经批准的训练大纲中的客舱安全训练与教学任务的人员。

(28)客舱乘务检查员:指满足相应经历要求的,经局方认可,在航空公司经批准的训练大纲中履行航空公司客舱安全资格检查职责的航空检查人员。

(29)值勤期:是指机组成员在接受合格证持有人安排的飞行任务后,从为了完成该次任务而到指定地点报到时刻开始、到解除任务为止的连续时段。

(30)备份:为保证临时增加航班或因换机、病事假等原因增加空勤人员而事先做好工作准备,并在客舱服务部楼内或指定地点等待可能的航班任务的乘务人员。

(31)迟到:晚于所规定的航前签到时间视为迟到,或晚于机组发车时间进场也视为迟到。

（32）漏飞：因个人原因造成未执行当天航班视为漏飞；因个人原因未按时加入机组造成后续航班无法执行视为漏飞；备份人员接到飞行通知后请病假或因通信不畅而没有执行飞行任务均视为漏飞。

（33）拒飞：在确认航班任务后因个人原因不服从飞行任务者视为拒飞；在航班生产保障过程中因个人原因未执行完航班任务者也视为拒飞。

（34）加机组：乘务人员因出差、请休假或执行其他公务等原因需乘坐公司航班时，可申请加机组。加入机组人员必须在规定的航班手续办理时间内持有效证件和登机证明，通过安全检查，方可登机。

二、乘务专业英文代码的含义

F 舱：First Class/ 头等舱

C 舱：Business Class/ 公务舱

Y 舱：Economy Class/ 经济舱

CF：Chief Purser/ 主任乘务长

PS：Purser/ 乘务长

FS：头等舱乘务员

CS：公务舱乘务员

SS：普通舱乘务员

VIP：Very Important Person/ 重要旅客

VVIP：Very Very Important Person/ 非常重要的旅客

CIQ：Customs/ 海关，Immigration/ 边检，Quarantine/ 检疫

三、机上特殊餐食

1. 婴幼餐（BBML：Baby/Infant Food）

这种餐食适用于 10 个月以上的婴儿食用。这时的孩子仍不能吃固体食物，为此提供一种小孩吃的去渣的肉和菜，一种小儿甜点和婴儿水果汁。

2. 儿童餐（CHML：Child Meal）

多是一些孩子喜爱的食品，如：鱼排、香肠、春卷、比萨。开胃品通常

有：鲜果、巧克力布丁、果料甜点等。

3. 印度（教）餐（HNML：Hindu Meal）

牛肉是绝对被禁止的，并且严格的印度教徒一般几乎是素食者。机上如没有专门配置特种餐食，乘务员要征求乘客意见，看是否吃肉类食物（除牛肉）或者是素食，然后根据乘客的要求提供肉类（除牛肉）、鱼、鸡蛋、沙拉、蔬菜、水果、米饭等食品。

4. 犹太餐（KSML：Kosher Meal）

犹太教禁止食用猪肉和火腿；其他肉食品只有是在犹太教教士的监督下屠宰的才可接受；可食用带鳞、带翅的鱼，可蒸、煮、熏。不允许进食的海鲜是：牡蛎、螃蟹、小龙虾、龙虾、鳝鱼等。在无犹太餐的情况下可提供：面包、牛奶制品、饼干、罐装鱼、奶酪、水果、蛋糕、沙拉、蔬菜。

5. 穆斯林／清真餐（MOML：Moslem/Muslim Meal）

严禁猪肉类食品。严守教规的穆斯林希望肉食是依教规屠宰的，牛羊肉可接受，鱼是允许的。若无特殊食品，水果、蔬菜和米饭可作为替代食品。严格的穆斯林不饮酒。饮料一般是茶或咖啡。开斋节期间，在太阳升起至落下前不准进食。

6. 西式素食（不含乳制品全素食）（VGML：Vegetarian Meal—Non-dairy）

为西方国家的素食主义者提供的餐食，西式烹饪不含各种肉类和乳制品。

7. 东方素食（VOML：Vegetarian Oriental Meal）

以中式制备及烹饪的素食，不含肉、鱼、奶等动物或动物制品。

8. 温和餐（BLML：Bland Meal）

菜肴包括低脂肪和低纤维食物。避免油炸食物、黑胡椒、含气植物、芥末、咸菜、大蒜、坚果，和含咖啡因或酒精的饮料。适合有胃肠疾病的乘客进食。

9. 水果盘餐（FPML：Fruit Platter Meal）

菜肴只包括水果。包括新鲜水果、糖渍水果和水果甜品。

10. 低脂／低胆固醇餐（LFML：Low-fat Meal）

菜肴适合需要减少脂肪摄入量的客人食用。不含油炸食品、肥肉、奶制品、加工食品、浓汁、内脏、带壳水产品、蛋黄和焙烤制品。

11. 鲜果鲜蔬餐（RVML：Vegetarian Raw Meal）

餐食仅以水果及蔬菜为原料，不含有任何动物蛋白原料。

12. 海鲜餐（SFML：Seafood Meal）

专为喜欢海鲜的旅客定制，菜肴包括一种或多种海鲜。不含肉类制品。

13. 高纤维餐（HFML：High-fiber Meal）

包括含有高纤维的食物，如坚果、蔬菜、水果、高纤维的谷物面包和谷类食品。

14. 低蛋白质餐（LPML：Low-protein Meal）

低蛋白质餐含有极少量的蛋白质，并避免高盐食物和盐。不含咸的烟熏食品、罐头食品、腊肉、禽类、鱼、鸡蛋、面包、土豆、米饭、谷粉、牛奶、奶酪和酸奶。

15. 低盐餐（LSML：Low-salt Meal）

低盐餐是适合高血压、心脏病和肾脏病患者的特殊餐食。餐食严格控制食品的钠含量，主要以生鲜蔬菜、饼干、面糊、低脂肪的瘦肉、低热量的黄油、高纤维低盐的面包、水果、沙拉等食物为主。

16. 糖尿病患者餐（DBML：Diabetic Meal）

糖尿病患者不能吃糖和所有甜食。面包、米饭、面条、通心粉等可以吃，但只限少量。所有肉类、家禽、海鲜是可以吃的，但是做法要避免有甜汁或甜果冻，如酸梅酱和薄荷果冻。所有蔬菜和水果允许吃。在提供糖尿病人餐时，同时要送低脂肪含量的饮料或果汁、茶、咖啡、矿泉水、葡萄酒，有时带酒精饮料等允许喝。

17. 其他特殊餐食

无麸质餐（GFML：Gluten-free Meal）

低热能餐（LCML：Low-calorie Meal）

低碳水化合物/低淀粉餐（LCRB：Low-carbohydrate Meal）

不含乳制品餐（NLML：Non-lactose Meal）

无花生/坚果食物（NFML：Nut-free Meal）

低嘌呤餐（PRML：Low-purine Meal）

相关链接

供应特殊餐食的注意事项

1. 乘客登机前,乘务长要了解并确认特殊餐食的内容、乘客座位号,及时通知该区域乘务长和乘务员。

2. 供餐时,应先于其他乘客为定制特殊餐食的乘客提供餐食。

3. 婴儿用餐时,乘务员应视情况等婴儿用餐完毕,再为看护人提供餐食。

4. 供餐要充分尊重各国及各地风俗习惯。

5. 特殊餐食是航空公司根据乘客个人要求,提供以满足其宗教或健康需要的餐食,但乘客应在飞机起飞前至少24小时提出定制要求(犹太餐需提前48小时提出申请)。

6. 特殊餐食由食品公司根据"特殊食品通知单"提供,要做好特殊标记,且特殊乘客通知单上记有要求的特殊餐食及座位号。

7. 提供犹太教餐、清真餐、印度教餐、素食、糖尿病餐、无坚果餐和无花生餐这几种特殊餐食须注意的事项如下:

(1)犹太教餐。犹太教餐须依据犹太教规,在特殊的厨房中,在犹太教教士的严格监督下制作完成。另外,肉食品只有是在犹太教教士的监督下屠宰制成的才可被犹太乘客接受。

犹太餐应在完好无损的盒中保存,包装密封,整套提供给乘客,加温前由乘客亲自检查其完整性;用锡纸封严的盒装热食加热后也要由乘客本人打开食用。

菜肴可含有用蒸、煮、熏烹制的带鳞、带翅的鱼,但不可含有鳗、牡蛎、螃蟹、小龙虾、龙虾、鳝鱼等海鲜。

航班上如没有配置犹太餐,乘务员可为犹太乘客提供面包、牛奶制品、饼干、罐装鱼、奶酪、水果、蛋糕、色拉、蔬菜。

(2)清真餐/穆斯林餐。严守教规的穆斯林希望肉食是依教规屠宰的,牛羊肉可接受,鱼也是允许的。若航班上没有配置清真餐,水果、蔬菜和米饭可作为替代品。

严格的穆斯林不饮酒。乘务员可为他们提供饮料、茶或咖啡。开斋节期间,穆斯林在太阳升起至落下前不进食。

（3）印度教餐。严格的印度教徒几乎是素食者。航班上如果没有专门配置给他们的特殊餐食，乘务员要征求乘客的意见，看是否吃肉类食物（牛肉除外）还是只吃素食，然后根据乘客的要求提供肉类（牛肉除外）、鱼、鸡蛋、色拉、蔬菜、水果、米饭等食品。

（4）素食。乘客可因宗教、节食、医疗或个人要求选择素食，口味有较大不同。如有些严格素食者，不吃任务动物类食物，包括牛奶制品、蛋类；而有的又可以接受牛奶和蛋类制品，有的甚至可以吃鱼等海产品。乘务员应在无相应特殊餐食时为乘客应时配餐。

（5）糖尿病餐。这种餐食不能含有糖和甜食，可以含有肉类、家禽、海鲜、各种蔬菜和水果，但做法要避免有甜酱或甜果冻，如酸梅酱、薄荷果冻。面包、米饭、面条、通心粉等也可以提供，但只限少量。

在为糖尿病乘客供餐时，同时要配送低脂肪含量的饮料或果汁、茶、咖啡、矿泉水、葡萄酒，有时也可以提供带酒精的饮料。

（6）无坚果餐和无花生餐。虽然餐食中不包含任何坚果、花生或坚果和花生制品，但是航空公司不能保证餐食当中100%不含坚果或花生成分，因为航空公司无法保证在餐食制作过程中，不会意外地使用了坚果油、花生油及未经注明但含有坚果和花生成分的食品。同时，航空公司也无法确保提供完全无坚果和花生的机舱环境，也无法根据个别乘客要求改变机舱环境。

模块小结

1. 明确客舱服务语言的概念和分类。从广义上讲，客舱服务语言分为有声服务语言和无声服务语言；从狭义上讲，客舱服务语言即有声服务语言。

2. 对旅客称呼、问候等基本客舱服务用语进行规范，并介绍了客舱服务的禁忌语以及特殊情况下的服务语言。

3. 介绍了如何拒绝、消除误解、消除紧张情绪、消除对抗情绪等特定的语言技巧。

4. 详细阐述了客舱工作各个阶段的基本服务动作规范。

复习与思考

复习题

  1.从广义上来讲，客舱服务语言分为哪两类？它们分别指的是什么？

  2.在客舱服务中，称呼旅客时应当注意些什么？

  3.结合实际情况，说一说客舱服务的禁忌语有哪些？

  4.在提供客舱餐饮服务时，沏、推、拉、端、拿、倒、送、放、收、捡的具体动作要求是什么？

思考题

  1.为什么客舱乘务员要保持良好的语言和动作规范？

  2.当客舱乘务员遭遇旅客误解时，应当如何努力消除误解？

模块四
客舱安全与旅客管理

模块导读

乘务员是以客舱安全管理为基础职责的,对旅客的安全管理是重要环节。本模块全面阐述客舱安全的重要性以及具体的操作规范;分析在安全的前提下如何对旅客进行有效的管理。通过学习本模块,要具备如下意识:在发展航空事业的同时,永远要关注并要将其置于最基本、最重要位置的就是——安全。安全是我们的生命线,有了安全不等于拥有一切,但没有安全就等于没有一切。虽然说飞机是所有交通工具中安全系数最高的,但如果我们能够避免更多的人为因素造成的事故,我们的安全就会更上一层楼。

学习目标

1. 明确客舱安全的重要性,加深对客舱安全的理解,强化对客舱安全管理的全面认识;

2. 清晰地理解客舱安全管理的操作规范,建立客舱安全管理的完整体系;

3. 掌握特殊旅客的特点,了解特殊旅客的基本需求,明确特殊旅客管理的基本思路;

4. 了解各种非正常情况的处置方式及对策,建立责任感、使命感,明确从业者的努力方向。

案例

6·29 劫机事件始末：空中惊魂 22 分钟

2012 年 6 月 29 日 12 时 25 分，GS7554 次航班滑向和田机场的跑道，短暂滑行之后起飞。但人们没想到，平静的机舱里，危险正在悄悄临近。几乎没有人注意到，乘客中拄着双拐的残疾人开始拆卸拐杖并分发，暴徒精心策划的劫机行动即将展开……

新华社报道称，12 时 35 分，飞机进入平飞状态后，三个暴徒持着从拐杖中卸下来的铝管奔向机舱门口，撞击驾驶舱门，想强行进入。女乘务长郭佳马上上前制止，被暴徒袭击。见无法进入驾驶舱，其中一名暴徒便使用打火机欲点燃插在瓶子中的导火索。

这时，在前舱的乘客刘会军意识到暴徒要劫机，他猛然跳起，徒手打掉了暴徒手上的打火机。三名暴徒没能点燃燃爆瓶，恼羞成怒，疯狂合围袭击刘会军。邻座的窦刚贵见状也奋起反击，与刘会军一同与三名歹徒展开搏斗。这期间，暴徒不断用脚踹机舱门，企图撞开舱门，见习乘务长吕慧及安全员杜岳峰见状冲进来将机舱门扣锁，并与暴徒展开搏斗。

几乎在同一时间，另三名暴徒持铝管和爆燃装置在机舱中部威胁恐吓群众，一面穷凶极恶大叫"飞机已被我们劫持，谁站起来，就打死谁"，一面对站起来欲反抗的乘客野蛮行凶。

面对暴徒的凶残，乘客意识到是遭遇劫机！随着刘会军、窦刚贵和吕慧的"快起来反抗"的大声呼唤，大家迅速响应，奋不顾身，纷纷同处在机舱不同位置的六名犯罪分子展开了殊死搏斗。

机上，人们纷纷行动起来。同机到乌鲁木齐开会的和田民警吐尔洪·肉孜尼亚孜、陈晓霞等六名公安干警迅速亮明身份，一面全力制伏罪犯，一面维护机舱内秩序，防止过度混乱造成飞机失衡。

机上的少数民族乘客也义愤填膺对暴徒大声斥责，并勇猛对抗，娜迪热·吐尔逊买买提等乘客积极组织部分乘客解下腰带，捆绑被制伏的六名暴徒。

12 时 47 分，在民航部门的指引下，GS7554 航班安全返航降至和田机场。此时，飞机上的乘客欢呼雷动，热烈鼓掌并高喊"团结就是力量""我们胜利了"，地面公安民警和武警官兵迅速登机将六名暴徒带离，并及时将受伤旅客送往医院救治。

据了解,当事航班上共有91名乘客,其中少数民族乘客27人,汉族64人,机组人员9人,其中安全员2名。

任务一　掌握客舱安全管理的核心要素

作为一种交通工具,飞机已经被越来越多的人接纳和选择。选择的理由是快捷、方便和优质的服务。飞机的特性和优势更符合现代社会的要求,因而也就有着更大的发展空间。但是我们在发展航空事业的同时,永远要关注并且永远被置于最基本、最重要位置的就是安全。

客舱安全管理,是指在航空器内部,驾驶舱、客舱及货舱内,涉及驾驶人员,乘务人员和乘机旅客的一种特殊的安全管理。它的重要性日益被各国民航主管当局和航空运输企业所认识。在民航的飞行安全工作中,有些单位,有些人员,往往只注意航空器和飞行员的安全管理,却忽视了航空器客舱以及地面各项保障的安全管理,这是不全面的。航空器的飞行安全管理是一个系统工作,涉及许多方面,潜伏着各种不安全因素,如果一着不慎,可能全盘皆输。

一、客舱安全管理对飞行安全的影响

案例

客舱安全管理失序,烟头火情引发伤亡事故

20世纪80年代,中国民航一架伊尔-18飞机,由兰州经西安、长沙飞广州。飞机由长沙起飞后,一名旅客吸烟将烟头放入烟缸时,碰翻了烟灰缸,未灭的烟头掉在地板上,由于座椅滑轨与机壁间无挡隔金属压条,烟头又滑入地板下与易燃杂物阴燃。飞机到达广州白云机场上空第五边准备着陆时,阴燃越来越大,烟冒入客舱。乘务员报告了机长,机长取灭火瓶取不下,回到驾驶舱,在既没有按规定查清火源又未组织灭火的情况下,错误地认为电器失火,关了供气电门，扳下了释压电门，关了总电源；飞机接地后，紧急刹车，打开了前后舱门；飞机停稳后，放下了工作梯子。此时机长不但没有指挥乘务员组织旅客撤离，反而下机去扶梯子。由于机长未将情况报告塔台，消防救护车辆人员也未及时赶到，当旅客撤下 11 人时，客舱内浓烟翻滚，燃成明火，后舱因无下机设备，客舱顿时混乱，旅客在烟火胁迫下纷纷跳机，造成旅客死亡 25 人，受伤 37 人。

诱发这次事故的主要因素是：

（1）乘务员没有向旅客讲清机上吸烟安全规定；

（2）旅客没有将烟头弄灭放在烟灰缸内，掉在地板上也没有告诉乘务员；

（3）座椅滑轨与机壁间无挡隔金属压条；

（4）地板下有易燃杂物未消除（定期检查时）；

（5）客舱内灭火器取不下，机组平时也未进行灭火演练；

（6）飞行组和乘务组没有进行紧急撤离的训练，遇事紧张慌乱；

（7）机长未将情况报告塔台，导致地面消防、救护车辆未及时赶到。

上述因素如果有一项做到，即有可能避免飞行事故的发生，或减轻事故的严重程度。

案例

客舱安全管理有序　高效应急撤离减轻事故严重性

20 世纪 90 年代后期，东方航空公司一架由上海飞往北京的 MD11 飞机，因前起落架锁定连杆螺栓折断，前起落架不能放下，决定返航在上海虹桥机场跑道上紧急迫降。乘务长根据机长指令，迅速召集全体乘务员进行研究，将飞机前舱旅客转移到比较安全的后舱，检查固定厨房设备和行李舱门，详细地向旅客讲解紧急撤离滑梯等设备的使用方法和注意事项，示范紧急迫降的安全动作，耐心细致地做旅客思想工作，消除疑虑，稳定情绪，以求积极协作，密切配合。飞机于 23 时 07 分接地停稳后，乘务员迅速打开前后六个紧急滑梯，组织旅客迅速有序地撤离，地面 80 余辆消防救护车辆和 500 多名警民立即赶到现场，灭火救护。由于客舱安全管理有序，空中地面密切协作配合，机上 120 多名旅客和 17 名机组成员安全撤离，只有 9 人受轻伤。

从上述两案例可以看出，航空器运行有无客舱安全管理，其安全运行质量和效果都不一样。这充分说明，航空器的客舱安全管理不是一般小事，而是关系到旅客生命安危和国家财产得失的大事，是飞行安全领域中重要组成部分。航空器客舱安全管理工作好坏，直接影响飞行事故的发生和发展，做好了航空器客舱安全管理工作，不但可以避免发生飞行事故，而且，一旦出现特殊情况，可以减少或避免旅客的伤亡和国家财产的损失。

民用航空器在运行过程中，保证飞行安全的责任落在航空器驾驶舱中操纵航空器的机长身上，他把飞行安全作为自己的首要职责，而坐在他身后航空器客舱内的每一个旅客的安全和健康，则在很大程度上仰仗于机组中的乘务长及其所领导的乘务员，实施有效的航空器客舱安全管理。为了使机组中的乘务人员能够履行这项重要的职责，乘务人员要严格执行航空器客舱安全管理的设施标准以及工作任务、目标和程序；必须在乘务员安全工作内容、规范上加大训练力度，增强乘务人员的安全观念，确保飞机客舱安全，确保飞行安全。

二、客舱安全管理的目标及实现

客舱安全管理的目的是通过规范驾驶人员、乘务人员和乘机旅客的行为举止、服务技能和程序，共同创造一个航空器正常安全运行和舒适、和谐的旅行环境。

（一）客舱安全的目标

（1）在正常运行状态下，机组能不受干扰，正常履行岗位职责；旅客能获得人身安全不受非法侵犯，享有舒适、和谐的旅行环境；一般病痛、损伤得到适度的医疗与救治。

（2）一旦发生紧急情况，机组能正确处置，旅客的人身安全能受到最大限度的保护；通过应急设备和程序尽快撤离航空器，以减低事故航空器给旅客造成的伤害。

（3）有效防止和制止机内犯罪行为，维护航空器正常运行环境，保证旅客人身安全和人的尊严；一旦发生劫机行为，机组应设法尽力减轻劫机行为造成的后果。

（4）防止乘机人员误动舱内开关、手柄等禁止动用的装置影响航空器安全运行。

（5）保护航空器不被故意破坏。

（6）适时调整旅客座位和移动货舱内的货物位置，以保持飞机正常运行的重心位置及飞机平衡状态。

（7）能正确识别爆炸物和航空器承运的危险品标志，了解一般处置程序，一旦发现机上有爆炸物或危险品事故发生，能正确控制和疏散乘机旅客，正确处理事件以减少其可能的危害程度。

（二）乘务员如何实现客舱安全管理

1. 保证航空器安全、正常秩序

（1）维护客舱正常秩序。

（2）控制、制止机上人员的暴力行为及其他干扰飞行机组工作的违法行为。

（3）控制和制止机上人员使用无线电话、电脑、电子玩具。

（4）适时调整因正常飞行需要的航空器平衡（客位、行李及货舱内货物位置的调整）。

（5）及时发现火情并正确使用灭火器实施有效灭火。

（6）飞机高空飞行增压座舱失密时，要采取恰当的措施保护机上人员的生命安全。

（7）及时发现、控制和正确处置非法干扰飞行的违法行为。

（8）发现或获悉机上人员隐匿携带炸药、雷管或其他危险品或枪支子弹、管制刀具时，要及时采取措施正确处置，防止可能的危害发生。

（9）控制特殊及病态乘机人的危害行为。

（10）客舱内特殊设施的保护、防止旅客误动而影响安全飞行。

（11）机上人员从侧窗观察发现飞机光洁度变化以及听觉、嗅觉系统感知的异常信息等，及时向机长报告并协助驾驶舱机组实施情况判断。

（12）在岗位的飞行组成员严格按要求正确履行职责；客舱乘务员按不同飞行阶段坚守岗位。

（13）按《航空卫生工作细则》有关要求，做好机组用餐的供应，以防止发生食物中毒而危及飞行安全。

（14）乘务组成员要保证所有成员不处于病、伤、疲劳、精神或药物影响以致不能履行职责的状态。

（15）飞行前认真检查，以保证机上飞行机组的防护性呼吸系统性能正常可用、与面部配合适当、存放适当，呼吸气源充足。

2. 保护机上人员生命和财产安全

（1）切实完成旅客告示要求的各项通知、演示，必须保证乘客熟悉安全带、应急出口、救生衣、供氧设备、供个人使用的其他应急设备，包括应急处置说明卡的位置和使用方法。

向乘客介绍机上携带的供集体使用的主要应急设备的位置和一般使用方法。乘机人应自觉保证机上报警设备不受损坏与削弱。

（2）起飞、着陆或遇有颠簸时，及时发出告警信息并确认每位乘客的安全带均已系好。

（3）当遇到有颠簸时，注意保护在卫生间或正在走动人员的安全。

（4）防止服务用品及餐饮品对乘机人的伤害，特别注意供应热饮料时的防范措施。

（5）防止乘客头顶行李舱的物品跌落对旅客的伤害。

（6）客货两用机货物的固定。

（7）客舱、卫生间火警及灭火设备完好。

（8）客舱通道保持畅通。

（9）应急出口处人员的安排。

（10）防止机上人员的暴力行为对其他乘客的伤害。

（11）做好机上含酒精饮料的管理，防止酒醉伤人行为的发生。

（12）特殊监护乘机人的监督与管理。

（13）正确使用机上应急设备、氧气、药品并有适当处置技能。

（14）注意发现、制止非法干扰飞行的行为。

（15）密切驾驶舱与客舱乘务员的协调配合，保证机上指令的贯彻落实。

（16）严格落实失密紧急处置的保护措施，以保证平稳飞行后乘务员能及时实施救治。

（17）防止机上应急设备的损坏和丢失。

3. 乘机人员的紧急医救

客舱乘务员必须保证做到如下要求：

（1）熟悉航空医救用机上用具的使用方法、作用及存放处。

（2）具备一般的医救知识与应用能力。

（3）机上医用药品有效。

（4）熟悉机上医用氧气供应设备及使用规范。

（5）颠簸造成乘机人伤害或急病的抢救技能。

（6）特殊病例的抢救知识。

（7）具有缺氧影响或失压后所产生的生理现象等知识。

在客舱安全管理方面，应该进一步加强学习研究和交流合作，广泛借鉴国内外先进技术和管理经验，使客舱安全管理实现从行政化管理向法规化管理、从经验型向科学型管理、从事后查处向事前监督的转化。

三、客舱安全管理的内容

客舱服务的质量直接影响着公司的发展和生存，是实现航空运输安全、快捷、舒适这一特点的重要组成部分。作为空乘人员应该牢固树立"安全第一"的思想，牢记安全工作内容，除了确保乘客有舒适的飞行条件之外，还负责机上乘客的安全，在任何特殊情况下，尽力减少旅客不必要的伤亡，这是民航客舱工作的一个重要特点。

乘务员所肩负的是客舱内部的安全，它是飞行安全的重要组成部分和重要保障。从"Cabin Attendant"到"Cabin Crew"，再到"Security Person"，称呼上的变化可以看出国际民航组织对乘务员的职责有了更加明确的定位：乘务员是以客舱安全管理为基础职责的。

（一）客舱服务人员安全工作规定

航空公司新招聘的空乘人员，必须参加初始培训，时间通常为六周至三个月不等，内容包括熟悉飞机、应急程序以及机上服务等。为了保持熟练程度，他们每年都要接受复训。空乘人员还要帮助乘客解决医疗问题和应急情况。在25 000英尺以上高空工作的机组人员，必须接受与海拔有关的各种应急教育，如处理呼吸困难、缺氧等情况。

（二）客舱内的主要安全规则

飞行安全在本质上是一种特殊的群体行为，需要许多人协同工作来保证。可靠的技术装备为飞行安全奠定了良好的物质基础，但要安全运行还必须遵守共同的规章、标准和行为准则，只有在遵循客观规律、运行规章的限制之下，才能使飞机安全舒适地服务于人类。空中乘务人员通常要遵守下面的安全规则。

1. 普通舱乘务员的主要安全规则

（1）应急设备的检查

空中乘务员登机后，应根据各自的职责对照《应急检查单》检查核实应急设备的位置、数量，确认处于待用状态。包括：急救箱/应急医疗箱，铅封完好；灭火瓶位于指定位置，处于待用状态；氧气瓶，压力指针在1800磅/平方英寸，面罩齐全；洗手间烟雾探测器，电源指示灯正常闪亮；手电筒电力指示灯，3~5秒亮一次；安全演示用具包内，物品齐全并在规定位置；"安全须知卡""出口座位须知卡"，在指定的位置；救生衣的包装完好，并在规定的位置；出口门，状况良好、正常；麦克风，工作正常；防烟面罩，铅封完好；广播、内话系统，工作正常；客舱灯光，工作正常；应急灯，处于待用状态（连续2~3秒应急灯不亮，不能运行）。各区域乘务员，应将检查的客舱情况报告乘务长；乘务长，应将检查中的不正常情况报告机长并填入《客舱记录本》。

（2）航前的清舱检查

所有地面工作人员离机以后、乘客登机前，有航空安全员的航班由航空安全员对客舱进行清舱检查，没有航空安全员的航班由带班乘务长指挥乘务员对客舱进行清舱检查；检查中发现任何可疑物品时，不要随意触动，应依据《航空器保安搜查检查单》，由安全员进行必要的预先处理，然后及时报告带班乘务长、机长；外站停留期间，不下机的旅客或行李通常不需要进行再检查，但航空安全员和乘务员应在下一航段的起飞前对厨房、卫生间等位置进行必要的安全检查；厨房乘务员检查餐食情况，发现有不能开启的容器或餐具，及时报告带班乘务长。

（3）旅客登机前的检查

确认所有乘务员已登机；旅客登机前要求客舱安全检查和服务准备工作、

清舱检查已完成；经济舱供旅客存放物品的行李箱全部打开，机组成员的行李、飞行包等已放在储藏间里；乘务长报告机长客舱准备完成；乘务长征询机长后通告地面值机人员旅客可以登机。

(4) 登机门关闭前

登机门关闭前乘务组应确认：机组人员全部登机，舱单（载重平衡）、货单、旅客名单和总申报单（国际、地区航线）等文件齐全并有效；特殊旅客的座位安排符合要求；出口座位的安排符合要求；与该次航班无关的所有人员已下机；乘务员应确认在执行应急撤离程序时可能需要协助的旅客已完成适当的讲解和安排。发现有异常情况的旅客及时报告带班乘务长，注意观察登机旅客的情况，行李摆放稳妥，关上行李箱并锁好。在得到机长的许可之前，登机门不得关闭。

① 下列旅客不能安排在出口座位：

缺乏阅读能力和理解印刷图片形式能力的旅客；不能将信息口头传达给其他人的旅客；不能推、拉、转动和操作紧急出口机构的旅客；视觉不佳的旅客；缺乏听觉能力的旅客；不满15周岁的旅客。

注意：病残旅客应尽可能地靠近出口座位处。

② 可以坐在出口座位的旅客：

能够确定出口的位置；能够认出出口的开启机构；理解使用出口的提示；能够进行出口操作；可评估打开出口是否会增加对旅客的伤害；能够遵循机组成员给予的口头指示或者手势；能够在应急情况下妥善放置或固定应急出口门以便不妨碍使用该出口；能确认滑梯的状况，并协助旅客撤离；能迅速地从应急出口撤离；能评估、选择和沿着安全路线从出口离开，并到达安全区域。

注意：民航规则规定旅客应遵守关于出口座位的限制，如果一旅客不能或不愿意承担上述要求，必须更换该旅客的座位；如可能将旅客换至非出口座位；如果没有符合标准的旅客愿意被换至出口座位，本次航班即被认为过满，应劝一旅客自愿离开飞机；如没有自愿者，要求非出口座位的旅客将被拒绝登机，并给予适当的拒绝登机补偿；如果已处于滑行中，必须将此情况报告机长，让机长决定是否返回登机口，飞机必须完全停稳后才能更换座位。

(5) 登机门再次开启

需要登机门再次开启时，乘务长应报告机长，以获得机长的许可；使用机舱广播系统通知所有乘务员解除滑梯预位并交叉互检，乘务员回答解除完毕、确认；打开机门；登机门重新关闭后，乘务长要立即广播通知所有舱门重新预位并交叉互检，乘务员回答预位完毕、确认；乘务长报告机长（两声铃响）。

（6）地面客舱监控

旅客滞留飞机上的地面停留期间，乘务员应进行必要的客舱巡视，以防止旅客对应急设备的误操作。必要时，进行相关的客舱广播。

（7）安全简介

每一航段，关闭登机门后，乘务员应通过示范或播放录像的方式向旅客简介乘机旅行的安全知识。具体包括：安全带的使用；应急出口位置及使用；氧气面罩的使用；禁烟规定（应明确地说明卫生间内禁止吸烟；毁坏卫生间烟雾探测器将触犯有关法律）；起飞和着陆前，座椅靠背应垂直；小桌板收起并锁定；撤离滑梯的使用；应急撤离路线标示灯；延伸跨水飞行的航班，应介绍水上应急设备的存放位置和使用方法；介绍禁止和限制使用的便携式电子设备；"安全须知卡"和"应急出口旅客须知卡"；其他安全须知。如图4-1、图4-2、图4-3、图4-4和图4-5所示。

图4-1　演示安全带的使用　　图4-2　演示应急撤离路线　　图4-3　演示救生衣的使用
　　　　　　　　　　　　　　　　　　标示灯及应急出口位置

图 4-4　演示氧气面罩的使用　　图 4-5　介绍"安全须知卡"

为聋哑旅客进行的介绍内容应使用上述 1 款相对应的安全须知卡图例予以补充介绍。对无人陪伴儿童应进行单独的安全简介。对需要提供协助的旅客进行特别简介。

注意：整个演示期间，乘务员应分布于各出口附近。

（8）特别简介

对需要由他人协助方可迅速移动并到达应急出口的旅客，应进行特别简介。除非该旅客在同一航班前一个航段的飞行前，已经接受相同的简介。简介的内容包括：应急撤离的指令；紧急撤离时，通往每一个适当的应急出口的通道；开始撤往出口的最佳时间（应在多数旅客撤离之后，并不会对其他旅客的撤离造成阻碍时）；征询该需要协助的旅客的最佳适宜方式，以避免对其造成痛苦，或增加伤痛，或再次受伤。

需要由他人协助方可迅速移动并到达应急出口的旅客包括：无成人陪伴儿童；孕妇；病残旅客（身体或精神患病、肢体伤残）；犯人及其押解人员；需要提供特别简介的其他旅客。

（9）起飞前的检查

机门关闭后，广播员对客舱广播关闭电子设备，乘务员确认所有便携式电子设备已关闭，带班乘务长通过客舱广播系统下达滑梯预位指令，各区域乘务员依照带班乘务长指令操作滑梯预位并相互检查。各门滑梯预位后，各区域乘务员依照带班乘务长指令，通过内话系统报告滑梯预位情况。飞机推出停机位时，做到安全广播完成；安全演示到位；播放安全须知；旅客系好安全带；禁止吸烟；椅背竖直，脚垫收起；旅客座位处无饮料和餐具，扣好餐桌；所有门帘拉开、扣紧；拉开遮光板；关闭厨房电源，固定好厨房设备及机供品；锁好行李箱；应急出口和走廊过道及机门的近旁没有手提物品；扣好空座位上的安全带。滑行过程中要做到洗手间无人使用；确认电视屏幕归位、固定；乘务员听到起飞铃声，坐到乘务员座席上系好安全带和肩带；回想应急准备措施：应急设备的位置和使用方法；出口位置和操作步骤；防冲撞姿势；撤离程序。

（10）飞行关键阶段

民用航空法规禁止机组成员在飞行的关键阶段做任何活动，因这种活动会分散飞行员的注意力、影响工作的质量。民用航空法规确定所有包括地面滑行、起飞、着陆及低于 10 000 英尺（约 3048 米）时的飞行以及起飞后 3 分钟和着陆前的 8 分钟时段为飞行关键阶段。

在飞行关键阶段，乘务员不要进入驾驶舱或和驾驶舱进行联络，但机长要求时除外。在飞行关键阶段，客舱中系好安全带指示灯始终保持亮灯。

（11）飞行中的安全检查

飞行中，在系好安全带指示灯熄灭时，乘务员要广播通知旅客全程系好安全带，乘务员要全程监控驾驶舱门（有航空安全员的航班由航空安全员负责）、客舱、洗手间、应急出口以及货舱的安全。餐车在服务时或在外置放时，应及时使用刹车固定。正确操作机上设备，防止发生意外或紧急情况，听从机长指令并依照应急程序进行处置，关闭、锁住行李箱、柜门等。

（12）颠簸

除滑行、起飞和着陆以及飞行 3000 米以下的飞行关键阶段外，其他飞行阶段中系好安全带指示灯亮通常是由于遭遇颠簸或预计将进入颠簸区。当系好安全带指示灯亮或被告知遭遇颠簸或预计将进入颠簸区飞行时，乘务组应根据颠簸情况停止客舱服务，并执行如下安全程序：

完成客舱颠簸广播；卫生间暂停使用；如遇轻微颠簸时，乘务员应当做好必要的客舱广播，同时继续进行服务，为旅客提供热饮时要格外注意，避免烫伤旅客，提醒成人将在婴儿摇篮中的婴儿抱出并系好婴儿安全带；如遇中度颠簸，乘务组应停止客舱服务，将餐车归位固定，并回座系紧安全带；在飞机遭遇严重颠簸，应立即停止客舱服务，就地固定餐车，就近入座，系紧安全带；在飞机遭遇颠簸期间，乘务员应目视观察客舱动态，使用客舱广播制止旅客的不安全行为；遇旅客受伤时，应进行及时的一般机上处理并报告机长，如需在着陆后采取进一步措施，应通知飞行组，以通告着陆机场进行救护准备工作；需要时，填写"航空公司机上事件报告单"，并按规定程序递交相关部门。

（13）着陆前的检查

在着陆前，要确认所有便携式电子设备已关闭，确认旅客系好安全带，确认儿童系好安全带，婴儿由成人抱好并系好婴儿安全带，收好婴儿摇篮，手提行李存放妥当，行李箱、柜门锁定，走廊、应急出口无障碍物。要收起小桌板、垫脚板、调直座椅靠背，旅客座椅上无食品、饮料和餐具，拉开、扣紧门帘。拉开遮光板，关闭厨房电源，关闭洗手间门，固定厨房所有物品，电视屏幕归位固定，座椅上的娱乐系统收好，洗手间无人占用，盖上马桶盖，调暗客舱灯光。乘务员不能在飞行关键阶段进出驾驶舱，客舱安全检查后，乘务员坐回乘务员座席系好安全带和肩带。

（14）到达后的检查

飞机落地后，广播员通过客舱广播提醒客舱内的乘客，飞机还在滑行，在飞机上系好安全带指示灯熄灭前，不要打开行李架，以免行李掉落发生意外。当飞机到达停机位，"系好安全带"指示灯熄灭后，带班乘务长通过客舱广播系统下达解除滑梯预位指令，各区域乘务员依照带班乘务长指令解除滑梯预位并相互检查，各门解除滑梯预位后，各区域乘务员依照带班乘务长指令，通过内话系统报告解除滑梯预位情况，得到地面人员的开门许可后，两人监控开启舱门确认客梯/桥停稳后，方可让旅客下机。旅客下机后，检查客舱、洗手间有无滞留旅客；检查客舱有无旅客遗留物品，关闭除照明以外的一切电源，完成一切交接工作。

（15）旅客下机后

乘务员应对客舱进行检查。如使用过急救箱和应急医疗箱内医疗用品，应填写药箱信息反馈记录表，一份放入相应的急救箱或应急医疗箱内，一份交航卫处。

乘务员应将客舱设备的不正常情况填写《客舱记录本》并通告机务维修人员和接飞航班的乘务组。

（16）飞行后

如飞行中发生旅客非法干扰，飞机遇特殊、紧急情况或因紧急医疗事件发生飞机改航、备降或人员伤亡等，乘务长应填写"航空公司机上事件报告单"，并在事发后 24 小时内上报相关部门。

2. F/C 舱乘务员、乘务长的主要安全规则

执行航班任务过程中，F/C 舱乘务员、乘务长除了能胜任普通舱乘务员能完成的检查内容外，还要明确并遵守以下的主要安全内容及规则。

（1）明确带班乘务长职责

带班乘务长在执行航班任务过程中，应该做到：

严格遵守《民用航空法》及 CCAR-121FS 中的有关规定，全程监控服务工作和客舱安全，确保国家财产和旅客的安全；在每次航班飞行的始终，隶属机长领导；协助机长保证旅客、客舱、货物在正常和紧急情况下的安全；维护公司利益，有权处理机上服务及客舱安全方面的各种事宜；飞机中遇有紧急情况及时报告机长，在机长的指示下，指挥乘务员充分利用机上应急设备保证旅客安全；在紧急情况下，协助机长指挥乘务员做好旅客的撤离工作，最大限度地避免损失和伤亡。应急情况下负责广播。

（2）航前的清舱检查

在所有地面工作人员离机以后、乘客登机前，有航空安全员的航班由航空安全员对客舱进行清舱检查，没有航空安全员的航班由带班乘务长指挥乘务员对客舱进行清舱检查。外站停留期间，带班乘务长应注意以下情况：不下机的旅客或行李通常不需要进行再检查，但航空安全员和乘务员应在下一航段的起飞前对厨房、卫生间等位置进行必要的安全检查；除特殊许可的登机人员外，必须出示证件方可登机；外站停留期间，机舱内的所有箱、柜门应保持关闭；外站停留期间，由带班乘务长指派乘务员对客舱进行安全监控。

（3）旅客登机前的检查

乘务长要确认随机乘务员已登机，客舱安全检查和服务准备工作已完成，调亮客舱灯光，经济舱供旅客存放物品的行李箱全部打开，机组成员的行李、飞行包等已放在储藏间里。带班乘务长要报告机长，以获得旅客登机的许可，同时带班乘务长通告地面值机人员，允许旅客登机。

（4）机门关闭的检查规则

在关闭机门前，带班乘务长完成下列工作：机组人员齐全；客舱内所有行李已存放好；应急出口处的旅客已确认，使其明确义务；确认所有文件已到齐，与地面值机人员核实旅客人数；报告机长，得到允许，方可关门。机门关闭后，广播员对客舱广播关闭电子设备，乘务员确认所有便携式电子设备已关闭。带班乘务长要通过客舱广播系统下达滑梯预位指令，通过内话系统报告滑梯预位情况，同时带班乘务长要报告机长滑梯预位情况。

四、旅客的安全管理

旅客被称为"上帝"，没有旅客就没有企业的生存。一方面，旅客支撑起航空公司的发展的天空；另一方面，"上帝"们却在屡屡做出影响飞行及客舱安全的举动。在客舱安全管理工作中，对于旅客的安全管理是其中的重要环节。

📄 案例

1982年12月24日，一架L18型客机由长沙飞往广州，在广州落地后起火，飞机报废，有25名旅客遇难。事故的最根本原因是旅客吸烟，引起了电器舱失火。1991年，英国某航空公司的一架波音767-300型飞机在从曼谷起飞后不久，机上的一台计算机突然启动了反推装置，致使飞机失事，机上233人全部遇难。调查结果表明是笔记本电脑、便携式摄录机或移动电话直接导致了这次严重的空难事故，因为机上计算机突然失控的最大可能就是飞机受到了严重的电子干扰。2004年1月18日13时10分左右，一架从成都双流机场飞往北京的客机海航HU7452航班即将起飞，一名坐在11排A座（左侧紧急出口靠窗位置）的男性乘客拉动了紧急出口的拉手，致使紧急出口舱门迅速打开，飞机紧急中断起飞，险些酿成大祸。

（一）旅客安全意识分析

既然安全对于每个人都如此重要，为什么旅客却依然做出与安全背道而驰的举动呢？

如果把乘机的旅客进行一个概括的分类，我们大致可以将他们分为"懂得航空法及安全规定"和"不懂得航空法及安全规定"两大类。

1. 懂得航空法及安全规定

我们在这里所定义的"懂得航空法及安全规定"的旅客，只是相对而言。这部分旅客由于经常乘机，因而对于一些基本的安全规定耳熟能详，相当了解。但即便是这样，仍有人会屡屡"违规破戒"，给我们的飞行安全及自身安全造成隐患。造成上述现状的原因有以下几方面：

（1）旅客知道相关法律，却不是很清楚其制定的原因。

乘务员在客舱进行安全检查，提醒旅客执行安全规定时，他们常会颇不耐烦地说："知道了！知道了！"或很不情愿地去做，或拖延很久，甚至拒绝执行。诸如起飞、下降时要求旅客打开遮光板，他们会嫌晒怕热，殊不知这样会对判断飞机外部情况非常不利；要求收起小桌板，他们会觉得不方便，殊不知滑行时万一飞机有紧急制动，小桌板和身体之间的碰撞会造成很大的伤害。每一条安全规定背后都隐藏着事故发生的可能，甚至是血的教训。很多情况下旅客没有及时遵守规定就是因为不清楚这些规定的含义。

（2）当遵守法规与自身利益要求相抵触时，旅客往往会选择自身利益至上。

权利和义务是相对统一又相对矛盾的。旅客乘坐飞机都希望拥有舒适的服务体验和舒心的旅程。可一部分旅客却错误地将这理解为随心所欲，按自己的意志行事。例如，登机时请旅客对号入座，有些旅客常常会指责乘务员太死板，会有"就我一个人不对号，难道飞机的重心就失衡了吗"的质疑。的确，一个人不会导致这样的后果，可如果其他旅客都要求有这样随便选择座位的权利，我们还有安全可言吗？甚至有些"聪明"的旅客在卫生间偷偷吸烟，担心烟雾报警器报警，拿纸杯将其罩住。难道报警器不响就不会引起火灾吗？总以为一两个人的行为不会给安全带来危害，总以为自己可以将事态控制在一定的范围之内。如果飞机上多几个这样行为的旅客，如果万一失控，受损伤的哪里仅仅是个别人？有些乘客虽然了解一些安全规定，但又往往容易对其忽视，这就造成他们更倾向于注重个人的舒适感受。

（3）自尊心重，不愿意被别人提醒，怕被看作是不懂行的人。

常坐飞机的人，多多少少有些优越感，从登机时他们的目光就不会像初次登机的人那么漂移和不知所措。当你主动上前为其引导座位时，多半会被拒绝。这类旅客不希望在一些乘机的基本常识上被人提醒，他们更多希望得到的是尊重和较为自由的行为方式。如果仍旧像对待初次乘机的旅客那样提醒和叮咛，服务的效果往往会适得其反。

对于这类旅客，从很大程度上讲，他们的行为不仅受到了法律法规的约束，还受到了自己思维判断的影响。强制他们去执行一项安全规定，常会影响他们的乘机感受。在对待他们的态度和方式上要有所区别。首先要考虑他们为什么不遵守规定，提前想到解决他们困难和顾虑的方式。要求其执行安全规定时，也最好用关心和提醒的语气。"先生，请别忘了把安全带系好"要比"先生，请把安全带系好"更让旅客容易接受。"先生，现在飞机舱门已经关闭了，您的手机该关机了"要比"先生，请关闭手机"更让人觉得亲切。当然，对屡次规劝仍不听从的人另当别论。总之，充分做到"知己知彼"，解释上适当说明原因，让他们充分理解这样做的目的是让他们自身更安全，这样就为我们的服务管理赢得了主动权。

2. 不懂得航空法及安全规定

我们所说的第二类旅客乘机并不像坐火车、汽车那样普及。它"不触地"的行驶和层层的安全检查、诸多的限制总让初乘者感觉有些神秘和或多或少的恐惧。无论是客舱设备、乘机常识，还是安全规定，他们都知之甚少。这就给飞行安全和自身安全制造了诸多不安定的因素。

（1）此类旅客对于航空法及安全规定不知道或知道太少，导致他们对于维护客舱安全、自身保护防范观念淡漠。乘务员在提醒系好安全带时，他们常常觉得不系也无所谓，或等乘务员走开后又偷偷地解开；在飞机强烈颠簸时仍不听劝阻执意要上卫生间；躲在卫生间吸烟后将烟头扔进废纸箱。这些行为在给自身造成安全隐患的同时还极大影响了客舱安全。

（2）相对于第一类旅客而言，这类旅客的某些违反安全规定的行为具有突然性。

一次在登机过程中，乘务员正在疏导旅客，在紧急出口位置的男士就座后突然打开了旁边的应急门，原因居然是想往地上吐口痰。也有的旅客在飞机即将着陆阶段就突然把安全带解开，打开行李架，提拿自己的行李物品。

对于第二类旅客，需要乘务员经常关注并及时指导，在使用服务设备时也要为其主动介绍。在服务用语方面也应注意，不要有轻视的语气，以免伤害其自尊心。此外还要多提醒，耐心解释，使他们通过乘机了解更多的安全常识。

（二）加强航空法制安全的意识的措施

无论对于哪种旅客来说，都应该加强航空法制安全的意识。如何达到目标，使用哪些方法，也是我们所研究的主要课题之一。根据在乘务岗位上工作的经验，我们可在现有的方式方法上做进一步的改进。

1. 关于安全演示和安全须知

起飞前的安全演示是为乘客介绍紧急设备使用方法的重要阶段。而通过这个环节真正能够掌握正确用法的据调查不超过半数。其一，乘务员在介绍时只能利用起飞前短暂而有限的时间进行，没有给旅客解答疑问的时间；其二，有相当一部分旅客忙于自己的事情，对安全演示并不关注，即使关注，也会由于自身的原因产生不同的理解。这个问题很难解决。

（1）做演示时乘务员的手势一定要到位，不能照葫芦画瓢，应尽量把细节给旅客展示清楚。在演示带上将讲解的重点画圈做着重标记，强调重点，使旅客一目了然。

（2）在广播中提醒旅客看座椅前的安全须知。但座椅背后的安全须知往往和一大堆的清洁袋、报纸、杂志，甚至旅客自己的用品夹杂在一起。如果能将它放置在一个单独而又显著的位置上，再让旅客看完后放回原处，这样的效果会比广播更好。另外，安全须知上的内容也并非容易理解。图形讲解并不完全，旅客的理解能力也参差不齐。最好是配上一定的文字说明。对于特殊旅客也应考虑增加特殊的章节。

2. 关于机上标示

机上大部分旅客使用的设备上都标有图形标示和简明的文字标示。由于各种原因，这些标示远远没有起到应有作用。

卫生间的门上都标有开启方式，但初次使用者仍需指导。以往曾出现过旅客在开门时不慎将整个门卸下来的情况；还有许多旅客对卫生间内废纸箱的图形视而不见，将用过的纸随处丢弃。这说明标示还不够清晰醒目。如果将机上安全注意事项和设备使用方法的标牌用颜色区分开来，比如用红、黄两种颜色，更容易让旅客发现和区别。

3. 关于获得相关安全知识的途径

国内的一项调查表明，旅客乘机的安全知识75%以上来自航空公司。无论从哪个角度来说，航空公司都是宣传有关知识的主体力量。

在机上较长的航程中，可以组织一个安全教育讲解活动。当然最好是在一种轻松的氛围中提出有关安全的话题，吸引旅客。根据当时的状况，时间可长可短，范围可大可小，但最重要的是激发旅客主动关心了解安全信息的积极性，培养他们对安全的关注。

当然，仅靠机上的宣传还远远不够。如果乘机者在上机前就有了明确了解，那我们的工作就会轻松得多，安全性也会有很大的提高。然而，事实上旅客在地面上获得相关信息的途径并不多，仅仅能从客票、电视、报纸、杂志上获得少量信息，大部分旅客进入机场在办手续的过程中被告知有限内容。既然大部分旅客是通过机场获得信息，那我们就应该强调这个环节。利用在候机楼的电视设备，插播生动的安全教育片，还可以提前播放机上的安全演示带，设立专门的安全问题咨询站，充分利用旅客在候机楼等待的时间，向旅客介绍应急设备的使用方法，紧急情况下采取的冲撞姿势，以及在走动或去卫生间时遇到颠簸该如何保护自己等。由经过培训的工作人员讲解，如果能再配备氧气面罩等实用设备，效果自然会更理想。

在机场以外，我们还应该利用学校这个教育机制。今天的孩子将是我们明天的旅客。学生的求知欲和好奇心都很浓。这个阶段的教育会影响到他们今后一生的安全概念。不容忽视的是，一个孩子的安全观甚至还会影响到整个家庭。学校的普及性教育一方面扩大了人们对于安全知识的了解，另一方面也提高了航空公司的知名度和亲和形象。

4. 作为客舱安全的管理者，乘务员要经常进行有关法律法规的学习和讨论

管理者首先要对所管对象和内容熟悉，才能实施管理。现代科学技术日新月异，航空法规也在不断完善和进步，我们不仅要严格遵守，不断学习更新知识，更要灵活掌握。在实行管理的同时，旅客心理的需求变化也要及时观察发现，这样才能迅速而准确地找到应对方式。

在实际应用管理过程中，由于对象千差万别，我们常常会不断发现新问题。这些问题有些是之前出现过的，也有新出现的。对于出现过的问题，大家在相互交流的过程中往往能找到更好的解决办法。对于新问题，在人家的交流和探讨中也会有更深的理解，更广的思维方式。

客舱的安全需要旅客和乘务员共同来创造和维护。虽然这其中必然有着管理和被管理的矛盾，但二者永远都是一个有机的整体。安全永远是旅客和客舱服务的基本要求。当旅客的基本要求和他们的行为方式越来越趋于协调和理智，我们对客舱管理和其他服务之间的步调就会越来越和谐一致。当有一天所有的旅客都可以以自己的名义加入客舱的安全管理中时，客舱安全才是最能得到保障的时候。

五、关于客舱安全的有关规定

（一）起飞和降落前进行安全检查的规定

在航班旅客登机完毕，关机门后，乘务员通过乘务员演示或通过录像向旅客介绍客舱安全规定，内容如下：安全带的操作；紧急出口位置；氧气面罩的储藏位置及使用方法；收直椅背，扣紧餐桌；旅客安全须知；限制使用的电子设备；滑梯的使用；紧急撤离灯光；延伸跨水飞行或距最近的海岸线50海里飞行，需介绍救生衣、救生设备、救生筏的设置及使用方法；为残疾旅客做安全知识介绍；为坐在紧急出口处的旅客做应急出口演示介绍；为未成年的无人陪伴儿童进行单独介绍；在整个演示期间，乘务员应分布在所有机舱出口门附近。

飞机起飞前乘务员要对客舱进行安全检查，做好起飞前的准备。乘务员安全示范应到位，告诉旅客系好安全带，打开客舱门帘并扣好，禁止吸烟，椅背调直，脚垫收起，扣好餐桌，所有帘子拉开系紧，拉开遮光板，固定好厨房餐具及供应品，行李箱扣好，手提行李不放在紧急出口和走廊过道及机门旁边，确认出口座位旅客，儿童被安全带固定好，或由成人抱好，确认所有电子设备已关闭并存放好，乘务员在值勤位置坐好，系好安全带和肩带，准备起飞。

在飞机降落前，由乘务长（主任乘务长）进行广播或由指定广播员，确保厨房内设备、餐车都固定好，督促检查旅客系好安全带，椅背调直，脚垫收起，扣好餐桌，拉开遮光板，收好婴儿摇篮，厕所无人占用，旅客座椅处无食物、饮料和餐具，电视屏幕及座椅上的娱乐系统收好，手提行李固定好，客舱灯光调暗，关闭厨房电源，打开客舱门帘并扣好，乘务员在值勤位置坐好，系好安全带和肩带。

（二）飞行中禁止吸烟的规定和检查

根据中国民用航空局的规定，从2003年开始在所有国内国际航班上全程禁止吸烟。为确保飞行安全，即使在允许吸烟的航班上，在以下时间、地点和情况下也要禁止吸烟：飞机滑行、起飞、下降时；当"禁止吸烟"信号灯亮时；客舱过道内；紧急放出燃油或其他危险的条件下；紧急供氧时；坐在医用氧气设备3米（10英尺）范围内；在飞机厕所内；在非吸烟区内；在吸烟区内，不允许吸雪茄和烟斗；出现火情时；在接近氧气储存区内；飞机在地面时。

在非吸烟区内不得吸烟的规定由乘务员监督。乘务员发现旅客在非吸烟区内吸烟，必须要求旅客停止吸烟。旅客不听，要报告乘务长再次劝阻。旅客仍继续吸烟，要对他讲明将此事报告机长；如旅客仍坚持吸烟，报告地面有关部门，根据有关规定对该旅客进行处罚，同时将该情况填入机上事件报告单中。

如发现有旅客在洗手间内吸烟，应严格检查洗手间内有无火灾隐患。

（三）系好安全带的有关规定

在下列情况下，乘务员应检查或广播通知旅客系好安全带：飞机滑行、起飞、降落时；"系好安全带"信号灯亮时；遇有颠簸时；在夜间飞行时；遇有劫机者劫机时；飞机紧急下降时；在起飞和着陆过程中乘务员必须按规定在其值勤位置上，并系好安全带和肩带。

（四）操作机门的规定

1. 关闭登机门

关闭登机门前，乘务长（主任乘务长）检查完成下列工作：机组人员是否到齐；客舱所携带行李物品已存放好，特殊旅客不在紧急出口位置；确认所有文件已到齐。

2. 重新打开登机门

如遇有要求需重新打开机门，应按下述步骤实施开门：乘务长（主任乘务长）报告机长，征得机长同意；通知乘务员检查解除滑梯预位；地面值机人员指示开门信号，乘务长开门。

（五）应急设备检查规定

乘务员登机后，必须首先检查核实应急设备的位置，确认处于使用状态。急救箱铅封完好；灭火瓶铅封完好；海伦灭火瓶压力正常；氧气瓶压力正常；厕所烟雾探测器电源指示灯亮；手电筒指示灯亮；水上飞行，救生设备齐全；所有演示设备到位；安全须知说明配备齐全；各区域乘务员检查核实后，报告乘务长（主任乘务长）。

（六）便携式电子设备的使用规定

从飞机关闭舱门开始飞行时刻起，至结束飞行打开舱门时，飞机上任何人员不得使用移动电话、对讲机、遥控玩具和其他带有遥控装置的电子设备或干扰飞机运行的其他无线电发射装置；在飞机起飞、爬升、下降、进近、着陆等关键阶段，飞机上任何人员不得使用：便携式计算机等各类便携式电子设备、盒式录音机、CD/DVD播放机、电子游戏机和视频录放机。

允许使用的电子设备有：助听器、心脏起搏器和其他体内医疗设备、电子表、电动剃须刀以及可接受的个人使用的维持生命的装置。

（七）动物押运管理者进入主货舱的规定

在货舱内的动物管理者最多是两人；除了赛马的马夫，其他的动物管理者在起飞和着陆过程中不允许停留在主货舱。到主货舱的次数尽量少，时间要短，必须在机长允许之下。对动物管理者告示的内容包括下列项目：在主货舱内禁止吸烟；示范氧气瓶的使用方法；展示怎样打开和关断气阀；展示连续气流输出管与面罩管的联系；将氧气面罩罩在口鼻处示范扎紧绷带，在使用前检查压力指示器；介绍如何辨认客舱失密；将氧气瓶放在方便使用的地方；起飞和着陆及飞行中系好安全带，动物管理者回到座位上。客舱失密时，打开氧气并戴上面罩，如果时间允许回到座位上。如果时间不允许，就近把住，当飞机下降到安全高度时，回到座位上。当动物管理者进入主货舱时，乘务员应主动为其打开货舱门；当其进入主货舱后，应保持门关好，但钥匙应留在门把手上，当其从货舱出来时，确认关好门，取下钥匙并存放好。当动物管理者从货舱出来时，乘务员确认拦网固定好。

(八) 儿童固定装置的规定

儿童固定装置的位置需符合安全和服务的要求。不允许放置儿童固定装置的位置是：任何过道边的座椅；紧急出口座位一排、前一排、后一排的任何座椅。允许放置儿童固定装置的位置是：任何靠窗口但不是应急出口一排、前一排或后一排的任何座椅。

为保证儿童固定装置有一个座位可以放置，成人应为儿童购票。如果在同行的成人旁边有空余的座位，又符合相关安全规定，可以用来放置一个儿童固定装置。如果没有空余的座位，任何未购票的儿童固定装置都应当符合许可储藏区域的尺寸规定或托运。如果小于两岁的儿童无座位或该装置不能放在座椅上，该婴儿应由成人抱着，固定装置则需托运或收藏。如果装置是在座椅上，该儿童固定装置需在起飞、着陆期间用座椅安全带牢固固定，连接在座椅上。乘务员应当与成人一起检查确认儿童装置是否已经牢固固定在旅客的座椅上；同行的成人应当确认该儿童没有超过装置所规定的重量。

(九) 婴儿车的规定

婴儿车应在飞机门口交运，下飞机时在飞机门口领取。伞式婴儿车可以带上飞机，但要挂在一个封闭式衣帽间内或放入行李箱内。

(十) 储藏间的使用规则

储藏间区域的范围是经中国民用航空局批准的可以存放旅客物品的区域，包括行李箱、旅客座椅下部至前限制区域和侧面至靠走道限制区域、衣帽间限制区域。

在飞机开始滑行和着陆之前，乘务员应核实每件手提行李都妥善储藏好；手提行李不能放置在影响机组接近应急设备或阻挡旅客看到信号指示牌的任何区域内；不能捆绑在座椅上；不封闭的衣帽间仅能用来放置衣物和悬挂衣袋，这些区域不能用来放置手提行李；空餐车位不能用来放置手提行李；手提行李不能放置在洗手间内。每个储藏的位置都标明了储藏重量的限制，乘务员应在旅客登机时观察旅客放置行李，确保行李重量不超过这些储藏区域的重量限制。

（十一）中途过站的规定

过站旅客若不下机，必须在机上留有符合完成该飞机应急撤离程序的最低编制人员；如果按规定需要留在飞机上乘务员的数量少于最低编制的规定，则必须符合下列要求：

第一，保证发动机已经关闭，主登机门打开，以供旅客下机。

第二，在飞机上乘务员数量是正常编制要求数量的一半并有小数时，取多于一位的整数，绝不能少于一人。

第三，如果在过站时，该飞机上只有一名飞行乘务员或其他合格人员，则这位乘务员或合格人员的所在位置必须在打开的主登机门处，并且需要有明显的标志，以便于旅客识别。

第四，各种机型过站编制人员一般需要达到的数量如表 4-1 所示：

表 4-1 各种机型编制乘务员数量要求

机　　型	乘务员人数	中途过站人数
B737-300/600/700	5 名，最低 4 名	2 名
B767-200	8 名，最低 6 名	4 名
B767-300	9 名，最低 6 名	4 名
B737-800	6 名，最低 4 名	3 名
B757-200	8 名，最低 6 名	4 名
B747-400COMBI	13 名，最低 10 名	6 名
B747-400P	17 名，最低 12 名	8 名
B777-200	13 名，最低 8 名	6 名
A319	5 名，最低 4 名	2 名
A320-300	6 名，最低 4 名	3 名
B340-300	13 名，最低 8 名	6 名

任务二 掌握特殊旅客服务的技巧

特殊旅客是指需要给予特殊礼遇和照顾的旅客,或由于其身体和精神状况需要给予特殊照料,或在一定条件下才能承运的旅客。民航局规定的特殊旅客的范围主要包括:重要旅客、婴儿、儿童、孕妇、残障旅客、生病旅客、老年旅客、超胖旅客、犯罪嫌疑人及对其押解者、被驱逐出境者、无签证过境旅客等。

一、特殊旅客的接受和处理原则

(1)通常乘务员不直接参与接受和处理特殊旅客。

(2)特殊旅客如对服务有特殊要求,应在订座时向公司提出。

(3)禁止特殊旅客坐于应急出口座位,同一排连续三个座位不能安排两名特殊旅客就座;同一排连续三个座位不能安排超过氧气面罩数量的旅客,儿童不应安排在靠近过道的座位。

(4)飞行中,特殊旅客出现任何特殊情况或危险症状时,乘务员应及时报告机长,采取急救措施。

(5)每个航班对于特殊旅客的数量、种类由于机型的不同而受到限制,各公司对此有不同的要求。

二、特殊旅客服务程序

(1)地面工作人员应提供特殊旅客通知单,交航班乘务长。在特殊旅客的通知单上应标有提供特殊服务的标示。

(2)如特殊旅客的座位安排在应急出口,区域乘务员应及时调换或由乘务长通知值机人员进行调换;航班不正常或在中途站,联系地面工作人员,确认特殊旅客是否应下飞机等待。

（3）在目的地机场，通知地面工作人员特殊旅客的姓名和需要的协助。
（4）向接机的地面代办人员转达特殊旅客在机场或过境转接航班的信息。

三、特殊旅客的范围和服务

（一）重要旅客

1. 极其重要旅客的范围（VVIP）

（1）我国党和国家领导人。
（2）外国国家元首、政府首脑、执政党最高领导人。

2. 重要旅客的范围（VIP）

（1）省部级（含副职）以上的负责人。
（2）军队在职少将以上的军人。
（3）公使，大使级外交使节。
（4）由各部委以上单位或我国驻外使领馆提出要求按重要旅客接待的客人。

3. 重要旅客服务

（1）头等（公务）舱无空座或航班未设头等（公务）舱，应为其安排前排较合适的座位。
（2）带班乘务长接到重要旅客通知单时，应了解要客有关情况及特殊要求并通知乘务员。
（3）旅客登机时，应按通知单上的称呼致意、引导入座。
（4）应尽早与旅客随行人员联系，了解客人的生活习惯，为服务工作提供参考。
（5）在不影响其他旅客的前提下，为客人提供特殊服务（如优先选择餐食）。
（6）国际航线为客人优先提供免税物品的服务。
（7）应尊重要旅客本人隐蔽之意愿，不宜在其他旅客前暴露其身份。
（8）到达时，将重要旅客手提行李提到门口，并与地面服务人员做好交接工作，道别时提供尊称和姓氏服务。
（9）重要旅客享有最后登机、最先下飞机的权利。

（10）重要旅客乘坐的航班，不得押送犯罪嫌疑人、精神病患者及装载危险品，一般也不应安排担架旅客或其他危重病人乘坐该航班。

（二）婴儿

（1）出生14天至2周岁以下的婴儿应有成年旅客陪伴方可乘机，不单独占用座位。

（2）相连的同一排座位上都有旅客时，不得同时出现两个不占座的婴儿。

（3）带婴儿的旅客不得坐于应急出口座位。

（4）婴儿旅客服务：

① 指定一名乘务员帮助带婴儿的旅客提拿行李，安排座位，提供婴儿安全带，并帮助系好（原则上不要主动替旅客抱婴儿）。

② 询问旅客是否需要摇篮，平飞后帮助旅客支放摇篮，垫上毛毯，放好小枕头，让婴儿平躺在摇篮里。

③ 主动介绍服务设备的使用方法和可供婴儿更换尿布的厕所位置，以及起飞前和下降时抱婴儿的正确方法。

④ 乘务员应主动向旅客了解婴儿何时需要热奶或食品加热。

⑤ 当需要时，可给婴儿提供玩具。

⑥ 下降时，收回摇篮，提醒旅客抱好婴儿，协助系好安全带。

⑦ 飞机起飞和下降期间应唤醒熟睡的婴儿，防止压耳。由于飞机高度的变化带来的压差，此时婴儿哭闹有助于调节耳鼓膜。

⑧ 如接收婴儿车，在飞机停稳后及时交还旅客，下飞机时帮助旅客提拿手提行李。

⑨ 如婴儿车是在机门口办理的交运手续，飞机着陆后，在机门口凭行李牌为旅客办理领取手续。

（三）儿童

1. 有成人陪伴儿童（2~12周岁）

（1）2~5周岁儿童应有同舱位的成年旅客陪伴。

（2）不得坐于应急出口座位。

（3）有成人陪伴小旅客的服务：

① 提供儿童读物、玩具；

② 提醒小旅客的监护人不要让其在客舱玩耍，以免受伤及妨碍他人；

③ 提供饮料时不可过满、过烫；

④ 飞行中经常询问有无特殊需求，给予适当照顾。

2. 无成人陪伴儿童（5~12 周岁）

（1）小于 5 周岁儿童，不允许在航班上独自旅行。

（2）5~12 周岁儿童允许在非转机航班上独自旅行。

（3）应由成年人陪伴直至登机为止。

（4）对无成人陪伴儿童的交接责任：

① 公司自接受该儿童起便负有全部责任，直至航班抵达目的地机场交航班接机且持有有效证件的成人时止；

② 地面工作人员填写"无人陪伴儿童"（UM）的记录等文件；

③ 地面工作人员必须在此无人陪伴儿童外衣上别上统一标志；

④ 地面工作人员把儿童送上飞机，向乘务长说明其目的地和接收成人的姓名；

⑤ 乘务长保管其资料，直到落地后交给地面工作人员或来接的成人；

⑥ 过站时，不允许儿童离开飞机，除非有地面工作人员或乘务员陪同；

⑦ 在没有当班航空公司工作人员的陪同下，儿童不得下机；

⑧ 在乘务组换机组儿童未到达目的地时，下机的乘务长负责将此儿童和有关资料移交给地面工作人员；

⑨ 到达目的地机场后，乘务员应将无成人陪伴儿童交给地面工作人员，并要求地面工作人员在交接单上签字确认；

⑩ 每一航段最多承担 2 名无成人陪伴儿童；

（5）无人陪伴儿童的座位不应位于紧急出口或应急窗旁，应安排在方便乘务员照顾的座位上。

（6）无成人陪伴儿童的服务：

① 指定专人负责照顾无人陪伴儿童，乘务员先自我介绍，并定时检查，确保无人陪伴儿童的健康状况；

② 提供上述有成人陪伴儿童的相关特殊服务；

③ 帮助填写 CIQ 表格；填写无人陪伴儿童卡，放入儿童的资料袋内；

④ 飞机下降前向机长报告，要求地面服务人员为无人陪伴儿童提供特殊服务。

（四）孕妇

（1）了解孕妇的妊娠期是否符合乘机规定；怀孕 32~36 周的妇女乘机应持有效的医疗单位医生证明且该乘机医疗许可应在乘机前 7 天内签发有效；怀孕超过 36 周或产后不足 7 天的妇女，原则上不予承运。

（2）主动帮助孕妇旅客提拿、安放随身携带物品，安排入座。

（3）不得安排孕妇坐在应急出口座位或过道座位。

（4）座位安排应方便孕妇本人活动和乘务员服务，也可按孕妇的要求进行安排。

（5）应指定专人负责照料孕妇，起飞、下降时，给孕妇在腹部垫一条毛毯或枕头，然后在大腿根部系上安全带，并告诉解开的方法。

（6）经常了解孕妇的情况，随时给予照顾。紧急情况下指定两名援助者协助孕妇撤离飞机。

（7）如遇空中分娩，应及时报告机长，乘务员将孕妇安排在与客舱隔离的适当位置，并请求医务人员或有经验的女性旅客协助，并为其提供应急医疗药箱和急救药箱。

（8）若没有医务人员，乘务员应参照急救方案有关内容进行处置。

（9）报告机长通知地面，采取相应措施。

（10）填写《重大事件报告单》和《客舱记录本》。

（五）残障旅客

1. 残障旅客定义

残障旅客，是指精神或身体不健全、残疾或需要协助才能完成紧急撤离飞机者。

2. 残障旅客的护理

可确定其空中旅行是否需要乘务员特殊照顾，出现下列情况之一者，公司有权决定乘务员是否需要给予安全上的协助：

（1）由于精力不健全而不能理解或遵循安全指导。

（2）由于身体不健全，残疾而自身不能进行紧急撤离。

（3）由于听力或视力不健全而不能接受必要的指导。

（4）需要他人协助进行医护治疗，包括注射。

（5）需要使用早产婴儿保育箱。

3. 残障旅客乘机要求

（1）航空公司为了安全、技术上的原因，可以限制在其任何航班上接受各类残障旅客的数量。

（2）不得安排残障旅客坐于应急出口或靠通道的座位，也不得安排其直接与另一位类似的旅客同排就座。

（3）紧急情况下，指定两名援助者协助残障旅客撤离飞机。

4. 对精神不健全旅客的服务

（1）如旅客在登机后显示出精神状态异常，乘务员应立即通知机长，在机长的指示下妥善处理。

（2）请求该旅客的陪同人员或其旁边的旅客，或指定专门的乘务员镇定安抚该旅客，避免引起其他旅客的恐慌，同时密切注意该旅客是否有进一步恶化的迹象。必要时对该旅客实行管制性约束。

（3）不可给其提供带酒精的饮料，也不可给其提供尖锐性的或具有伤害性的物品。

（4）避免任何方式刺激该精神病旅客。

（5）乘务员在飞机下降前，通知机组与地面人员联系，准备救护车。

5. 对伤残旅客的服务

（1）在安排旅客座位时应考虑旅客的行动方便、舒适，便于旅客上下飞机，帮助系好安全带，并告诉解开的方法。

（2）对使用拐杖的旅客要留意观察，当发现旅客要行走或上厕所时，应尽快将拐杖递给旅客，并热情搀扶，帮助打开厕所门，同时介绍厕所的设备和使用方法。

（3）在照顾残疾旅客的服务中，要考虑到旅客的意愿，注意不要触摸旅客的残疾部位，也不要伤害旅客的自尊心。

（4）对下肢不便的旅客，主动搀扶其上下飞机或安放行李。拐杖由乘务员或个人保管。旅客需要去卫生间时，应主动搀扶护送。

（5）对上肢不便的旅客，主动帮助其安放行李、系好安全带、看报、脱穿衣服、切割食品，帮助垫好小枕头。

6. 对轮椅旅客的服务

（1）轮椅旅客原则上先上飞机，后下飞机。

（2）对可行走的轮椅旅客，主动搀扶其上下飞机，并帮助提拿安放行李。

（3）对完全丧失行动能力且无人陪伴的旅客，协助地面服务人员接送旅客上下飞机，并将其安顿在指定的座位。

（4）协助旅客就座，帮助其系好安全带并示意安全带的使用方法。

（5）主动介绍服务设备的使用方法，特别是呼唤铃的使用方法。

（6）下飞机时，帮助旅客整理随身携带物品，并护送其下飞机。

7. 盲人旅客的服务

（1）主动做自我介绍，热情帮助盲人旅客上下飞机。

（2）让盲人旅客拉着我们的手，同时提醒旅客前后左右等方向。

（3）就座后，帮助安排随身携带的行李物品，帮助系好安全带，并讲解打开的方法。

（4）向盲人介绍紧急设备的方向、位置及使用方法，触摸各种服务设施设备的位置，并教会其使用方法。

（5）供应餐食和饮料时，可将餐盘比做时钟，把餐盘内的各种食物（热食、冷食、饮料、水果）等的位置告诉盲人，必要时还可拿着盲人的手让他自己触摸一下，帮助盲人切削肉食和水果等。

（6）飞行中要有专人负责，经常询问盲人旅客的要求，多和他交谈，以免盲人旅客寂寞。

（7）了解到达站是否有人接，主动送盲人旅客下飞机并交给地面服务人员。

8. 聋哑旅客的服务

（1）乘务员以书面的形式与聋哑旅客进行沟通，向其介绍紧急设备、服务设施的使用方法、介绍供应的餐饮及航线的情况。

（2）介绍设备时要避免触动客人的痛处，如音频系统。

（3）向他们示意安全带的使用方法。

（4）聋哑旅客大多数会读口型，因此与其交谈时应面对旅客，放慢说话的速度，必要时可借助手势来表达，但必须注意手势礼节。

（5）每次广播后向其介绍广播的内容。

（6）提供餐食和饮料时一定要有耐心，不要显示出不耐烦或急躁情绪。

（7）下降时及时提醒旅客是否已到目的地，并将目的地机场名称、到达时间、温度等信息通过手势或书面的方式告诉旅客。

（8）主动了解是否有人接机，主动将旅客送下飞机并交代给地面人员。

（六）生病旅客及老年旅客

（1）不得坐于应急出口座位。

（2）应指定专门人负责照料，协助并建议其全程系紧安全带。

（3）对晕机旅客的服务：

① 主动轻声地询问乘机前后的情况及有无晕机史，并加以安慰；

② 根据症状让其松开衣领，帮助调节通风器和座椅靠背，让旅客安静休息；

③ 介绍并打开清洁袋；

④ 如果旅客提出吃晕机药，需根据航线的长短来提供，并填写免责单；

⑤ 旅客呕吐时，及时更换清洁袋；呕吐后，送上小毛巾和漱口的温开水，及时帮其擦净被弄脏的衣服；

⑥ 如果座椅被弄脏，有条件时可为旅客调换座位；没有空座位时，可擦干净后铺上毛毯再让旅客就座。

（4）对老年旅客的服务：

① 热情搀扶老年旅客上飞机（但不要硬搀扶那些不服老或不愿让人搀扶的老人），主动帮助提、拿、放随身携带的物品，安排座位，并帮助系好安全带、解开安全带或介绍方法。

② 由于老年人耳朵不灵，对于机上广播不一定能听清楚，所以要主动告诉飞行距离、时间，介绍客舱服务设备，特别是呼唤铃、清洁袋、厕所的位置和使用方法。

③ 旅途中，要经常去看望，主动问寒问暖，询问有什么需要帮助，并热情介绍航线沿途的风景和名胜古迹，以减少老人精神的紧张。

④ 尽量送些热饮、软食，主动介绍供应的餐食。

⑤ 与老人谈话时，声音略大些，速度要慢，语言要简练、柔和，以免老人听不清。

⑥ 了解到达目的地是否有人来接，搀扶老人下飞机并交代地面服务人员给以照顾。

⑦ 主动征询是否需要轮椅，飞机落地前告诉乘务长转告机长通知地面。

⑧ 落地后最好让老年人后下机。

（七）超胖旅客

（1）应安排坐于靠近地板高度出口的座位，不得坐于应急出口处或靠近通道座位。

（2）应使用可以扩展或延长的安全带。

（3）对特胖旅客，不能歧视或另眼相待，要同对其他旅客一样平等相待，热情服务。

（八）犯罪嫌疑人及对其押解者

（1）公安机关押解犯罪嫌疑人，一般不准乘坐民航班机。如确实需要乘坐民航班机押解犯罪嫌疑人，必须严格执行"谁押解、谁负责"的原则并履行相应的审批程序。

（2）运送犯罪嫌疑人任务时，地面签派人员应于航班起飞前30分钟，将运送犯罪嫌疑人的有关情况报告执行本航班的机长。

（3）乘务长接到运送犯罪嫌疑人通知后，应确认犯罪嫌疑人和押解人员的人数、座位安排等详细情况，并报告机长。

（4）运送犯罪嫌疑人时，应遵循以下原则：

① 押解警力要三倍于犯罪嫌疑人。对犯罪嫌疑人可以使用必要的警械警具。在押解过程中不允许犯罪嫌疑人单独行动，防止失控。

② 押解人员乘机时不得携带武器。

③ 应将押解犯罪嫌疑人安排在客舱后部三人座的中间座位，他们的座位不得靠近或正对任何出口及应急出口。

④ 对犯罪嫌疑人和押解人员不提供含酒精的饮料，也不得为犯罪嫌疑人提供刀、叉等餐具，同时尽量减少饮料供应。供餐饮前应事先征求押解人员的意见。

⑤ 犯罪嫌疑人应先于其他所有旅客登机，所有旅客离开后再下机，避免

对同机旅客造成不便。

⑥ 在中途站经停时,犯罪嫌疑人是否下机,由押解单位决定。如不下机,则要求有三倍于犯罪嫌疑人的警力在飞机上留守。安全员不得离开岗位,协助做好安全保卫工作。

(九)无签证过境的旅客

1. 无签证过境的旅客(TWOV)

(1)无签证过境不是一种犯罪行为,旅客仅仅是路过一个未经签证的国家或地区。

(2)允许无人陪伴旅行。

(3)除更换飞机外,允许在所经的机场(城市)不下机。

2. 承运人责任

(1)由航空承运人负责接收和转运无签证过境旅客。

(2)地面工作人员应证实该旅客具有目的地国家的所有必需文件。装有该文件的信函在航班中应由乘务员保管。

(3)航班到达目的地机场后,乘务员应将文件和信函交给接机的地面工作人员。

(十)需要医疗证明的旅客

(1)需用早产婴儿保育箱者;

(2)需要在空中额外吸氧者;

(3)空中可能有生命危险或要求医疗护理者;

(4)已知有传染性疾病但已采取措施可以预防传染他人者;

(5)怀孕超过32周的孕妇;

(6)担架旅客。

(十一)死亡或休克的旅客

(1)飞机起飞前,发现有旅客休克或死亡时,应立即报告机长,停止起飞。

(2)空中发现有旅客休克时,应迅速报告机长,并和地面联系,请安排好救护车和医务人员。

（3）空中发现有旅客死亡时，应立即报告机长，保持现场，加盖毛毯，调整周围旅客的位置。

（4）如果有医生在场，请医生帮助确定是否死亡，如已死亡应请医生填写死亡报告（机上重大事故报告单），一式三份，并请医生、责任机长、飞行乘务长在相应部分分别签名。在到达站前及时通过机长详细向地面报告机上所发生的情况，并按责任机长/医生的指令搬移尸体。到站后将死亡报告交机场有关部门一份、医生一份、客舱乘务部一份。

（5）如果没有医生在场，乘务员无权宣布病人死亡。应及时通过机长通知到达站地面做好急重病人抢救准备。

（6）按要求填写机上重大事故报告单，尽可能由责任机长联络基地急救部门，并取得其支持，按其指令行事。

（7）搜集死者的遗物，保留该航班的旅客舱单。

（8）落地后应向有关部门如实汇报死者的情况，并通知卫生部门对客舱进行处理。对死者用过的物品（如毛毯等）进行特别消毒。

（十二）要求更换座位的旅客

（1）允许旅客在空中更换座位，但特殊旅客不得坐于应急出口座位。特殊旅客要求更换座位，应在始发站直接向地面工作人员提出并获得正式的座位更换许可。

（2）乘务员应考虑到旅客横向移动不会影响飞行，但（大量）旅客纵向移动将使飞机重心产生较大变化，可能对飞行带来不良影响。

（十三）偷渡者

（1）在国际航班上，除执行任务的机组成员以外的其他任何形式隐藏于飞机内任何分隔舱，如卫生间、衣帽间、行李架者，均被视为偷渡者。

（2）航空公司工作人员，应及早发现有偷渡意图者（如可能）。

（3）怀疑有偷渡者时的处理：

①迅速报告机长。

②机长通知空中交通管制人员并提供一切可能的信息。

③在航班起飞前发现偷渡者，由机场公安人员带离飞机。

④起飞后，空中交通管制人员负责协助并搜集有关信息向机长转达指示。

（十四）被责令下机的旅客

（1）下列旅客可被责令下机：
①无票登机者（如偷渡者等）；
②无登机牌者；
③客票超售或必须采取减员运输时，已登机的旅客应按客票序号和等级，按从后向前的排序下飞机。航空公司负责安排这些旅客改乘其他航班；
④上错飞机的旅客。

（2）如责令下机的方式无效，机长或地面工作人员应要求当地执法人员采取措施强迫该旅客下飞机。如旅客仍拒绝下飞机，则将被指控为非法侵入，并可能受到法律制裁。

（3）如有旅客被责令下机，航班结束后，乘务长应以书面形式报告客舱服务部。

（十五）抱怨（或投诉）的旅客

（1）处理原则：首问负责、及时汇报、有礼有节、换位思考、快速行动。
（2）耐心听取旅客抱怨。
（3）向旅客表示歉意，设法消除旅客的不满情绪，并保证所提意见能够转达至适当的部门或人员。
（4）将情况向机长或乘务长报告。
（5）如旅客不满意，到达目的地机场后通知地面工作人员给予协助。
（6）记录旅客姓名、地址、联系电话等详细情况。

四、特殊旅客运输

（一）特殊旅客运输的一般规定

特殊旅客是指需给予特别礼遇和照顾的旅客，或由于其身体和精神状态需要给予特殊照料，或在一定条件下才能运输的旅客。关于特殊旅客的运输方法，一般由各承运人自行规定。因此，在接受特殊旅客运输时，必须事先取得相关随运人的同意，并遵照该公司提出的要求处理具体业务。接受特殊旅客订座，均需在 PNR 的 PMK 或 OSI 项内注明需要给予照顾的内容。注意依据承运人的需求，正确填写客票姓名栏、签注栏等。

（二）拒绝运输

承运人根据自己合理的判断考虑有下列情形之一时，可以决定对任何旅客拒绝运输、拒绝续程运输（包括需求中途下机）或取消已经订妥的座位。

（1）为了保证安全。

（2）为了遵守中华人民共和国法律、政府规章和命令。

（3）旅客因其行为、年龄、精神或健康状况，需要承运人给予特殊照顾，或对其他旅客造成不舒适感或反感，或对其本人或其他旅客或财务可能造成任何危害或危险。

（4）旅客不遵守公共民用航空运输的规则，或不听从承运人的安排和劝导。

（三）不予载运

当飞机载重量超标或座位不足时，承运人有权根据自己合理的判断，决定不予载运的任何旅客、行李或其他物品。

（四）有条件载运

无成人陪伴儿童、病残旅客、轮椅旅客、担架旅客、孕妇旅客、盲人旅客、酒醉旅客或犯人等特殊旅客，只有在符合民航局有关旅客运输规则，并征得承运人同意的情况下，方可载运。

1. 无成人陪伴儿童

承运人接受运输的无成人陪伴儿童，指年龄在 5~12 周岁的无成人陪伴、单独乘机的儿童。

（1）接受无成人陪伴儿童运输的条件

无成人陪伴儿童应由儿童的父母或监护人陪送到上机地点，并在儿童的下机地点安排人予以迎接和照料。运输的全行程包括两个或两个以上航班时，不论是由同一个承运人或有不同的承运人承运，在航班衔接站，应由儿童的父母或监护人予以接送照料，并应提交接送人的姓名和地址。如儿童的父母或监护人，接送有困难，而要求由空运企业或由当地雇用乘务人员照料儿童时，应预先提出并经承运人同意后，方可接受运输。

（2）无成人陪伴儿童申请订座

办理无成人陪伴儿童申请订座时，先填写"无成人陪伴儿童运输申请书"一式两份。经空运企业同意后，方可订座。无成人陪伴儿童应尽量安排在直达航班上，如是联程运输，订座时尽量安排在衔接时间最短的联程航班上。联程运输时，应征得联程运输站的同意。无成人陪伴儿童座位订妥后，还要在收到有关站对儿童父母或监护人所提出的在航班衔接站、到达站接送人的姓名和地址的证实电报后，方可填开客票。客票的填开，除按一般规定填写外，在"旅客姓名"栏内填写儿童姓名，在姓名之后，应加 UM 随以儿童年龄（不加月）并加括号表示。如（XIAO DONG UM1）。

2. 病残旅客

由于身体或精神上的缺陷或病态，在航空旅行中，不能自行照料自己的旅途生活，需由他人帮助照料的旅客，称为病残旅客。身体患病、精神患病、肢体伤残均视为病残旅客。年迈的老人，虽然身体并未患病，在航空旅行中显然需要他人帮助时，应视为病残旅客，给予适当的照顾。带有先天残疾，已习惯于自己生活的人，如有腿疾者、聋哑人等，不应视为病残旅客。

（1）不予承运的病残旅客

患有恶性传染病；因精神或健康状况，可能危及自身或其他旅客的安全；面部严重创伤，有特殊恶臭或有特殊怪癖，可能引起其他旅客的厌恶者。

（2）患有下列疾病的旅客（除为了挽救生命，经承运人同意并进行特殊安排者外）不予载运

处于极严重或危急状态的心脏病患者，如严重的心力衰竭；严重的中耳炎，伴随有耳咽管堵塞者；出现绀紫症状或在旅行之前六周内曾发生过心肌梗死症的患者；近期患自发性气胸的病人或近期做过气胸造型的神经系统疾病的患者；患大纵隔瘤，特大疝肿及肠梗阻的病人；头部损伤颅内压增高及颅骨骨折者；下颌骨骨折最近使用金属线连接者；在过去 30 天内患过脊髓灰质炎的病人；延髓型脊髓灰质炎患者；带有严重咯血、吐血、出血、呕吐及呻吟症状

的病人；近期进行外科手术、伤口尚未完全愈合者。

（3）填开"诊断证明书"

病残旅客要求乘坐飞机旅行，首先需要交验诊断证明书一式三份，"诊断证明书"需由医疗单位填写旅客的病情及诊断结果，并经医生签字、医疗单位盖章。"诊断证明书"在班机起飞前96小时以内填开，方视为有效。病情严重的旅客则应备有班机起飞前48小时之内填开的"诊断证明书"。

（4）填写"特殊旅客（病残）乘机申请书"

接受病残旅客乘机，还须填写"特殊旅客（病残）乘机申请书"一式两份，以表示旅客在旅途中病情加重、死亡或给其他人造成伤害时，由申请人承担全部责任。"特殊旅客（病残）乘机申请书"应由旅客本人签字，如本人书写困难，可由其家属或监护人代签。病残旅客乘坐飞机，由承运人售票处接受申请。

3. 轮椅旅客

（1）代号

需要乘坐轮椅的病人或伤残旅客，分为三种不同的情况并用下列代号表示：

WCHR——旅客可以自行上下飞机，并且在舱内可以自己走到自己的座位上去（R：ramp，表示"停机坪"）。

WCHS——旅客不能自行上下飞机，但在机舱内能够自己坐到座位上去（S：steps，表示"台阶"）。

WCHC——旅客完全不能自己行动，需要由别人扶着或抬着进到机舱内的座位上去（C：cabin seat，表示"客舱座位"）。

（2）订座

当有需要轮椅的旅客联系订座时，应详细询问有关旅客的伤残情况，以便决定旅客应属于上述哪一种情况。目前航空公司所使用的飞机，一般为需要轮椅的旅客提供的限额是：WCHS（和/或）WCHC（只限两名），WCHR不限人数。

4. 担架旅客

病残旅客在旅行中不能使用飞机上的座椅，只能躺卧在担架上的担架旅客，除遵照本节接受病残旅客的有关规定外，还须遵守下列规定：

需要担架的旅客订座，不得迟于班机起飞前72小时。在每一航班的每一航线上，只限载运一名担架旅客，担架旅客必须至少有一名医生或护理人员同行。经医生证明，病人在旅途中不需要医务护理时，也应由其家属或监护人陪同旅行。担架旅客的票价，由担架旅客的个人票价和担架附加票价两个部分组成。个人票价根据担架旅客占用的座位等级计算。担架附加费，不论安放担架所需的座位数多少，均根据占用的座位等级计收票款：一等舱，对旅客使用担架的航段加收一个成人一等舱全票价；普通舱，对旅客使用担架的航段，加收两个成人普通舱全票价。每一陪伴人员，根据实际占用的座位等级，按一等舱或普通舱票价计收。病残旅客担架附近的空余座位一般不再售票。担架旅客的免费行李额为60千克。担架旅客客票的填开，在客票"姓名"栏、"票价计算"栏、"签注"栏内分别注明表示担架旅客的代号"STCR"。客票其他各栏的填写方法与一般规定相同。

5. 孕妇旅客

由于在高空飞行中，空气中氧气成分相对减少，气压降低，因此孕妇运输需要有一定的限制条件。怀孕8个月或不足8个月的孕妇乘机，除医生诊断不适宜乘机外，可按一般旅客运输。怀孕超过8个月的孕妇乘机一般不予接受，如有特殊情况，怀孕超过8个月不足9个月的孕妇乘机，应提供包括下列内容的医生诊断证明：旅客姓名、年龄、怀孕时期（如果超过36周以上的孕妇是短途旅行，还要注明产期）、旅行航程的日期、是否适宜于乘机、在机上需要提供特殊照料的事项。诊断证明书应在旅客乘机前72小时内填开，并经医生签字和医疗单位盖章。

6. 盲人旅客

盲人旅客是指双目失明的旅客，不是指眼睛有缺陷的旅客。对于眼睛有疾病的旅客，按病残旅客处理。有陪伴同行的盲人旅客，只限以成人旅客陪伴同行。该盲人旅客按一般普通旅客接受运输。有导盲犬引路的盲人旅客，所携带的导盲犬按民航局有关规定办理。

7. 酒醉旅客

由于受酒精、麻醉品或其他毒品中毒，明显会给其他旅客带来不愉快或造成不良影响的人，属于酒醉旅客，承运人可以不接受承运。旅客是否属于酒醉旅客，承运人有权根据旅客的外行、言谈、举止自行判断决定。在飞行途中，对于发现旅客处于醉态，不适应旅行或妨碍其他旅客的旅行时，机长有权令其在下一个经停地点下机。酒醉旅客被拒绝乘机，需退票时，按非自愿退票处理。

8. 犯人

由于犯人是受到我国现行法律管束的，在处理犯人运输时，必须与有关公安部门联系和配合。接受运输犯人的限制条件：运输犯人的全行程，有关公安部门必须至少有两人监送；监送人员在运输的全行程中对监送的犯人负全部责任；监送人员携带的武器，由安全检查部门处理；运输犯人，只限在运输始发地申请办理订座售票手续。接受犯人运输的批准权限必须由航空公司根据有关规定负责审核批准。

任务三　掌握非正常情况的处置

在飞行中旅客应遵守客舱安全规则，严禁任何旅客袭击、威胁、恐吓或干扰机组成员执行任务。

一、旅客管理规则

（1）中国民用航空法规适用于所有航班。

（2）航班飞行中，对于旅客的任何不正当行为，乘务员应以公司政策为原则采取适当的处理措施。

（3）如乘务员的处理措施被拒绝，旅客的这种不正当行为可以被认为是一种违法行为；如遇此情况应报告机长，采取正当的法律程序处理。

二、旅客冲突

（一）旅客冲突的范畴

（1）旅客与旅客之间的冲突；

（2）旅客与机组之间的冲突。

（二）对于旅客冲突问题的解决措施

（1）乘务员应了解引起冲突的原因，并提出解决问题的办法；
（2）避免采取可能激怒旅客并使情况进一步恶化的行为；
（3）应具备良好的"听""讲"两方面的沟通技巧；
（4）不应打断旅客的抱怨。

三、旅客非法行为

（一）旅客非法行为的范畴

根据国家法律和民用航空法规，飞行中以下情况视为旅客非法行为。
（1）酗酒；
（2）吸烟；
（3）打架斗殴；
（4）性骚扰；
（5）携带武器登机；
（6）未经许可进入驾驶舱；
（7）使用限制的电子、通信设备；
（8）拒绝遵守"系好安全带"的信号；
（9）故意传递虚假情况扰乱正常飞行（包括炸弹威胁）；
（10）以暴力、胁迫或其他手段劫持飞机或破坏飞机；
（11）隐匿携带危险品登机；
（12）偷窃、违反规定开启或损坏机上任何设备或机组私人财产；
（13）客舱中任何侵权行为。

（二）旅客非法行为的处理原则

当发现上述情况时，乘务员应坚决制止，必要时安全员可对其采取强制手段。对于上述旅客非法行为的处理，应遵循以下原则。

（1）乘务员应立即报告机长并与机长协商处置方案；

（2）如需要强制的法律帮助，机长应通知空中交通管制部门，或经签派（现场）代理机构与机场公安部门取得联系；

（3）乘务长应记录旅客的目击信息；

（4）机长、乘务长与强制执法官员协商，是否将所观察的非法行为以犯罪进行起诉；

（5）若旅客非法行为发生在起飞前，机组成员应及时制止，制止无效经机长同意，即通知机场公安机关将行为人带离航空器；

（6）涉及的机组成员应完成文字记录并呈报有关公安部门。

（三）旅客非法行为的处理

1. 偷盗、违反规定开启或损坏机上应急救生设备的非法行为

机上应急救生设备，包括紧急脱离航空器的舱、门、梯等设施，供救生脱险用的救生衣、救生筏、灭火器、急救药箱，供报警呼救用的灯、光、电、色等设备物品。

对于偷窃、故意损坏应急救生器材设备的，应及时采取措施消除危害，并将行为人及相关证据移交公安机关处理。

对于无意触碰、开启机上应急救生设备的，机组成员应及时制止。未造成后果的，可对行为人进行教育；致使设备损坏，造成严重后果的，机组成员应采取补救措施，并及时收集有关证据，移交公安机关依法处理。

乘务员应在旅客登机后进行必要的通告和宣传，还应对机上应急设备进行经常性检查，安全员应注意及时收集非法行为证据。

2. 未经许可进入驾驶舱或企图打开驾驶舱门的非法行为

机组成员发现旅客企图打开驾驶舱门时，应当立即予以制止，并说明有关规定；对不听劝阻企图强行进入者，安全员或其他机组成员应当立即将其制伏，并采取管束措施，航空器降落后，移交机场公安机关处理。

3. 殴打机组成员的非法行为

当发生殴打机组成员事件时，安全员应立即制止；对不听制止者予以制伏，并采取管束措施，航空器降落后，移交机场公安机关处理。

4. 飞行中发现酗酒滋事者，打架斗殴等扰乱秩序行为

应责成其同行者予以控制。如无同行者或同行者控制不了的，安全员可报请机长同意，对其采取临时管束措施，落地后交机场公安机关处理。

5. 其他非法行为

飞行中，对性骚扰、争抢座位（行李架）及打架斗殴行为，机组应视情况调整当事人的座位，避免发生冲突；飞行中发生治安案件直接威胁机组，旅客人身安全，飞机安全或无法制止事态发生时，安全员应报请机长同意对当事人采取临时管束措施。

四、旅客遗失物品

（1）在旅客离机后或旅客登机前，乘务员在客舱捡到任何有价值的物品时，必须马上报告乘务长进行查看，而且需要两人在场，将遗失物品逐一记录。

（2）乘务长（主任乘务长）填写旅客遗失物品登记表（一式三份），并将失物及登记表一同签字后交给地面工作人员。

（3）失物登记表一份交给地面服务部门、一份由乘务长（主任乘务长）保存，另一份与乘务日志附在一起保存，丢失物品的详细情况要填写在乘务日志中。

（4）如果是在旅客乘机过程中捡到的并且能证明是某位旅客的物品，乘务长确认后归还旅客。

（5）在登机后，如果旅客提出丢失了贵重物品，乘务员要将所丢失的物品了解清楚，并尽力帮助寻找。

（6）如果在机上发生偷窃，乘务员首先要证实是在机上后，则应报告机长，将如下信息通告给即将抵达的航站：①丢失物品及其价值；②偷窃是在机上发生的；③是否在到站时，乘客要报案。

（7）如果旅客要求报案，乘务员要对他确认以下信息：①如果警方介入会产生一些不便，旅客不能按时下飞机；②如果失物是很难确定物主的，如现金，找回的希望很小。

（8）在落地前，由乘务长宣布由于一位旅客提出要求，已向警方报案，因此请旅客在飞机落地后坐在原位。乘务组要尽量让旅客知道，不是航空公司采取的行动。

五、非常规旅客的处理

（一）醉酒旅客处理原则

民航规则规定：任何醉态或在麻醉品作用影响下的旅客都将被禁止登机。在飞机上的任何旅客，如显示醉态均不可提供任何酒精饮料。如果登机时发现有旅客显示醉态或在麻醉品作用影响下，干扰了机组成员工作或危及旅客与机组的安全，要通知地面值班人员或机长，由地面值班人员作善后处理。如果在飞机离开登机口后，发现有旅客显示醉态或在麻醉品作用之下，要通知机长，并由机长来决定是否滑回登机口并劝该旅客离机。如飞机返回登机口，通知地面值班人员处理该旅客的离机及以后事宜。如有旅客在飞机起飞后显示醉态或在麻醉品作用下，应立即通知机长。乘务长（主任乘务长）要在机长的指示下采取合宜的步骤，用礼貌而坚定的态度与该旅客打交道，并避免与其身体冲突。到达目的地后，警察或其他执法人员可上飞机来处理该事件并询问目击者。如果由于旅客的不当行为涉及并危及机组成员工作，运行管理部门应报告中国民用航空局。乘务长（主任乘务长）填写事件报告单，并报告机长签字，向公司送呈报告。

飞行中不得为下列人员提供任何含酒精的饮料：

（1）已经喝醉的人；

（2）正在护送别人或被护送的人；

（3）在飞机上持有致命性或危险性武器的人；

（4）未成年人；

（5）动物管理者。

（二）吸烟旅客的管理

中国民航在全部航班上禁止任何人吸烟，当发现旅客有违反吸烟规定时，乘务员必须要求旅客停止吸烟；如果旅客不听，要报告乘务长再次劝阻；若旅客还继续吸烟，要对他讲明此事将报告给机长。一旦事件报告给机长，就要将旅客的姓名和座位号记录在机上事件报告中。

（三）无成人陪伴儿童交接责任

5~12周岁的未成年人，可以在不换机的前提下独自旅行；可以在不备降或预计不会因天气原因转移或跳过目的地的航班上独自旅行，但是必须有成人陪同直到上机时为止；必须携带到达站接儿童的成人名字及地址；其座位必须已经确认。航空公司从接收此儿童起就负全部责任，直到抵达目的地有成人来接为止。售票人员根据旅客填写的"无成人陪伴儿童"（UM）运输申请书，为该旅客办理订座和售票，并建立记录文件。地面服务人员把儿童送上飞机，向乘务长（主任乘务长）说明其目的地和接收成人的姓名。乘务长（主任乘务长）保管其资料，直到落地后移交给地面工作人员或来接的成人。过站时，不能允许儿童离开飞机，除非有地面工作人员或乘务员陪同。没有当班工作人员的陪同，儿童不得下机。乘务组换机组而儿童未到达目的地时，下机的乘务长（主任乘务长）负责将此儿童和有关资料移交给地面工作人员。在交出儿童之前，负责接收无成人陪伴儿童的乘务员必须见到与UM文件一致的大人身份证明和获得他（她）与UM上一致的签名，乘务员应将签过的UM文件交给地面代办人员，如无成人陪伴儿童没有接到或来接之人与UM文件上的名字不符时，乘务员必须将孩子交给地面工作人员；不可将无人陪伴的儿童安排在出口座位处。

（四）旅客投诉（发怒）的处理原则

全面地听取抱怨；如可能应设法改变当时的状况；向其道歉并保证他的意见能转达给适当的人员；将当时的情况在机长和乘务长（主任乘务长）之间相互沟通。

（五）要客及重要代表团服务原则

VVIP、VIP、CIP旅客，统称为要客。乘务长接到要客单时，应了解要客有关情况及特殊要求。要客登机时，应按要客单上的称呼致意，并尽快接过其手提行李，引导入座。尽早与要客随行人员联系，了解要客的生活习惯，为服务工作提供参考；在不影响其他旅客的前提下，为要客提供特殊服务。国际航线为要客优先提供免税商品；要客享有最后登机、最先下机权；对要客应称呼尊称；应尊重要客本人隐藏身份之意愿，不宜在其他旅客前暴露其身份。到达时，将要客的手提行李提到门口，并与地面服务人员做好交接工作。

（六）责令下机

下列旅客可被要求下机：非法无票登机者，无登机牌的旅客，任何不可接收的旅客，可能是登错飞机的旅客。如果所有"拉下"旅客的方法均告失败，地面值机人员或机长可以要求当地强制执行官员去要求旅客下机，如果旅客仍拒绝下机，他（她）将被指控为非法行为，并且由强制执行官员带走该旅客。如果一位旅客是由于上述任何原因被从一个航班拉下，在航班结束后乘务长（主任乘务长）必须提呈事件报告给业务主管部门。

（七）损坏或弄脏衣物

航空公司对因自身原因损坏或弄脏的衣物，负责清洗或赔偿。由于乘务员的责任问题造成旅客的衣物弄脏或损坏，由该乘务员负责处理及赔偿；由于天气、飞行操作等原因弄坏弄脏旅客衣物，应由公司负责处理。

（八）遣返旅客

接到通知后，及时传达到各位乘务员，飞行中不得为该旅客提供任何含酒精的饮料。供餐时，不得为该旅客提供具有伤害性的用具。不要将其安排在出口座位处。乘务员要像对待一般旅客一样对待该旅客。不要将该旅客的身份暴露给其他旅客。

（九）可不接收的旅客

是或像中毒者；或像是吸毒者；要求静脉注射者；已知是传染疾病患者并在航班中有传染他人可能者，或该人无法提供有效证明无传染危险者；拒绝人身或物品安全检查者。

民航法规规定所有旅客及其行李必须经过安全检查，旅客可能接受或拒绝；如果拒绝，则不允许登机；如有以上任何一种旅客已登机，乘务长（主任乘务长）有权要求地面值机人员进行处理。

（十）占机旅客处理原则

（1）发生旅客占机时，乘务组应及时报告飞行机组，并由飞行机组通知相关部门。

（2）接旅客占机信息后，相关部门应立即通知地面服务部门安排人员到场处置，并报告值班领导。必要时，通知机场公安部门，同时上报运行控制部门。

（3）乘务组应指派至少1名客舱乘务人员留在客舱，协助安抚旅客情绪，劝导旅客下机，直至与地面服务人员妥善完成交接。

（4）如旅客执意不下机，地面服务部门应报告相关部门，提请机场公安部门介入处置。

（5）对受占机影响的旅客，地面服务部门应做好解释工作，妥善提供各类相关服务。

任务四　掌握旅客运输常识

一、国内旅客运输常识

（一）订座

订座指旅客预订的座位、舱位等级或对行李的重量、体积的预留。

1. 订座的一般规定

承运人及其代理人可采取当地订座、电话订座等多种方法接受旅客的预订要求。接受订座时，一般按先后顺序办理，重要客人和其他有特殊情况的旅客可优先安排。接受团体旅客订座，须根据承运人的要求提前预订。团体旅客订妥座位后，应在规定或预订约定的时限内购票，否则，所订座位不予保留。旅客在订妥座位后，凭该订妥座位的客票乘机；承运人可规定航班开始和截止接受订座的时限必要时可暂停接受某一航班的订座；特殊旅客订座时须事先征得承运人的同意；承运人及其代理人接受订座后，遇有航班取消或变更，应及时通知旅客或订座单位，并对其要求改留的座位予以证实；不定期客票必须订妥座位后才能使用；合同单位应按合同的约定订座。

已经预订的座位，旅客应在承运人规定或预先约定的时限内购票，承运人对所订座在规定或预先约定的时限内应予以保留。承运人应按旅客已经订妥的航班和舱位等级提供座位。

接受预订回程、联程的航班座位，须保证运输的连续性。国内航班衔接时间一般不少于2小时，国际联程航班不少于3小时。

旅客持有订妥座位的联程或来回程客票，如在该联程或回程地点停留72小时以上，须在联程或回程航班离站前两天中午12点以前，办理座位再证实手续，否则原订座位不予保留。如旅客到达联程或回程地点的时间离航班离站时间不超过72小时，则不需办理座位再证实手续。座位再证实手续，可到当地售票处办理，也可用电话再证实。旅客订妥座位后，提出变更航程、航班、日期或办理退票，均需要或取消原订座记录。

2. 团体旅客订座

统一组织的人数在10人以上（含10人），航程、乘机日期和航班都相同的旅客称为团体旅客。团体旅客订座须预先申请。一个团体的订座申请建立在一个订座记录（PNR）内，若有特殊情况不能建立在同一PNR中，必须在PNR内的PMK项注明团体人数以及相关团体的PNR。国内航班团体订座申请为外宾团队，应在PNR内PMK项注明团队入境和出境航班的日期。团体订座订妥座位后，订座单位按承运人规定或预先约定的时限出票，否则座位不予保留。团体订座申请被证实后，不得以散客形式销售。团队旅客订座联程或回程航班，应在PNR内注明衔接航班的代码及到达、中转的时间；注明旅客在联程或回程点的联系地址、电话、联系人。团体旅客订座在未输入全部名单和票号前，一律不得做"RR"出票代号。

3. 散客订座

订座单位设立的旅客订座记录（PNR）要规范、完整。PNR内的旅客姓名必须与客票上的旅客姓名一致。需要办理座位再证实手续的联程或回程航班的订座，在旅客办理再证实时才可将PNR内订座情况项的"HK"改为"RR"。

旅客订妥座位后，按承运人规定的时限出票，如旅客有特殊要求保留座位，在 PNR 内 PMK 项注明。对未出票的 PNR，不能事先输入"RR"出票代号。

（二）行李运输

行李指旅客在旅行中为了穿着、使用、舒适或方便的需要而携带的物品和其他个人财物。

1. 行李运输的一般规定

国家规定的禁运物品、限制运输物品、危险物品，以及具有异味或容易污损飞机的其他物品，不能作为行李或夹入行李内托运。对此，承运人可以拒绝收运或随时终止运输；重要文件和资料、外交信件、证券、货币、汇票、贵重物品、易碎易腐物品，以及其他需要专人照管的物品，不得夹入行李内托运。承运人对托运行李内夹带上述物品的遗失或损坏按一般托运行李承担赔偿责任。旅客不能携带管制刀具乘机。管制刀具以外的利器或钝器应随托运行李托运，不能随身携带；承运人为了运输安全，可以会同旅客对其行李进行检查，如果旅客拒绝接受检查，承运人对该行李有权拒绝运输；承运人承运的行李，按运输责任分为托运行李、自理行李和随身携带物品。托运行李，指旅客交由承运人负责照管和运输并填开行李票的行李。托运行李的重量和体积不得超过规定，超过规定的行李，须事先征得承运人的同意才能托运。自理行李，指经承运人同意由旅客自行负责照管的行李。自理行李的重量和体积同样不能超过规定。随身携带物品，指经承运人同意由旅客自行携带乘机的零星小件物品。随身携带物品的重量，每位旅客以 5 千克为限。持头等舱客票的旅客，每人可随身携带两件物品；持公务舱或经济舱客票的旅客，每人只能随身携带一件物品。超过上述重量、件数或体积限制的随身携带物品，应作为托运行李托运。

2. 托运行李必备的条件

托运行李必须包装完善、锁扣完好、捆扎牢固，能承受一定的压力，能够在正常的操作条件下安全装卸和运输，并应符合下列条件，否则，承运人可以拒绝收运。具体条件包括：旅行箱、旅行袋和手提包等必须加锁；两件以上的包件，不能捆为一件；行李上下不能附插其他物品；竹篮、网兜、草袋等不能作为行李的外包装物；行李上应写明旅客的姓名、详细地址、电话号码。

3. 免费行李额制度

每位旅客的免费行李额（包括托运行李和自理行李）分为计重制和计件制。计重制：持成人或儿童票的头等舱旅客为40千克，公务舱旅客为30千克，经济舱旅客为20千克；持婴儿票的旅客，无免费行李额。

搭乘同一航班前往同一目的地的两个以上的同行旅客，如在同一时间、同一地点办理行李托运手续，其免费行李额可以按照各自的客票价等级标准合并计算。构成国际运输的国内航段，每位旅客的免费行李额使用的国际航线免费行李额计算。旅客的托运行李和自理行李，超过该旅客免费行李额的部分，应当支付逾重行李费。逾重行李费率以每公斤按逾重行李票填开当日所适用的经济舱票价全价的1.5%计算，收费额以元为单位，尾数四舍五入。承运人依据其规定向旅客提供行李声明价值服务。旅客可对其超过承运人赔偿责任限额的托运行李声明价值，单支付声明价值附加费。每件旅客托运行李声明价值的最高限额以承运人规定为准。小动物、外交信件等有条件运输的物品，依据承运人的有关规定办理。

4. 旅客托运行李程序

旅客凭有效客票托运行李，承运人在客票及行李票上注明托运行李的件数和重量。承运人对旅客托运的每件行李应拴挂行李牌，并将其中的识别联交给旅客。不属于行李的物品应按货物托运。

航班到达后，旅客在机场凭行李牌识别联领取行李，必要时需交验客票。旅客在领取行李时，如果没有提出异议，即为托运行李已经完好交付。承运人凭行李牌识别联交付行李，对于领取行李的人是否确系旅客本人，以及由此造成的损失及费用，不承担责任。旅客遗失行李牌识别联，应立即向承运人挂失。如果在声明挂失前行李已被冒领，承运人不承担责任。自行李到达的次日起，超过90天无人领取的，视为无法交付的行李，承运人可按照无法交付行李的有关规定处理。

5. 违章行李

旅客的托运行李、自理行李和随身携带物品中，凡夹带国家规定的禁运物品、限制携带物品或危险物品等，其行李称为违章行李。对违章行李的处理规定如下：

在始发地发现违章行李，拒绝承运；如已承运，取消运输，或将违章物品取出后运输；在经停地发现违章行李，立即停运；对违章行李中夹带的国家规定的禁运物品、限制携带物品或危险物品，交有关部门处理。

6. 旅客行李的延误、丢失、损失及其补救措施

旅客的托运行李发生丢失或损坏，应按法定时限在航班经停地或目的地向承运人或其代理人提出赔偿要求，并填写《行李运输事故记录》，随附客票（影印件）、行李牌识别联以及证明行李内容和价值的凭证或其他证明。

旅客行李发生延误、丢失、损坏、航班经停地或目的地的承运人或其代理人应会同旅客填写《行李运输事故记录》，并尽快查明情况，并将调查结果答复旅客和有关单位。

旅客的托运行李全部或部分损坏、丢失，国内运输赔偿金额每公斤不超过人民币100元；行李每千克的价值低于100元，按实际价值赔偿。国际运输赔偿金额每千克不超过30美元；行李每千克的价值低于30美元，按实际价值赔偿。已收逾重行李费退还。

旅客丢失行李的重量按实际托运行李的重量计算，无法确定重量时，每位旅客的丢失行李最多只能按该旅客享受的免费行李额赔偿。行李损坏时，按照行李降低的价格赔偿或负担修理费用。

构成国际运输的国内航段，行李赔偿按适用的国际运输行李赔偿规定办理。

已受赔偿的旅客，其丢失行李找到后，承运人应迅速通知旅客领取，旅客将自己的行李领回，退回全部赔偿。

由于发生在上、下航空器期间或航空器上的事件造成旅客的自理行李和随身携带物品丢失，按各承运人的规定予以赔偿。

二、国际旅客运输常识

（一）订座

1. 订座的一般规定

旅客乘国际航班，可根据有关规定向航空公司售票处或其处理人预订，已订妥国际、国内航班座位的旅客，应按航空公司规定的出票时限办理购票手续。如未在购票时限内购票，所定座位即被取消，已订妥国际、地区航班座

位,包括联程座位的旅客,如所订座位不利用时,应尽早向所订座的航空公司售票处或其代理人提出取消座位。

2. 座位再确认

已订妥续程或回程国际、地区航班座位的旅客,如在上机地点停留72小时以上,应最迟在班机起飞前72小时对所订座位再确认,否则所订座位将自行取消。如在续程或同程地点停留时间在72小时以内,无须办理座位再确认。

3. 客票

客票(包括行李票)是承运人与旅客之间的运输凭证,也是旅客乘机交运行李的凭证,客票只限客票上所列姓名的旅客本人使用。客票不得转让或涂改,经转让或涂改的客票无效。

4. 客票有效期

普通票价的客票,无论是单程、来回程或环程,有效期为一年。特种票价的客票和有折扣的普通票价的客票的有效期,按该票价有关规定计算。

5. 儿童票

12周岁以下的儿童按成人全票价的50%付费。未满1周岁的婴儿,按成人全票价的10%付费,不单独占一个座位。

6. 乘机

乘国际、地区航班的旅客,必须在规定的时间到达指定的机场,凭机票、护照、签证及旅行证件办妥乘机及出境等各项手续。旅客没有按规定的时间到达指定机场或携带的护照、签证及旅行证件不符合规定,而未能办妥乘机和出境等各类手续引起的一切损失和责任由旅客自负。

7. 民航发展基金

对每一个从中华人民共和国国际机场出境的国际旅客,收取民航发展基金人民币90元(含旅游发展基金20元)。对持有外交护照的旅客、24小时内过境的旅客以及12岁(含)以下的儿童,免征民航发展基金。2019年7月1日起,民航发展基金征收标准降低一半。(注:民航发展基金的征收会根据情况做动态调整。)

8. 退票

由于承运人及旅客本人原因,旅客未能按客票列明的航程旅行,旅客申请退票,可按规定办理退票。退票只限在原购票地点或经航空公司同意的地点办理。

（二）行李运输

1. 计重免费行李额

在国际地区航线上，按旅客票价等级，每一全票或半票旅客免费交运的行李额为：头等票价客票 40 千克，公务票价客票 30 千克，经济票价客票 20 千克，按成人票价 10% 付费的婴儿，无免费行李额。

2. 计件免费行李额

计件免费行李额适用于中美、中加国际航线上的行李运输。按旅客所购客票票价的等级，对每一全价或半价的旅客交运的免费行李额为：头等和公务票价，免费交运行李数为两件，每件体积三边之和最大不得超过 62 英寸（158 厘米）。经济和旅游折扣票价，免费交运行李数为两件，每件体积三边之和最大不得超过 62 英寸（158 厘米），但两件之和不得超过 107 英寸（273 厘米），每件最大重量不得超过 32 千克。按成人票价 10% 付费的婴儿可免费交运一件行李，但体积三边之和不得超过 45 英寸（115 厘米），另外还可免费交运全折叠式或轻便婴儿手推车一辆。超过规定的件数及超过规定的最大体积行李，应交付逾重行李费。

3. 随身携带物品

除计重免费交运的行李除外，每一持有全价或半价客票的旅客，还可免费随身携带下列物品：女用手提包一个，大衣或雨衣一件或旅行用毛毯一条，手杖一根或伞一把，在飞行途中用的少量读物，小型照相机一架，小型望远镜一具，婴儿食物（限旅途中食用），婴儿摇篮一个，供病人行动的可折叠的轮座椅或一副拐杖或撑杖或假肢。

4. 行李包装

随机交运的行李应有承受一定压力的包装，包装应完整，锁扣完善，捆扎牢固。对包装不符合要求的交运行李，承运人可拒绝接受或不负担损坏、破损责任。

5. 不得作为行李运输的物品

旅客的交运行李和自理行李内部不得夹带易燃、易爆、腐蚀、有毒、放射性物质、可聚合物质、磁性物质及其他危险物品。旅客不得携带中华人民共和国和运输过程中有关国家法律、政府命令和规定禁止出境、入境或过境的物品及其他限制运输的物品。旅客乘坐飞机不得携带武器或随身携带利器、凶器。交运行李内不得装有货币、珠宝、金银物品、票证、有价证券和其他贵重物品。

6. 旅行证件

国际旅客在办理乘机及出境手续前,应办妥护照、签证及旅行证件等一切手续。旅客的护照、签证及旅行证件应随身携带,不得放在交运行李中运输。由于旅客旅行证件不完备而受到的损失和支付的费用,承运人不承担责任。但对于由此使承运人受到的一切损失和支付的费用,包括(但不限于)罚金,旅客应当负责赔偿。

7. 货物托运

托运国际货物,应先交海关检验,货物应附有一切必要证明,并应符合货物运输过程中入境、出境和过境国家的有关规定。

8. 禁运货物

禁止运输文物、毒品、易燃、易爆、腐蚀、有毒等危险物品,以保证运输安全,承运人对托运的货物必须进行检查。

9. 危险货物

国际航线上可载运危险货物,其品名、数量和包装等须按照承运人有关规定办理。

模块小结

1. 本模块阐述了客舱安全与旅客管理的基本内容。客舱安全管理是指在航空器内部,驾驶舱、客舱及货舱内,涉及驾驶人员,乘务人员和乘机旅客的一种特殊的安全管理。乘务员所肩负的是客舱内部的安全,它是飞行安全的重要组成部分和重要保障。

2. 本模块介绍的特殊旅客是指需要给予特殊礼遇和照顾的旅客,或由于其身体和精神状况需要给予特殊照料,或在一定条件下才能承运的旅客。

3. 本模块说明了在飞行中旅客应遵守客舱安全规则,严禁任何旅客袭击、威胁、恐吓或干扰机组成员执行任务。

4. 本模块介绍了旅客运输的一般常识。

复习与思考

复习题

1. 客舱安全的目标是什么?
2. 乘务员如何实现客舱安全管理?
3. 特殊旅客的接受和处理原则有哪些?

思考题

1. 客舱安全管理的重要性是通过哪些方面体现的?
2. 航空公司可以采取哪些措施使不懂得航空法及安全规定的乘客了解法规?

模块五
客舱中的应急处置

> **模块导读**
>
> 　　安全是航空飞行永恒的主题,是其赖以生存和发展的基础。任何一家航空公司的乘务员在上岗前都要完成各机型的正常操作训练和应急训练并通过考核。应急能力是空乘人员必备的能力之一。在遇到异常情况时,冷静地判断,科学地选择对策,并正确、果断地采取应急措施,将有可能把事故消灭在萌芽状态。
>
> 　　客舱应急处置包括很多方面,本模块着重介绍客舱内诸如灭火、反劫机、客舱释压、紧急迫降和紧急撤离等一些突发事件的处置程序,并阐述了基本的求生技能和机上急救原则。通过本模块的学习,要掌握基本的客舱应急处置方法,树立"安全第一"的服务意识,培养冷静、果断处理突发事件的能力,为从事乘务工作打下良好基础。

> **学习目标**
>
> 　　1. 了解飞机上突发事件的类型;
> 　　2. 掌握灭火、反劫机、客舱释压、紧急迫降和紧急撤离等应急处置方法;
> 　　3. 掌握基本的求生技能和机上急救原则。

任务一　掌握灭火的处置

一、飞机上常见的火灾隐患与类型

1. 机上火灾的隐患

当飞机上有下列情况时，有可能引起火灾：

（1）有人吸烟。
（2）烤炉内存有异物或食物加热时间过长。
（3）旅客吸氧时。
（4）旅客携带有易燃物品。
（5）洗手间内抽水马达故障。
（6）主货舱内有易燃的货物。

2. 机上火灾的类型

飞机上常见的火灾类型大体上可分为四种：

A类可燃烧的物质：一般由纸张、衣服、行李、橡胶、塑料、木材类物质引起，宜选用水灭火瓶或海伦灭火瓶。

B类易燃的液体：通常由汽油、油脂溶剂、易燃液体等引起，只能用海伦灭火瓶扑灭。

C类电器设备：多由厨房电器（如烤炉、热水器）和客舱灯具（整流器）引起，也只能由海伦灭火瓶来扑灭。

D类易燃固体：如镁、钛等。

飞机上发现起火后，乘务员要在第一时间对火灾类别做出判断，以选择正确的灭火剂（瓶），有效灭火。

二、乘务员对烟雾和起火的基本处置程序

飞机上一旦发生火灾，不管是发生在空中还是地面，对于人员和财产安全来说都是一种威胁，机组人员必须保持联络和协调，力争在最短的时间内扑灭火源。

（1）寻找火源，确定火的性质；
（2）切断电源；
（3）取用相应的灭火瓶灭火，并穿戴好防烟面罩（做好自身的保护）；
（4）向机长报告（如果条件允许，灭火和报告同时进行）；
（5）收集所有的灭火设备到火场；
（6）监视现场情况，保证余火灭尽，随时向机长报告现场情况。

乘务员应自动组成三人灭火小组——一人负责灭火，一人负责通信联络，一人负责援助（准备第二个灭火瓶及防烟面罩等）。三人有自己的不同职责，灭火的人要观察火情，准备灭火瓶等立即灭火；联络的人要向机长报告火情（火源、火势、火焰颜色、烟的浓度和气味，对乘客的影响等）；第三人负责收集其余的灭火瓶，做好接替工作，监视余火。其他乘务员帮助调换旅客的座位，指挥旅客放低自己的身体、捂住口鼻等。在具体操作中应当遵循以下指导方针。

（一）如果火灾发生在空中

第一个发现或被告知起火的乘务员首先要确认火源、火灾的类别，选择适当的灭火剂，立即灭火（不是火苗或烟雾），及时通知附近客舱乘务员，移走易燃易爆物品（如氧气瓶等）。如果是电器引起的火灾，灭火前首先要关掉设备电源（或拉断电路断路器）。持续喷洒灭火剂直到火完全熄灭，继续在热的表面上喷洒灭火剂或水降温，以防死灰复燃。

负责联络的乘务员要告知乘务长起火或烟雾的具体位置（某排、某侧等）、密度（浓厚、稀薄、微量等）、形状（呈波涛状、呈滚动状）、颜色（灰色、黑色、白色、蓝色、棕色等）、气味（腐败味、电气味、橡胶味、油脂味等），由乘务长负责保持和驾驶舱的联络，始终保持驾驶舱门关闭，并由乘务长广播/用内话通知其他乘务员火灾的情况，要求提供协助。

提供援助的客舱乘务员必须戴上PBE（呼吸保护装置），拿好灭火瓶，接替未采取防护措施的乘务员进行灭火。

其他客舱乘务员应当及时关闭火源附近的通风口，不需要协助灭火时，照顾客舱中的旅客，把旅客调离火源或烟雾处，告知旅客"弯腰、低头、用衣袖捂住口鼻"，必要时向旅客提供湿毛巾来遮挡口鼻呼吸，以避免吸入有毒的气体；可提醒旅客穿上长袖衣服，防止皮肤暴露而灼伤。

如果火势很大，无法扑灭，则由机长下命令降低飞行高度，前往最近的适当的机场实施备降。

注意：

（1）在飞机上闻到煤油、汽油、酒精或化学物品的气味时，不要打开或关闭任何电器，提醒旅客不要按呼唤铃或开阅读灯。

（2）不要让旅客使用活动氧气瓶上的连续流量氧气面罩或客舱氧气系统的面罩。这些装置不能阻止吸入周围的空气，并且不能过滤掉烟雾。

灭火的要点：

① 保持驾驶舱门的关闭，并始终保持与驾驶舱的联系；

② 搬走火源附近的易燃物（氧气瓶等）；

③ 不要释放氧气面罩；

④ 灭火时，应将喷嘴对准火源的根部，由远至近，从外到里，平行移动灭火；

⑤ 灭火人员要戴上防烟面罩，必要时穿上防火衣；

⑥ 随时准备撤离旅客；

⑦ 保持旅客的情绪稳定；

⑧ 停止通风工作，控制火情。

（二）如果火灾发生在地面

发现失火的乘务员要对火灾状况进行评估并且请求帮助，根据驾驶舱机组的指示而进行紧急撤离。如果驾驶舱那里没有反应或者存在极具威胁性的火灾或烟雾，则由乘务长发出紧急撤离信号。乘务员要确认机门滑梯处于预位状态并进行紧急撤离。

注意：飞机必须处于静止状态才能实施撤离。

三、特定设备与环境失火的处置

除了遵循"乘务员对烟雾和起火的基本处置程序"之外，对于特定设备与环境失火，客舱乘务员应当遵照下面的原则处置。

（一）厨房设备失火

厨房灭火要点：
（1）电气设备失火要首先切断电源；
（2）要使用海伦灭火瓶灭火；
（3）拔出相应/所有的断路器。

1. 烤炉起火

乘务员在获知烤炉失火后，要首先关闭烤炉门，以消耗氧气和窒息火焰，堵上烤炉的通气孔，断开烤炉电源。如有可能，戴上 PBE，如果火焰扩展到烤炉外部的话，使用海伦灭火器进行灭火。

2. 烧水杯失火

切断电源，拔下水杯，如果火不灭，使用海伦灭火瓶扑灭火源。

注意：电气设备失火要首先断电；要使用海伦灭火瓶灭火；不要将水倒入过热的水杯内。

3. 厨房配电板失火

厨房配电板电源由驾驶舱控制，失火时应立即通知责任机长，要求切断厨房电源，使用海伦灭火瓶进行灭火。

（二）厕所失火

厕所失火在飞机火灾中占有较大的比例，约 45% 都发生在厕所。

如果厕所里烟雾探测器发出警告声，表明厕所存在着烟雾或起火现象，应当首先敲门确定是否有人用厕。

如果有人用厕，试着与用厕者联系，如果是香烟的烟雾造成烟雾探测器发生声音，则让该旅客熄灭香烟。打开门将烟雾从厕所内清除掉，则警报被解除。婉转地与该旅客进行沟通，并且通知机组。

如果无人用厕，戴好 PBE，用手背感觉一下门的上下部及门缝是否有热度。如果厕所门和四周舱壁是冷的，说明火势还不大，没蔓延，应就近取灭火瓶，小心地开门（不要正对门缝），观察火的位置。为了压住火焰，可使用潮湿的毛毯或用海伦灭火瓶对准火源的根部灭火。如果厕所门和四周舱壁是热的，说明火势已较大，这时应保持门的关闭状态，立即取出灭火瓶和消防斧，用消防斧在门／舱壁（高温处）上方凿一个洞，将灭火瓶嘴伸入洞口，并释放灭火剂直至喷完；集中客舱内其他灭火瓶喷射，直至火被扑灭。如果有烟雾从门四周溢出，用湿的毛毯或毛巾堵住缝隙。

灭火成功后，关闭厕所，并通知机长。

厕所灭火时要注意以下问题：

（1）厕所失火最好使用海伦灭火瓶；

（2）门上的洞口应与灭火瓶喷嘴大小相同，喷完后应封住洞口；

（3）打开厕所门时要小心，防止氧气突然进入加重火情。

（三）衣帽间失火

1. 有帘子的衣帽间失火

当有帘子的衣帽间失火时，应立即取用灭火瓶灭火，并及时搬开未烧着的衣物和其他物品；灭火完成后要检查火是否被扑灭，监视衣帽间的物品，保证余火灭尽。

2. 有门的衣帽间失火

首先戴好 PBE，用手背触摸门及四周舱壁的温度。如果门和四周舱壁是凉的，小心地开门，注意观察起火的位置，对准火源底部喷射灭火剂。如有可能，移走未燃烧的衣物等，检查并保证余火灭尽。

如果门和四周舱壁是热的，应保持门的关闭状态，立即取用灭火瓶和消防斧，用消防斧在门或舱壁（高温处）上方凿一个洞，将灭火瓶嘴伸入洞口，喷洒灭火剂。要多集中一些灭火瓶喷射，直到火被扑灭，保证余火灭尽。

灭火成功后，关闭衣帽间，并通知机长。

（四）荧光灯整流器失火

荧光灯整流器为上下侧壁客舱灯提供电流。长时间使用，整流器可能会过热，产生具有明显气味的烟雾。整流器失火时间短暂，一般会自动熄灭，相对危险较小；如果整流器过热，则通知驾驶舱机组或关闭相关灯光。

（五）隔间失火

发现隔间失火时，应立即通知责任机长并执行他的指示，通知其他机组人员准备好灭火设备。

如果责任机长指示将壁板撬开，则立即取来消防斧和海伦灭火瓶，将旅客撤出此区域，使用消防斧把壁板砸开或撬开一个能够插进灭火瓶嘴的洞，将灭火瓶嘴插进洞口内灭火。隔间失火应注意不要用刀刃砍断壁板，以避免将主要的电线和液压线割断。

（六）座椅失火

发现座椅失火时，应立即通知责任机长并切断该区域电源。取用海伦灭火瓶对准火源底部喷射灭火剂；待扑灭后，用水灭火瓶继续浇灭烟，防止余火复燃。同时应尽可能引导该区域乘客撤离，以防止吸入烟雾。

（七）主货舱失火

主货舱内的货物主要有集装箱和散包货物，如果是集装箱内失火，要堵住集装箱的开口，向箱内喷射灭火剂，直至火被扑灭；集装箱外失火，要向火的底部边缘和箱内喷射灭火剂，直至火被扑灭。然后检查箱内的物品，保证余火灭尽。

如果是散包货物失火，要隔离周围的货物，用灭火剂喷射火的根部或整个货包，用湿毛毯盖住燃烧物。

乘务员进入主货舱灭火前必须得到机长的指示。进入前，要穿戴好防烟面罩、防火衣、石棉手套等，带好手电筒及灭火设备，主货舱的钥匙要留在锁眼内，进入后要先将货网松开。如遇到假火警时，也要有人把守直至飞机安全落地前才能回到座位。即使火已经灭掉，也应有人把守失火点直至飞机安全落地前才能回到座位。

（八）空中娱乐设备失火

首先关闭娱乐系统的主电源；根据火势情况执行基本的灭火程序；不要再次接通相关区域的电源；当灭火成功后，报告机长，确保失火区域至少有一名客舱机组人员实施监控，做好再次灭火的准备。

四、预防火灾

飞机上一旦失火，无论火势大小，势必造成一定的财产损失，所以乘务员务必提高防火意识和警戒心理。

要加强对客舱的检查，小心保存可能会起火的物品。

对厕所的检查，包括废物箱大门、弹簧盖（关闭着的）、烟雾探测器的情况。

对厨房的检查，包括废物箱大门、弹簧盖（关闭着的）、烤炉和电气设备的状况。不要在烤炉内存放纸张或塑料制品。不要把烤炉作为加热器使用。

仔细检查各种设备，包括电路断路器的检查等。

严格实施禁烟规定。

任务二　掌握反劫机的处置

案例

张振海劫机事件

1989年12月16日上午，民航981次国际航班客机从北京经由上海、旧金山飞往纽约，在济南附近上空遭一男子（张振海）劫持，其妻张双琴和10岁的儿子（他们三人买的是去上海的机票）也在机上，劫机犯扬言身上带有炸药，要求把飞机开到韩国，如不答应，就炸掉飞机，手上还握着从内衣露出的引爆线。出于对飞机上200多名乘客和飞机的安全考虑，机长决定改飞汉城

(现"首尔",本文下同),但韩国方面拒不接受,还起飞战斗机阻拦(当时我国同韩国尚无外交关系),因机上燃料不多,只好就近再改飞日本福冈。

机组人员很机警,一直告诉张振海是飞向汉城,在客机下降时,张振海要求到前舱口确认。为防他发现并非汉城,再提另外要求要挟,甚或可能引爆炸药发生意外,乘务员在客机停稳后开门时顺势将劫机犯推了下去。之后,机长同福冈空港有关负责人联系,经一再交涉,日方同意乘客下机并在同普通乘客隔离的专用大厅休息,劫机犯的妻子和儿子因可能有同犯性质留在机内由机组监管。然后,机组人员对机内安全做了彻底清查。

事发后,中国驻日本使、领馆非常重视,派人亲临现场处理有关事宜。日本当局也给予了合作,使得被劫持的飞机和机上人员包括张振海的妻子和儿子顺利返回中国。

当飞机遭到劫持时,作为客舱乘务员,首先要考虑的是国家利益以及旅客和机组的安全问题。

一、遇有劫机时客舱乘务员的工作指导方针

(1)保持镇静;
(2)如果任何机组成员成了武装威胁的对象,则应满足劫匪提出的任何要求;
(3)把要求写下来;
(4)不要试图解除对方武装,不要诉诸武力或者采取可能会导致报复的任何其他行动;
(5)要考虑到劫机者可能只是在机上的几个中的一个;
(6)传递任何重要信息,以机组之间的联络暗号进行;
(7)继续进行在客舱内的正常服务,但是不要向旅客供应含酒精的饮料;
(8)应当尽一切努力保持机组成员在客舱内的可见度,你在那里的存在不仅是要促成一种平静的气氛,而且还应当阻拦任何想当英雄的人的行动;
(9)在劫机者使用汽油作为武器时,在客舱内密切监控和实施禁止吸烟规定,如果可能的话,还要准备用潮湿的毛毯覆盖溢出的汽油;

（10）不接受任何媒体采访。

二、遭遇劫机时的处置方法

客舱内有人称要劫机时，机组成员首先要辨明真伪。如果是旅客因为对航班延误、民航服务等原因发泄不满而语言过激，则按照以下程序处理。

（一）在起飞前发生的

（1）客舱乘务员、空警/航空安全员应对行为人及其行李物品予以监控。行为人有随行者的，也要注意监控。

（2）立即按规定报告机场公安机关，请公安人员登机处理。

（3）对周围旅客讲明情况，稳定旅客情绪，防止事态扩大。

（4）动员知情旅客积极配合公安机关调查取证，或请旅客提供亲笔证词。

（二）在起飞后发生的

（1）如行为人有过其他过激行为，客舱乘务员、空警/航空安全员应予以约束，等降落后，移交机场公安机关处理。

（2）如行为人无其他过激行为，可在飞行途中安排专人控制，待飞机降落目的地后移交机场公安机关处理。

（3）机组在航班结束后将情况报公司保卫部空防处。

行为人确有劫机、炸机等破坏行为，或者情况难以辨明，均以劫机行为处置。客舱乘务员要及时了解和掌握情况，包括事件原因、当前发展态势、可能造成的严重后果。如果有歹徒，应确定人数、性别、年龄、特征、座位号、携带凶器及危险品种类和劫（炸）机的目的等，并及时报告机长和通知机组其他成员。具体处置方法参照表5-1执行。

表 5-1 遇到劫机时的处置方法

特殊情况类型		处置方法
第一类	歹徒虽以爆炸物、危险品、凶器或有同伙相威胁,但并未见显露所称的物品或未见同伙; 歹徒虽手持刀具挟持人质相威胁,而没有其他凶器和爆炸物、危险品以及同伙; 已确认歹徒无力对旅客和飞机构成威胁,不致造成重大伤害的; 歹徒称以爆炸飞机、伤害旅客和机组人员生命、破坏飞机设备、利用飞机为武器攻击地面目标等手段,以达到制造机毁人亡恐怖事件为目的,尚未付诸行动; 歹徒强行要求机组飞往无法达到的目的地; 因油量不足或天气、资料等原因,不能保证飞机安全到达歹徒要求去的目的地。	迅速在国内机场着陆,寻机制伏歹徒; 与地面保持联系,确定备降机场; 左右座飞行员严禁离开座位,佯称满足歹徒要求,麻痹、迷惑歹徒; 乘务人员维持好客舱秩序,稳定旅客情绪,空警/航空安全员做好制伏歹徒的准备; 利用飞机着陆、急刹车或飞机停稳开舱门瞬间等有利时机,采取果断措施,制伏歹徒; 落地后迅速切断电(油)路,视情打开紧急出口,疏散旅客; 落地后,严禁向无关人员泄露劫机情况。
第二类	歹徒确有爆炸物或团伙劫机; 歹徒手持凶器、爆炸物已进入并控制驾驶舱; 不满足歹徒要求,足以危及旅客、机组和飞机的安全。	机长视情况飞往适当的机场; 尽快与飞往地机场联系,索取必要的飞行资料,保证飞行安全; 驾驶舱内不少于两人驾驶; 客舱乘务员、空警/航空安全员稳定旅客情绪,教育旅客服从机长的统一指挥; 机组做好飞机着陆,未开舱门或开舱门瞬间制伏歹徒的准备; 以各种理由,阻止飞机再次起飞。
第三类	空中发现易爆、易燃等危险物品时。	机组应决心:确保人机安全; 立即报告地面,下降高度释压,就近机场尽快着陆; 尽量疏导旅客远离易爆、易燃等危险物品; 无十分把握不在空中处理,可用湿毛毯、被褥、衣物等柔软材料盖在危险品上面,准备好灭火器材; 如能挪动,可将其置于对飞机受损最小的位置; 如机上有防爆专业技术人员(EOD),可请他们在确有把握的情况下,进行排爆工作; 如确定为生化物品,应迅速将其放入生化隔离包,并放置于指定位置; 飞机着陆时,应停在远离飞机和停机坪的地方; 落地后应立即切断电(油)路; 打开所有紧急舱门,迅速组织疏散旅客; 如发生燃烧,机组人员按照灭火程序进行处置,可寻求旅客协助。

任务三 掌握客舱释压的处置

📄 案例

阿罗哈航空公司 243 次航班的空中浩劫

1988 年 4 月 28 日，美国阿罗哈航空公司 243 次航班在当地时间 13:25 从夏威夷希洛国际机场起飞，前往火奴鲁鲁。飞机载有 89 名乘客和 5 名机组人员，飞机在起飞和爬升时并没有异象。

大约在 13:48，飞机爬升到巡航高度 24 000 英尺（约 7 314 米）。突然，机体前端左边一小块天花板爆裂，机舱瞬间失压，导致一大块天花板被撕裂。被撕裂的天花板由驾驶室后方一直到接近机翼的位置。当时，飞机副机长的头部被向后扯，她看到机舱和驾驶舱好像已经分离。机长向后望时发现，原本是头等舱的天花板处却看见了天空。副机长立即联络卡富鲁伊机场，并要求紧急迫降。

在瞬间失压时，该航班乘务长正站在飞机第 5 排座位的位置回收客人的杯子。根据乘客的描述，她被气流扯至天花板，经由破洞，再被吸出机舱外；站在第 15 排和第 16 排之间的一名乘务员被猛烈地抛向机舱地板，她挣扎着爬起，走到机舱前排的位置，协助安抚受惊的乘客；站在机舱前排的另外一名乘务员，被脱落的天花板残片击中受伤，也同样被抛到地板上，在其他乘客的紧抓下才保住性命。

飞机在当地时间 13:58 紧急着陆于卡富鲁伊机场。事件中，有 65 名乘客受伤，其中 7 人重伤，飞机严重损毁。但令人称奇的是，这次事件只有一人（乘务长）死亡，而其余乘客全部生还。

事件后，美国国家交通安全局展开全面调查，最后认定意外是由飞机裂缝生锈导致金属疲劳引起的。同时机龄也是该事件的关键，当时这架客机已使用了 19 年，并做了超过 89 090 次的飞行，超过了设计时预计的 75 000 次飞行。

一、释压类型

客舱释压,分为缓慢释压和快速释压两种。缓慢释压,指的是逐渐失去客舱压力,它可能是因机门或应急窗的密封泄漏或因增压系统发生故障而引起的;快速释压,指迅速失去客舱压力,它可能是由密封金属疲劳、炸弹爆炸或武器射击而引起的,在极端情况下,可以把快速释压归类为爆炸性释压。

二、客舱释压的反应

(一)缓慢释压时人的生理反应

(1)机上人员发困和感到疲劳;
(2)耳朵不舒服,有打嗝和排气的现象。

(二)缓慢释压时客舱及设备的状态

(1)氧气面罩可能会脱落;
(2)紧急用氧广播开始;
(3)卫生间返回座位灯不亮;
(4)在门和窗口周围可能有光线进入;
(5)客舱内所有的灯光亮度可能会达到100%。

(三)快速释压时人的生理反应

(1)冷空气涌入客舱,身体感受到客舱内温度下降;
(2)压耳痛,飞机做大角度的紧急下降。

(四)快速释压客舱及设备的状态

(1)飞机有机构性的损坏,并出现强烈的震动;
(2)有物体在舱内飘飞,可能出现灰尘;
(3)有很响的气流声及薄雾出现;

（4）紧急用氧广播开始；

（5）氧气面罩脱落；

（6）客舱内所有的灯光亮度可能会达到100%。

（三）人在不同高度的缺氧反应

表5-2 人在不同高度的缺氧反应

高　　度	症　　状
海平面	正常
10 000英尺（约3048米）	头痛、疲劳
14 000英尺（约4267米）	发困、头痛、视力减弱、肌肉组织相互不协调，指甲发紫，晕厥
18 000英尺（约5486米）	除上述症状外，记忆力减退，重复同一动作
22 000英尺（约6708米）	惊厥、虚脱、昏迷、休克
28 000英尺（约8534米）	5分钟之内会出现虚脱、昏迷

对于那些身体较差的人来讲，所出现的反应就更强烈，而在不同的高度，人在静止状态下有效的知觉时间也是非常短暂的。表5-3表明不同的高度与不同的有效知觉时间。

表5-3 人在不同高度的有效知觉时间

高　　度	有效知觉时间
22 000英尺（约6706米）	5~10分钟
25 000英尺（约7620米）	3~5分钟
30 000英尺（约9144米）	1~2分钟
35 000英尺（约10 668米）	30秒
40 000英尺（约12 192米）	15秒

三、释压的处置

（一）处理客舱释压时应遵循的原则

（1）氧气面罩的佩戴顺序：先客舱乘务员，再成年人，后未成年人旅客，也可同时进行。

（2）在释压状态未被解除之前，任何人都应停止活动。

（3）对有知觉的旅客吸氧，应取直立；对没有知觉的旅客吸氧，应取仰靠位。

（4）由于氧气的供应，应准备好灭火设备，防止意外用明火引燃发生火灾。

（5）是否需要紧急着陆或撤离，取决于飞机的状况和机长的决定。

（6）整个释压过程及旅客和客舱情况要及时向机长通报。

（二）飞行人员对释压做出的直接处置

（1）戴上氧气面罩。

（2）把飞行高度迅速下降到大约为 10 000 英尺的高度上（航线安全高度许可）。

（3）打开禁止吸烟和系好安全带的信号灯。

（三）客舱乘务员对释压的直接处置

（1）立即戴上最近的氧气面罩。

（2）迅速坐在就近的座位上，系好安全带。如果没有空座位，则蹲在地上，抓住就近的结实结构固定住自己。

（3）在戴上氧气面罩的情况下，用力拍打旅客座椅靠背，用明显的肢体手势指导旅客戴上氧气面罩。

注意：有些旅客可能难以戴面罩，要指示旅客摘下他们的眼镜，指示带儿童的成年人先戴上他们自己的面罩，然后再协助儿童戴面罩。

（4）如机体有损坏，应立即用内话系统报告机长。

（5）等待机长指令。

(6)飞机到达安全高度,并且飞行机组已宣布可以安全走动后,乘务员需要进行客舱检查并做到:

① 携带手提式氧气瓶。

② 检查旅客用氧情况,首先护理急救失去知觉的旅客和儿童,然后照顾其他旅客。

③ 对缺氧旅客提供手提氧气瓶。

④ 如果在机身上有一裂口,则重新安置旅客的座位,让他们离开危险的区域。

⑤ 检查厕所内有无旅客。

⑥ 检查舱内有无火源。

⑦ 在客舱中走动,并让旅客消除疑虑。

⑧ 对受伤旅客或机组成员给予急救。

⑨ 如果可能的话,让旅客把用过的氧气面罩放入他们的座椅口袋内,不要把它们重新存放好或者试图把面罩拉出旅客服务面板。

任务四 掌握危险物品的处置

一、危险物品的定义

在航空运输中,可能含有对健康、安全、财产或环境造成危害的并在国际航协《危险物品规则》第四章危险物品表中列出的,或依据此规则归类为危险品的物品或物质。包括货物、行李、航空邮件中的危险物品。

二、危险物品的分类

根据危险物品所具有的不同危险性质,危险物品可分为九类,其中某些类别又可进一步分为若干项。

（一）爆炸品

1. 定义

爆炸性物质不包括主要危险性符合其他类危险物品定义的物质。

爆炸性物品不包括这样一些装置，即该装置内含有爆炸性物质，但是由于其含量和性质的原因，在运输过程中被意外或偶然点燃或引发时，该装置的外部不出现抛射、起火、冒烟、放热或发出声响等情况。

上述未提到的为产生爆炸或烟火实用效果而制造的物质和物品定义为爆炸品。

2. 分类

（1）具有整体爆炸危险的物品和物质。

（2）具有抛射危险性，但无整体爆炸危险性的物品和物质。

（3）具有起火危险性、较小的爆炸和（或）较小的抛射危险性，但无整体爆炸危险性的物品和物质。

本项包括：可产生大量的辐射热的物品和物质；相继燃烧并产生轻度的爆炸和（或）抛射危险性较小的物品和物质。

（4）不存在显著危险性的物品和物质。

此类货物在运输过程中被引燃或引发时无显著危险性（仅有轻微危险性），其影响基本被限制在包装件内，不会在较大范围内发生碎片的抛射，外部明火不会引起包装件内所装物品的瞬间爆炸。

（5）具有整体爆炸危险性而敏感度极低的物质。

此类物质在正常运输条件下极不敏感，被火引爆的可能性极小，其最低要求是在灼烧试验中不发生爆炸。

（6）无整体爆炸危险性且敏感度极低的物品。

本项只包括敏感度极低的爆轰炸药。经验证，其被意外引爆或传播爆炸的可能性极小。本项物品的危险性只限于单一物品的爆炸。

（二）气体

1. 定义

具有以下性质，即在50℃下，蒸气压高于300kPa；或在一个标准大气压

101.3kPa 时，在 20℃下，完全呈气态的物质定义为气体。

气体包括压缩气体、液化气体、溶解气体、深冷液化气体、气体混合物、一种或几种气体与一种或几种其他类别物质的蒸汽混合物、充气制品和气溶胶制品。

2. 分类

根据运输中所起的主要危险性，将气体划分为以下三项：

（1）易燃气体

温度为 20℃（68 ℉），压力为标准大气压（101.3kPa）情况下，与空气混合时，含量不超过 13% 的可燃性的气体；或与空气混合时，燃烧的上限与下限之差不小于 12%（无论下限是多少）的气体。

气体的易燃性必须通过国际标准化组织（以下简称 ISO）采用的试验方法或计算方法来确定（见"ISO 标准 10156/1990"）。如果缺少这些方法的有关资料，必须采用国家主管部门所承认的等效方法进行试验加以确定。

（2）非易燃无毒气体

温度为 20℃，压力不低于 280kPa 情况下运输的气体或深冷液化气体，并且有窒息性，稀释或取代空气中正常含量的氧气；或有氧化性，该气体一般能够提供氧，助燃能力高于空气，或者不符合本类其他项的定义。

（3）毒性气体

毒性气体包括已知的其毒性或腐蚀性危害人体健康的气体；或 LC50 小于或等于 $5000ml/m^3$（ppm），其毒性或腐蚀性可能危害人体健康的气体。

（三）易燃液体

定义：在闭杯闪点试验中温度不超过 60.5℃（141 ℉），或者在开杯闪点试验中温度不超过 65.6℃（150 ℉）时，放出易燃蒸气的液体、液体的混合物、固体的溶液或悬浊液的物质，定义为易燃液体。

（四）易燃固体、自燃物质或遇水释放易燃气体的物质

在正常运输的情况下，容易燃烧或摩擦容易起火的固体、容易进行强烈的放热反应的自身反应物质和其他相关物质，以及不充分降低含量可能爆炸的经减敏处理的爆炸品定义为易燃固体。

在正常运输的情况下，能够自发放热或与空气接触能够放热而随即燃烧的物质定义为自燃物质。

与水接触放出易燃气体的物质定义为遇水释放易燃气体的物质。

（五）氧化剂和有机过氧化物

自身不一定可燃，但可以放出氧而引起其他物质燃烧的物质，定义为氧化剂。

含有过氧基的有机物定义为有机过氧化物，也可以将它看作是一个或两个氢原子被有机原子团取代的过氧化氢的衍生物。

（六）毒性物质和传染性物质

在误食、吸入或皮肤接触后，进入人体可导致死亡或危害健康的物质，定义为毒性物质。

已知含有或有理由认为含有病原体的物质定义为传染性物质，又称感染性物质。

病原体为已知或有理由认为能对人类或动物引起传染性疾病的微生物（包括细菌、病毒、立克次氏体、寄生菌、真菌）或重组微生物（杂化体和突变体）。

（七）放射性物质

放射性物质指所有包含放射性核素，同时货物的比活度（Activity Concentration）和总活度大于《危险物品规则》（IATA）第 10.4.2.1~第 10.4.2.5 章节中限值的物质。

（八）腐蚀性物质

如果发生渗漏情况，由于发生化学反应而会严重损伤与之接触的生物组织，或严重损坏其他货物及运输工具的物质定义为腐蚀性物质。

（九）杂项危险物品

1. 定义

不属于第一类至第八类任何一类危险物品，但是在航空运输中具有危险性的物品和物质定义为杂项危险物品。

2. 杂项危险物品的范围

（1）航空限制的固体或液体

具有麻醉、令人不快或其他可以对机组成员造成烦躁或不适致使其不能正常履行职责的任何物质。

（2）磁性物质

为航空运输而包装好的任何物质，如果距离其他包装件外表面任意一点2.1米处的磁场强度不低于0.159安/米（0.002高斯），即为磁性物质。

（3）高温物质

在托运或运输过程中温度等于或高于100℃（212 ℉），而低于其闪点温度的液体状态的物质，以及温度等于或高于240℃（464 ℉）固体状态的物质。

（4）其他物品和物质

石棉、固体二氧化碳（干冰）、消费品、危害环境的物质、救生器材、化学物品箱、急救箱、内燃机、机动车辆（易燃液体或易燃气体驱动）、聚合物颗粒、电池作动力的设备或车辆、连二亚硫酸锌，不属于传染性物质但能够以一种通常不属于自然更新结果的方式改变动物、植物或微生物物种的遗传变异生物和微生物。

三、危险物品的运输限制

（一）禁止携带或托运行李中夹带的危险物品

（1）爆炸物（烟火、闪光灯、玩具枪、火帽）；

（2）压缩气体（野营用的氧气瓶和液化氧气瓶）；

（3）易燃的液体和固体（油漆和油漆稀释剂、打火机、火柴）；

（4）氧化物（漂白粉、有机过氧化物、某些类型的固体氧化物）；

（5）化学有毒物质（砷、氧化物、除草剂）；

（6）传染物（传染病毒材料）；

（7）放射性物质（有放射性的医学或研究样品）；

（8）腐蚀性物质（酸、碱、湿型汽车电池、氢氧化物）；

（9）磁性物质（磁拉管、带磁性的仪表）；

（10）其他的危险物质（水银和有水银的仪表、杂酚油、生石灰、油纸、有引爆装置的保险箱和有报警装置的保险箱）；

（11）丁烷卷发液（禁止在机上随身携带和使用）。

（二）允许旅客少量携带的危险物品

根据航空运输《危险物品规则》规定，除特殊情况外，危险物品绝不能作为行李或随身携带。允许旅客在行李中限量携带下列物品：

（1）以湿电池为动力的轮椅（只能作为行李托运）。

（2）液体物品：根据中国民用航空局 2008 年 3 月 14 日发布的《关于禁止旅客随身携带液态物品乘坐国内航班的公告》，为维护旅客生命财产安全，中国民用航空局决定调整旅客随身携带液态物品乘坐国内航班的相关措施，相关内容如下：

①乘坐国内航班的旅客一律禁止随身携带液态物品，但可办理交运，其包装应符合民航运输有关规定。

②旅客携带少量旅行自用的化妆品，每种化妆品限带一件，其容器容积不得超过 100 毫升，并应置于独立袋内，接受开瓶检查。

③来自境外需在中国境内机场转乘国内航班的旅客，其携带入境的免税液态物品应置于袋体完好无损且封口的透明塑料袋内，并需出示购物凭证，经安全检查确认无疑后方可携带。

④有婴儿随行的旅客，购票时可向航空公司申请，由航空公司在机上免费提供液态乳制品；糖尿病患者或其他患者携带必需的液态药品，经安全检查确认无疑后，交由机组保管。

⑤乘坐国际、地区航班的旅客，其携带的液态物品仍执行中国民用航空总局 2007 年 3 月 17 日发布的《关于限制携带液态物品乘坐民航飞机的公告》中有关规定：

a.国际地区航班每人可携带 100 毫升液态物品。

b.乘坐从中国境内机场始发的国际、地区航班的旅客，其随身携带的液态物品每件容积不得超过 100 毫升。

c.盛放液态物品的容器，应置于最大容积不超过 1 升的、可重新封口的透明塑料袋中。每名旅客每次仅允许携带一个透明塑料袋，超出部分应交运。

d. 盛装液态物品的透明塑料袋应单独接受安全检查。

e. 需在国外、境外机场转机的由中国境内机场始发的国际、地区航班旅客，在候机楼免税店或机上购买液态物品，应保留购物凭证以备查验。所购物品应盛放在封口的透明塑料袋中，且不得自行拆封。国外、境外机场对携带免税液态物品有特殊规定的，从其规定。

f. 来自境外需在中国境内机场转乘国际、地区航班的旅客，携带液态物品，适用本条规定。其携带入境的免税液态物品应盛放在袋体完好无损、封口的透明塑料袋中，并须出示购物凭证。

（3）含有放射性材料的心脏起搏器：只允许携带外科手术植入的心脏起搏器。

（4）干冰：只有用于保护随身携带的易腐蚀物品，每人最多携带 2 千克。

（5）小氧气筒（事先获准携带）。

（6）用于驱动机械假肢的小型二氧化碳气瓶，事先获准携带。

（7）小武器弹药：用箱子包装的运动枪弹药，必须托运，每人最多只能托运毛重 5 千克。

四、飞机上发现危险物品的处置

（1）一旦发现客舱内有危险物品，立即报告机长，由机长通知空中管制系统，选择就近机场着陆，在整个处理过程中应随时与驾驶舱保持联系。

（2）确认危险品的性质，可以通过询问旅客了解情况。

（3）如果溢出或泄漏：

①打开所有的通风孔，增加客舱内的空气循环，以确保客舱内有毒气体的排出；

②准备好海伦灭火瓶，随时准备扑灭因危险品的溢出和挥发可能造成的火灾；

③戴上橡胶手套和防烟面罩——便携式氧气瓶；

④将旅客从发生事故的区域撤离，并向旅客发放湿毛巾和湿布；

⑤将一般危险物品放进聚乙烯（塑料）的袋子里；

⑥把受到影响的设备当作危险物品处理；

⑦把地毯/地板上的溢出物选用合适材料盖住；

⑧经常地检查被隔离防治的物品和被污染的设备。

（4）用生化隔离包将危险物品包好后，移至对飞机危害最小的部位。

（5）危险物对飞机危害最小部位是：后舱右侧机舱门处。

（6）记录危险物品的处理经过和发现时间，以备地面人员查询。

（7）做好着陆后的应急撤离准备。

五、处理危险物品应遵循的原则

（1）接触危险物品时应戴好橡胶手套或塑料手套及防烟面罩。

（2）当渗漏的危险物品发生反应时，可用塑料袋盖好，不要用布去擦，避免伤及皮肤。

（3）处理过程中，出现火情，也不要关闭通风孔，否则旅客会因缺氧和毒气窒息。

（4）处理完毕后要清洗双手。

任务五 掌握紧急迫降和应急撤离的知识和技能

📄 案例

两分钟309人全部逃离 法航班机乘客逃生堪称经典

2005年8月3日，乘坐法航A340空客飞机的309名乘客与机组成员上演了"教科书式撤离"，两分钟内机上全部人员成功逃离当时已燃起熊熊大火的飞机。

乘客回忆，在飞机第一次试图着陆时遇到了问题，机组人员立即通知乘客由于天气的原因着陆没有成功。一名乘客说："当时飞机在空中盘旋，空中小姐告诉我们不要惊慌，机长就在大家身边。"

飞机第二次下降时，天空中不时有闪电划过。36岁的乘客维隆尼卡·劳德斯当时坐在后排，她正在看着窗外，她说："那是什么？好像是烟。"此时飞机已经开始触地，机舱里突然停电，一团黑暗。

几秒钟之后，当飞机的机轮触地后，乘客们如释重负，但这次着陆太硬了，乘客们的欢呼声立即被尖叫声所取代。

飞机并没有减速，一名18岁的乘客说："我们的速度很快，大家都在颠簸，灯灭了，大家纷纷戴上了氧气罩。"

飞机最终在偏离跑道200米处停了下来，飞机左侧机身和机尾均有浓烟冒出来。机组人员立即将大门打开，并帮助乘客冷静下来，但机尾处的火焰还是令人害怕，不少乘客开始向出舱口跑去。由于出舱口距离地面还有3米多，一些乘客从滑道下滑时导致腿部或是臂部骨折。

最终的结果是：52秒内，四分之三的乘客已经离开了飞机；不到2分钟，所有乘客和机组人员均脱离了险境，其中一名副驾驶是最后一个离开着火的飞机的。机场消防主管迈克·菲格利拉说："这简直是一个奇迹，没有人遇难。"

飞机遇有紧急状况，如遭遇无法扑灭的火势、发动机故障等，机组人员要组织旅客紧急迫降和应急撤离。

一、紧急迫降和应急撤离的类型

紧急着陆和应急撤离发生于陆地或水上，分为两种不同类型，即计划（有准备）和非计划（无准备）紧急着陆和应急撤离。

（一）有准备的迫降和撤离

有准备是指飞机、机组以及机场具有一定的时间（通常至少有10分钟的准备时间）完成必要的迫降前准备。在该时间内，客舱乘务员要进行客舱检查，帮助需要协助的旅客，确认所有的准备工作已经完成，并且，在飞机着陆前，机长与乘务组已经完成规定的撤离准备。

注意：进行水上迫降时，应急漂浮设备（救生衣、座椅浮垫、救生筏等）将成为重要的保障因素，必须确认旅客能够正确使用这些设备。

（二）无准备的迫降和撤离

无准备是指飞机和机组几乎没有准备时间，通常是由突发性事件引起的。在任何需要立即撤离飞机的非正常情况下，当飞机着陆并停稳后，机长使用旅客广播系统迅速通告乘务组执行应急撤离，同时报告空中交通管制部门。

二、紧急迫降和应急撤离的基本处置原则

（1）听从机长指挥；
（2）迅速正确的判断；
（3）准备处置的措施；
（4）随机应变；
（5）沉着冷静；
（6）维持秩序；
（7）团结协作。

三、迫降和撤离时机组人员的职责

（一）机长的职责

（1）在任何需要撤离或可能撤离的非正常情况下，机长应通告乘务长紧急情况的性质和客舱准备的可用时间，并要求乘务组完成应急撤离前旅客与客舱的准备。

（2）使用旅客广播通知旅客有关紧急情况的性质和要求，并将计划着陆后撤离及所需援助报告空中交通管制。

（3）发布撤离口令。

（4）协助指挥撤离。

（5）确认所有旅客及机组人员离机，完成清舱工作后作为最后一名撤离飞机的机组成员。

（6）在救援人员到达前，组织旅客和机组人员远离飞机到达安全地带，救

治伤员，发出求救信号。

（7）如机长不能履行其职责，接替机长职责的顺序按"本次航班机长→资深副驾驶→副驾驶→飞行观察员→驾驶舱其他成员（必须是该机型经批准合格的飞行员）→乘务长→客舱乘务员"进行。

（二）飞行组其他成员的职责

（1）在执行应急撤离程序时，飞行组其他成员应在机长的统一指挥下，分工负责，协调配合，并按照机长的决断和指令，负责与空中交通管制及客舱乘务组的联系。

（2）离地高度500英尺（约150米）时，向客舱发布"500英尺"高度警告，客舱所有人员应做好防冲撞准备；离地高度100英尺（约30米）时，向客舱发布"100英尺"高度警告，客舱所有人员开始保持防冲撞姿势。

（3）协助指挥撤离。

（4）在救援人员到达前，协助组织旅客远离飞机到达安全地带，救治伤员，发出求救信号。

（三）乘务组的职责

（1）向旅客介绍防冲击姿势、（水上迫降）介绍救生衣、座椅浮垫的使用方法、应急出口的位置等。

（2）按照当时情况的需要重新安排旅客的座位，确保有行动能力的旅客被安排在应急出口处，确认援助者及其分工。

（3）客舱乘务员应确认所有行李和松散物品已固定（含尖锐物品的收取）。

（4）如果是陆地撤离，各号位乘务员务必要确认机门滑梯预位，水上撤离，则要解除滑梯。

（5）当客舱已完成应急撤离准备时（含区域划分等），乘务长应报告机长。

（6）根据机长应急撤离口令，组织旅客实施撤离。

（7）完成清舱工作后撤离飞机。

（8）在救援人员到达前，在机长的统一指挥下，使用规定口令组织旅客和机组人员远离飞机到安全地带，救治伤员，发出求救信号。

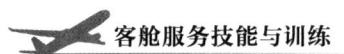

四、应急撤离的基本知识

（一）对旅客简介

迫降和撤离前对旅客简介包括防冲击姿势、应急出口、救生衣的使用方法、收取锐利物品、餐具等，可以通过广播或分组演示的形式进行。作为一个乘务组，所有客舱乘务员的工作进度应保持一致。

（1）乘务长广播——应在开始客舱准备之前进行，以引起旅客注意。若事先无机长广播，乘务长应在广播中说明事件真相（如发动机起火、飞机漏油等）和即将采取的对策（如陆地迫降或水上迫降）。

（2）禁止吸烟——要确保熄灭所有香烟。

（3）收好餐具——客舱乘务员应将所有的餐具、服务用品收藏好，应尽量使用餐车收藏，为节省时间客舱乘务员也可以直接使用垃圾车或垃圾袋收取餐具。所有物品必须放在封闭的空间内（如储藏间、厕所、可封闭的餐车）并上锁。

（4）固定好座椅靠背和小桌板（在座位上的录像设备、脚踏板）——要确保所有旅客的座椅靠背处于垂直的位置上，并且扣好小桌板，安装在座位上的放像设备以及踏脚板已收藏好，包括检查、固定客舱与服务舱内的松散物品，关闭各种电气设备。

（二）选择有效出口

根据当时环境和机长指令以及紧急着陆时的机身姿态，选择可用和有效的应急出口。

（1）正常陆地迫降：飞机在常态下，所有应急出口可供有效使用。

（2）前轮和主轮全部折断：翼上应急出口不能使用（发动机触地可能引起爆炸和火灾）。可选择前、后舱门，迅速撤离机舱。

（3）前轮折断：所有应急出口可供有效使用，但应考虑后机舱门离地面的高度和滑梯的可用长度能否接地。

（4）机尾触地：所有应急出口可供有效使用，但应考虑前机舱门离地面的高度和滑梯的可用长度能否接地。

（5）飞机侧趴，主轮一侧折断：接近地面一侧的翼上应急出口不能使用（发动机触地可能引起火灾）。

（6）水上迫降：飞机触水后状态是机身前部高于尾部，后舱门一般不用于水上撤离（尤其是 B737-700/800），机翼上出口一般不用，需要使用时应挂好逃生绳。其他出口视飞机浸水情况而定。

（三）紧急情况指令

（1）机上全体人员，首先听从机长的指挥。
（2）如果机长失去指挥能力，机组按机长指挥权的接替规定下达命令。
（3）乘务长失去指挥能力，乘务组按指挥权的接替规定下达命令。

（四）撤离时的指挥

（1）乘务长负责客舱指挥。
（2）其中一名援助者应先下飞机负责地面（水上）指挥。
（3）客舱乘务员打开机舱门后应迅速拉动人工充气手柄，并握住门旁辅助手柄，双臂封门，判断滑梯充气完成后站在辅助空间内迅速指挥旅客撤离。
（4）如客舱乘务员所负责的机舱门或出口不能使用，应明确通告旅客此门不通，并堵住出口，迅速指挥旅客使用其他就近出口撤离。
（5）陆地撤离应指挥旅客："一个接一个跳！滑！"；水上撤离时提醒旅客进入救生筏或入水前"救生衣充气"。
（6）指挥撤离时，乘务员发出的口令应简洁、准确、响亮，起引导作用。

（五）选择安全地带

（1）陆地撤离时，应选择上风侧方向逃离，远离飞机至少 100 米以外。如可能发生爆炸，应远离飞机至少 400 米。
（2）水上撤离应选择下风侧，并尽可能远离飞机和燃油区，但应保持在可目视飞机沉没的区域。

（六）撤离时间

（1）撤离时间是指从飞机完全停稳（机长发布撤离指令）至机上人员全部

撤离时止。

（2）陆地撤离时间一般为90秒。

（3）水上撤离时间一般为120秒。一般情况下飞机入水后头部高、尾部低。飞机在水面漂浮时间最长不会超过60分钟。一般情况为20分钟，最少13分钟，机上人员必须在13分钟内撤离完毕。

（七）跳滑梯姿势

（1）正常人从滑梯撤离，应是双臂平举，轻握拳头，或双手交叉抱臂，从舱内跳出，落在梯内时手臂的位置不变。双腿及后脚跟紧贴梯面，收腹弯腰直滑到梯底，站起跑开。

（2）抱小孩的旅客，应把孩子抱在怀中，坐着滑下飞机。儿童、老人和孕妇也应坐着滑下飞机，但在梯面的姿态与正常人相同。

（3）伤残旅客可根据自身的情况，坐滑或由援助者协助坐滑撤离。

（八）选择援助者

（1）可选为援助者的对象——民航职工及有关人员（了解飞机结构的人）；军人、警察、消防人员（受过高难度训练的人）；医护人员；身强力壮的志愿者。

（2）援助者的任务：在飞机刚停稳时，在机门处手挽手挡住涌来的旅客；当客舱乘务员不能开门时帮助打开；协助需要帮助的旅客或客舱乘务员实施撤离。

（3）援助者的职责

表 5-4　援助者职责

撤离类型	援助者位置	援助者职责
陆地撤离	机门	1号：在客舱乘务员能力丧失时负责打开机舱门。滑梯充气后第一个滑下飞机，站于滑梯的左侧，帮助随后滑下的旅客。 2号：第二个滑下飞机，站于滑梯的右侧，帮助随后滑下的旅客。 3号：引领者。第三个滑下飞机，带领并指挥撤离的旅客远离飞机，逃向安全地带。

续表

撤离类型	援助者位置	援助者职责
陆地撤离	机门	4号：护理者。负责协助受伤或能力丧失的客舱乘务员撤离飞机。如客舱乘务员未出现受伤或能力丧失，则4号援助者应第四个滑下飞机，在安全地带负责集中旅客，通告所有人员禁止吸烟及返回飞机，同时检查有无受伤者，需要时进行紧急救护。 5号：后备人员。在客舱乘务员失去指挥能力时，替代客舱乘务员行使职责。客舱乘务员未受伤则第5个滑下飞机，负责集中旅客并通告所有人员禁止吸烟及返回飞机。
陆地撤离	翼上出口	1号：观察情况，打开窗户，站在机翼上靠近出口的地方，帮助旅客撤离。 2号：站在机翼底下的地面上，协助旅客从翼上滑下。 3号：站在离飞机较远的安全地方，呼喊乘客集中在一起，不许抽烟，不许返回飞机。
水上撤离	机门	1号：机舱门打开，救生筏充气完成后，第一个爬向救生筏的一端，负责安排旅客。若为圆形救生筏则爬向其中央。 2号：机舱门打开，救生筏充气完成后，第二个爬向救生筏另一端，负责安排旅客均匀分布于救生筏两侧。 3号：站于出口处协助旅客取下锐利物品、将救生衣充气，协助旅客上救生筏。 4号：上救生筏后检查受伤者，需要时进行紧急救护。 5号：在客舱乘务员丧失指挥能力时替代客舱乘务员行使职责。
水上撤离	翼上出口	1号：观察情况然后打开出口，协助使用救生筏，第一个上筏并帮助后续旅客上救生筏。 2号：站于出口处协助旅客取下锐利物品、将救生衣充气，协助旅客上救生筏。 3号：站于出口处协助旅客取下锐利物品、将救生衣充气，协助旅客上救生筏。

（4）为特殊旅客选择援助者

①（在大多数旅客撤离后）协助行走困难的旅客转移至出口处

毛毯搬运：打开毛毯，让行走困难者坐于毛毯上，由两名援助者拉紧毛毯角，将其抬至出口。

抬送：一名援助者从背后抱起行走困难者，将其双臂交叉置于胸部之间，右手握住其左手腕，左手握住其右手腕；另一名援助者从其膝盖处抬起双腿，两人合作将行走困难者带至出口。

背抬：两人背对背，援助者将手臂从行走困难者背后的腋下穿过，然后用手臂勾起行走困难者的肘部,将行走困难者带到出口。

② 协助撤离

指派两名援助者到滑梯下面进行保护。

不能行走但上肢具有活动能力的旅客可将双臂平伸坐于滑梯滑下;不能行走且上肢同时失去活动能力的旅客,援助者坐于其身后,双臂穿过其腋下抱住其身体,与之一起从滑梯滑下飞机,并帮助旅客远离飞机。

(九)防冲撞姿势

由客舱乘务员演示防冲撞姿势,特殊旅客做个别指导,告知旅客开始防冲击姿势的信号,检查旅客执行防冲撞姿势,说明飞机着陆时可能会出现多次撞击,因此应保持防冲撞姿势直至飞机完全停稳。为防止冲撞,应用毛毯或枕头垫于腹部;残障旅客可将毛毯或衣物垫于伤患部位。

1. 面向机尾方向的客舱乘务员

紧紧系牢肩带和座椅安全带,双臂挺直,手紧抓座椅边缘,头紧靠椅背,两脚平放用力蹬地,如图 5-1 所示。

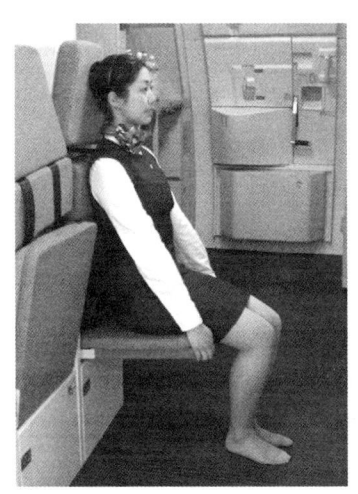

图 5-1　面向机尾方向的客舱乘务员

2. 面向机头方向的客舱乘务员

紧紧系牢肩带和座椅安全带,双臂挺直,收紧下颚,双手紧抓座椅边缘或交叉抱住双臂,两脚平放用力蹬地,如图 5-2 所示。

模块五　客舱中的应急处置

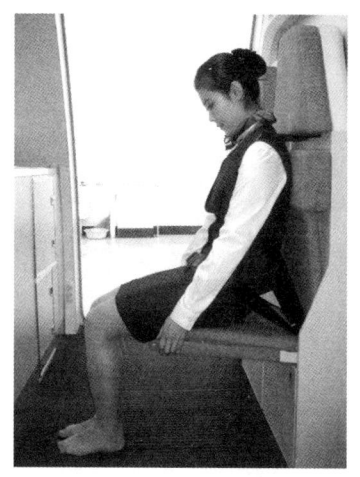

图 5-2　面向机头方向的客舱乘务员

3. 儿童和前排旅客

身体前倾，头贴在双膝上，双手紧抱双腿，两脚平放用力蹬地，系紧安全带，如图 5-3 所示。

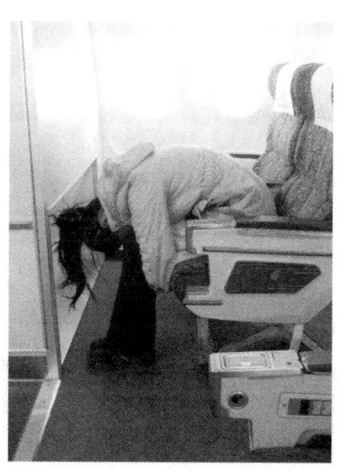

图 5-3　儿童和前排旅客

4. 携带婴儿旅客

用衣服或毛毯包好，婴儿面朝内斜抱在怀中，婴儿头部朝向通道内侧，抱婴儿者俯下身，安全带系在抱婴儿者的腹部，如图 5-4 所示。

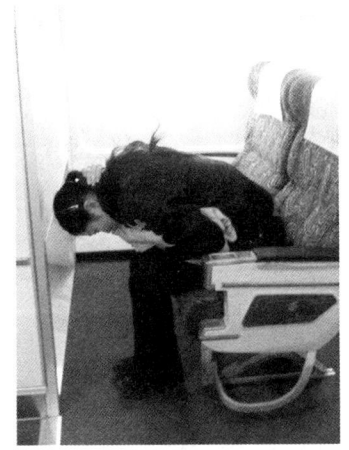

图 5-4　携带婴儿旅客

5. 成人旅客

双臂交叉，伸出双手抓前排座椅靠背，头俯下紧贴在交叉的双臂上，双脚平放，用力蹬地。孕妇可将安全带系在大腿根部，如图 5-5 所示。

图 5-5　成人旅客

6. 特殊旅客

孕妇、身材高、肥胖者的双手紧抓座椅扶手，同时收紧下颚，两腿用力蹬地，如图 5-6 所示。

模块五　客舱中的应急处置

图 5-6　特殊旅客

7. 无上肢旅客

由邻近的旅客协助其俯身向下。

8. 勤务动物（导盲犬、助听犬）

为防止导盲犬、助听犬被撞出，应使用枕头和毛毯铺于隔板区或旅客前面的座椅下方（用作防冲撞垫）；建议旅客取下导盲犬、助听犬的挽具并套上皮套；当把导盲犬或助听犬带到滑梯上时，应由主人负责牵住动物。

（十）检查和固定设备，清理出口和通道

（1）检查所有出口，确保其处于待用状态；

（2）检查所有厕所，确保其无人并锁好门；

（3）固定厨房设备，关闭厨房电源；

（4）取下舱内所有门帘、隔帘，打开遮光板；

（5）检查旅客的安全带是否已经系好，小桌板、脚踏板、椅背收到正常位置；

（6）收好所有耳机，关闭娱乐系统。

（十一）调整旅客座位

（1）将援助者安排于出口处或需要协助的旅客附近就座；

（2）特殊旅客安排于应急出口的第二排中间座位；

（3）相连的同一排座位不能同时安排两名特殊旅客；

（4）担架旅客安排于客舱最后一排，并将担架固定；

（5）将孕妇调整至非隔板座位，并提供毛毯、枕头垫于其腹部；

（6）应避免将团体旅客或旅客中的家庭成员分开。

（十二）取下锐利和松散的物品

（1）确认旅客取下其佩戴的锐利物品，如珠宝首饰、发夹、钢笔/铅笔、标志牌等，将其存放于行李包或清洁袋内，并将其置于座椅下方或行李架内；

（2）取下眼镜、助听器、义齿等，并将其存放在迫降后能够取到的位置（如外衣口袋中）；

（3）脱下高跟鞋及带钉子的鞋，由客舱乘务员收集并放于行李架内；

（4）确认旅客衣物放松（解开衣领）并取下领带和围巾；

（5）确认旅客未将任何物品存放在座椅前面的口袋里。

（十三）做最后准备

（1）重新检查客舱/厨房；

（2）审阅紧急撤离职责；

（3）调暗客舱灯光；

（4）坐在折叠椅上，系好安全带和肩带；

（5）报告乘务长、机长；

（6）做好防冲击准备。

（十四）客舱乘务员自身准备

（1）取下身上的各类尖锐物品，以及领带与丝巾（松开衣领）；

（2）脱下高跟鞋，并去除尼龙丝袜；

（3）弄湿头发，以防被火引燃；

（4）确认手电筒及撤离时应携带的物品的位置（但不要把它从支架上取下）；

（5）在客舱乘务员折叠座椅上坐好，系紧安全带；

（6）做防冲击的准备动作（在接到指令时立即做出防冲击姿势）。

回顾撤离分工并做静默 30 秒复查，复查具体内容如表 5-5 所示。

表 5-5　复查具体内容

复查项目	具体内容
防冲击姿势 （Brace for Impact）	客舱乘务员在不同座位上应采取的防冲击姿势； 指导不同旅客采取防冲击姿势的口令。
情绪控制 （Panic Control）	客舱乘务员自我情绪的控制； 控制旅客的情绪。
判断情况 （Judgement）	飞机是否处于会导致撤离的最严重情况（起火和烟雾，机体严重破损，发动机周围漏油，机体浸水）； 机外是否安全（火、油、烟雾、障碍物、水等的影响）； 机门是否失效。
协作配合 （Coordination）	帮助同伴一起行动； 提示同伴应采取的步骤； 思考机组成员间的联络方法。
组织撤离 （Evacuation）	回顾撤离的每一个步骤和程序； 各种不同情况下（如烟雾、黑暗的环境）的撤离方法； 撤离的不同阶段应使用的口令（如防冲击、指挥脱出、客舱检查）。

（十五）旅客撤离飞机后清舱

当旅客撤离完毕，客舱乘务员清理所负责的区域，确认无人后报告乘务长，其他区域也在无须帮助后即可撤离。

乘务长负责清理客舱，陆地迫降从飞机的后门撤离。水上迫降从飞机的 L1 门撤离。

机长做最后检查，最后一个撤离飞机。

（十六）水上迫降

（1）介绍座椅垫、救生衣（跨水 / 延伸跨水运行）作为漂浮设备的使用方法；

（2）告诉旅客，撤离滑梯可以翻转过来作浮艇使用；

（3）为儿童及其陪伴者做单独介绍，儿童穿上救生衣后应使其部分充气；

（4）确认所有旅客穿上救生衣，并检查救生衣的带子未被卡住或夹住；提示旅客在飞机内不得将救生衣充气，必须在撤离至出口时方可充气（旅客穿着事先充气的救生衣不易迅速到达并通过出口）；

（5）告知旅客在夜航或天气恶劣情况下，救生衣的定位灯在入水后提供正常照明；

（6）救生衣必须穿在所有衣服的外面，以便救援人员识别；

（7）告诉旅客，机组人员的救生衣是红色；

（8）如果有可能尽量使一家人在一起；

（9）离开飞机应带些小毯子及保暖的衣服，不要带个人行李；

（10）告知旅客救生筏（船）的位置。

📄 小资料

关于飞机上的救生衣

飞机上救生衣的颜色有两种：黄色与红色。其中，红色供机组人员使用，黄色则供旅客使用。这两种颜色都是警告色，使救援人员在茫茫大海中极易发现和区别。救生衣是用尼龙材料制成的，分上下两个气囊，起到了双保险的作用。附件中有左右各一两个高压气瓶，只要分别拉两边的红色把手，即可在2秒钟内自动充气；两边的口吹管还可人工充气以增加浮力。方位指示灯的电源是由海水激活，供电时间可长达12小时以上，在夜晚极易被发现。有的救生衣还配有哨子（供呼叫用）、镜子（反射光线）等。

（十七）异常情况下撤离

通常情况下，是由机长发出撤离口令，机上人员才能撤离。但有时驾驶舱内发生了异常情况，驾驶员失去指挥能力时，如果乘务长按压内话机报警后30秒钟仍得不到指令，则有权实施撤离。异常情况包括：①机体明显破损；②烟雾火灾无法控制；③燃油严重泄漏；④飞机进水；⑤危及人员或飞机安全的其他情况。

（十八）协调

1. 机长与乘务长之间的协调

协调的内容包括：紧急情况的性质；准备时间的长短；防冲击命令由谁、以何种方式发出；撤离命令由谁、以何种方式发出；特殊指示（如飞机的状态或天气情况）；重复以上信息。

如果时间十分仓促至少要做以下协调：迫降类型和准备时间，重复以上信息。

2. 乘务长与客舱乘务员之间的协调

乘务长必须立即广播通知客舱乘务员集中，或以内话方式呼叫全体客舱乘务员。双方必须协调以下内容：传递来自机长的信息；确定客舱准备（包括服务舱和旅客）的计划；指示客舱乘务员使用《应急检查单》；明确各人职责，安排准备工作。

（十九）出口位置指示

旅客分布、火情、着陆姿态、救生船的载量都有可能影响我们按客舱撤离区域划分预案来进行出口位置指示与脱出区域的划分。

客舱乘务员通常可直接按应急撤离职责中的分工，将旅客分成若干组进行撤离。

每位旅客必须知道区域内的所有出口，并明确两个最近的并请回复确认出口位置，以及当这个出口失效时，另一个较近的出口在什么位置。

不要将已经明确在迫降后不能使用的出口向旅客进行介绍。

客舱乘务员应向旅客说明应急撤离路径灯的作用。旅客应知道撤离路径灯是用来指示紧急出口的，以便旅客在烟雾或黑暗的环境中能找到出口。

（二十）紧急状况下的指挥口令

1. 陆地撤离指挥口令

陆地撤离指挥口令如表5-6所示。

表 5-6 陆地撤离指挥口令表

状态	口令
飞机停稳，乘务员解开安全带从座位上站起，观察外面状况并打开出口后封住舱门时	解开安全带 /Open seat belt 撤离 /Evacuate
出口已打开，滑梯充气后，一只手握住门边把手，另一只手指挥时	到这边来 /Come this way；Come here
撤离期间指挥旅客加快速度时	快点走 /Move faster
当旅客在充满烟雾的客舱内撤离时	低下身，跟着灯光走，随着声音来，隔着衣服呼吸（掩住口鼻）/Cover your mouth and nose /Seat cover，Stay down/Follow
当旅客通过出口撤离时	一个跟着一个跳滑 /Stay closer/Jump one by one
当门被堵住，门把手卡住，舱外有火、烟、水，乘务员面向客舱双臂合十的指挥；以及门已打开，但无滑梯的情况下，乘务员面向外双手抓住门边把手时的指挥	此门不通，到对面去 /No exit，Go across 到前门去，到后面去 /Go forward，Go back
遇到无计划的紧急撞击时	弯腰 / 低头 Bend over/Keep your heads down
遇到有计划的紧急撞击时	紧迫用力 /Brace
当飞机着陆后，机长指挥不用撤离时	坐在座位上 /Stay in your seat 保持镇静 /Don't panic

2. 水上撤离指挥口令

水上撤离指挥口令如表 5-7 所示。

表 5-7 水上撤离指挥口令表

状态	口令
飞机停稳，乘务员解开安全带从座位上站起，观察外面状况并打开出口后封住舱门时	解开安全带 /Open seat belt 撤离 / Evacuate
遇到无计划的撤离时	穿上你座位下的救生衣 /Life vest under your seat 脱掉高跟鞋 /Take off your shoes
出口已打开，滑梯充气后闪开出口，一只手握住门边把手，另一只手指挥时	到这边来 / Come this way 这边走 /Come here
当旅客通过出口撤离时	救生衣充气 /Inflate life vest 一个跟着一个 /Stay closer 跳 /Jump

续表

状态	口令
撤离期间指挥旅客加快速度时	快点走 / Move faster
当旅客在救生船上以及移动时	趴下 /Stay down 坐下 /Sit down
当门被堵住，门把手卡住，舱外有火、烟、水，乘务员面向客舱双臂合十的指挥；以及门已打开，当大型飞机救生船充气失效时，乘务员双手抓住门边把手时的指挥	此门不通，到对面去 /No exit, Go across 到前门去，到后面去 /Go forward, Go back
遇到无计划的紧急撞击时	弯腰 / 低头 Bend over/Keep your heads down
遇到有计划的紧急撞击时	紧迫用力 /Brace
当飞机着陆后，机长指挥不用撤离时	坐在座位上 /Stay in your seat 保持镇静 /Don't panic

任务六　掌握撤离后的求生技能

一、陆地求生技能

当陆地撤离发生在偏僻和荒凉地区时，在救援人员还不能马上赶到之前，客舱乘务员应当带领幸存旅客做陆地求生的准备。

（一）撤离后的组织

（1）首先要指挥旅客远离飞机，避免遭受火灾的侵害；

（2）当飞机发动机冷却，燃油蒸发，火已熄灭时，乘务员要设法返回飞机，取拿求生用的必备物品，如保暖衣物、食品等；

（3）对受伤人员施行急救，并要求旅客中的医务人员提供援助；

（4）集合并清点幸存人数，将其分为几个小组，每组指定一名组长负责管理，总的任务由机组人员下达，具体的任务由组长分配给每一个人；

（5）就地取材搭建临时避难所；

（6）准备好发出求救信号的设备。

（二）建立避难所

可以选择天然的避难所，如山洞、凸出的大岩下边、树和树枝。飞机本身也可以作为避难所，如完整的机身、机翼和尾翼、撤离滑梯、机舱内的塑料板及绝缘板。

（三）发出求救信号

（1）使用应急发报机及救命包中的信号设备求救。

（2）火——火在白天和夜间都可作为信号，三堆火组成的三角形信号是国际通用的遇难信号（为防火势蔓延，火堆附近应围小墙）。

（3）烟雾——在晴朗无风的日子里，或是白雪覆盖时，可用白色、黑色烟雾作为信号。三个烟柱组成的三角形也是一种国际通用的遇难信号。蓝天时用白烟，雪地、阴天时用黑烟。

（4）手电筒——在夜间可以利用手电筒作为信号，在很远的地方也可以看到。国际通用的SOS求救信号是三次短闪，三次长闪，三次短闪。

（5）地对空求援符号——利用树丛、树叶、石头、雪等天然材料堆成各种求援符号，以吸引来自空中的救援人员的注意。国际公认的求援符号有：

① "V"字表示求援者需要帮助；

② "→"箭头符号表示求援者行进的方向；

③ "X"表示幸存者需要医疗救护；

④ "SOS"表示请援助我们；

⑤ Y和N分别表示"是"或者"不是"。

（6）发信号时要注意的问题：

①做好发信号的一切准备，并保证其有效性。

②应保证铺设的信号在24小时内都有效，因为信号在昼间大部分时间内都有阴影，所以铺设方向应为东西方向，其线条宽度为3英尺（1米左右），长度不短于18英尺（5.5米左右），并定时检查。

③所有信号的发出和铺设应在开阔地带，可能的情况下多准备几种信号。

④用火作为信号时，应选择离其他树较远的孤立稠密的常青树，避免引起森林火灾。

⑤保护好信号材料不受冷受潮。

⑥烟雾和反光镜是仅次于无线电的最佳联络手段。

⑦任何异常的标志和颜色之间的差异在空中都能发现。

（四）饮水

在生存中，水比食物更为重要。水是人生存的必需品。陆地求生时要注意收集水源：当从飞机上撤离下来时，应尽可能多带水、饮料。此外，附近的河流、湖泊、池塘、山泉；沙丘之间凹处；干枯河床下面；雨水和露水；热带丛林的植物；寒冷地带融化后的冰和雪；鸟群聚集的地方；动物的足迹和粪便遍布的地方等，都意味着存在水源。

饮水时要注意的问题：

（1）不干净的水至少要煮 10 分钟后方可饮用；

（2）河流、湖泊、池塘、山泉等水源，需消毒后才能饮用；

（3）不要直接食用冰和雪解渴，因为雪和冰降低体温会造成更严重的脱水；

（4）丛林中植物中的乳汁状的汁液不能喝，可能有毒；

（5）不到万不得已不要饮用尿液，它对身体有害；

（6）尽量减少活动，以避免体内水分的损耗；

（7）飞机上带下来的水和饮料应放在最后食用；

（8）合理分配用水量；

（9）沙漠中的湖泊和水坑的水如含有盐碱味，不要饮用。

（五）食品

在野外生存中，食物与水相比并不是最重要的。一个幸存者不吃东西，光靠水和自身的脂肪也能生存一段时间，当你需要吃食物时，可以从你周围的环境中获取。

1. 食物的来源

（1）在不影响撤离速度的情况下，尽可能从飞机上带下可用食品。

（2）从昆虫身上获取食物。

（3）猎捕野兽和鸟类作为补充食物。

（4）捕食鱼类。

（5）采摘野生藤本植物。

（6）捕捉爬行动物。

（7）飞机货舱内可食用的货物。

2. 进食时要注意的问题

（1）应急食品要在最迫不得已时再食用。

（2）昆虫除蝗虫外，都可生吃，但烧烤后味道更好，吃时要去掉胸腔、翅膀和腿，但不要食用蜈蚣、蝎子、蜘蛛、苍蝇、红蚁、虱子和蚊子。

（3）食用鸟类及兽肉之前应先放血，去皮取内脏，然后经烧烤后食用。在取内脏时不要碰破胆囊，并将多余的肉储存。

（4）淡水鱼一定要煮熟后食用。

（5）野生藤本植物作为最后的求生食品时，一定要熟悉其属性，在食用前要先分辨一下是否有毒。有毒的植物可能会有下列现象：

触摸后有刺氧感及红肿；

折断的树枝上有乳汁样的汁液流出；

嚼在嘴中有烧灼感，辛辣苦涩或滑腻感。

（六）取火

火是野外生存的基本需要之一。它可以取暖、做饭、烘干衣服、防止野兽的袭击和做联络信号。

1. 生火的必备条件

生火的一般顺序是从火花到引火物，再到燃料。

火柴、打火机、火石和小件钢制品、信号弹（最佳火种，但却是最后手段）、电瓶（但不能在飞机附近进行）、放大镜等都能成为火花源。

棉绒、纸绒、脱脂棉、蘸过汽油的抹布、干枯的草和毛状植物、鸟的羽绒以及鸟巢等可以作为引火物，作为引火物的材料应保持干燥和高度易燃。

凡是可以燃烧的东西都可以作为燃料，并可以混合在一起使用。在准备燃料时一定要尽可能地使之充足够用。可以作为燃料的物品有：干燥的树枝、灌木，捆成束的干草，干燥的动物粪便，动物脂肪，地面裸露的煤块，飞机上的汽油和滑油等。

2. 火场的位置

火场最好设置在沙土地和坚硬的岩石上。如在丛林中生火，要尽可能地选择在林中的空地上，同时要清除周围地面上的可燃物，如树枝、树叶、枯草等，还要在近处准备好水、沙子或干土，以防引起森林火灾。

如果是在雪地、湿地或冰面上生火，可先用木头或石块搭一个生火的平台，作为取暖用的火，可利用天然的沟坎，或先用圆木垒成墙，以利于将热量反射到隐蔽所中。

3. 成功取火的条件

经常保持足够的火花源并使其始终干燥；为第二天准备足够的引柴和燃料，并用干燥的东西将其盖好；点火时火种应在引火堆的下风向。

（七）陆地生存要点

（1）充分休息，保存体力，每晚应睡 7~8 小时；

（2）保持避难所的清洁，垃圾应存放在离住处较远的地方；

（3）尽可能保持自身的清洁，以使自身处于良好的精神状态下；

（4）沙漠中生存应尽可能地躲避太阳的辐射，以减少体内水分的蒸发，寻找水源和食物的工作最好在傍晚、清晨、夜间进行；

（5）丛林地带生存应避免蚊虫叮咬，在阴冷的天气里，尽可能保持身体干燥和温暖；

（6）在身体条件允许的情况下，适当锻炼身体，但不要超量；

（7）除了必须转移到安全干燥地区以外，幸存者应留在遇险地区等待救援；

（8）人员要集中，避免走散，随时清点人数。

二、水上求生技能

（一）海上生存的特点

（1）海上缺乏参照物，难辨方向，不易发现目标，生存人员很难判断所处的位置；

（2）风大浪高，平均风力 3~4 级，有时可达 10 级以上；

（3）缺乏淡水；

（4）水温低。表面平均水温不超过 20℃，有 13% 的水表温度为 4℃以下；

（5）海洋生物对人的伤害。

（二）水中保暖

在冷水中要尽量减少活动，保存体力，减少热量的散发。减少冷水与人体的接触面，保持体温，以减少热量的损失。

1. 多人聚集保暖法

几人组成一个面向中心的圆圈，手臂相搭，身体侧面相接触，紧紧围成一个团儿。

2. 单人保暖休息法

双腿向腹部弯曲，两手交叉抱住双膝于胸前。

注意：不要在水中脱弃衣服鞋袜。身着薄衣的成人在 10℃的水温中生存时间的估计如表 5-8 所示。

表 5-8 10℃水温生存时间估计

无救生衣	踩水	2 小时
救生衣	游泳	2 小时
救生衣	保护姿势	4 小时

（三）饮水

淡水是生存中至关重要的必需品，有了水，才能保证身体的正常代谢，没有水人只能活几天。所以，幸存者感到干渴时，应尽量饮水以保证身体的正常需要。

1. 海水

海水是海上生存者面对最大的水源，然而海水是不能直接饮用的，即使加入部分淡水也是不能饮用的。如果饮用就会增加脱水，对人体组织具有破坏作用，会引起人体器官的严重损伤。因此，在海上生存是禁止直接饮用海水的。

2. 淡水源

在船上生存时，如何确保淡水供应是一个大问题，解决这个问题的方法有很多种：

（1）离机前，尽量收集机上饮料带到船上；

（2）收集雨水，利用船上的设备储存雨水；

（3）收集金属表面的露水；

（4）北半球海域冰山是淡水的来源，但靠近冰山时要很小心，因为如果冰山出现翻转会十分危险；

（5）利用海水淡化剂淡化海水使其成为可饮用淡水。

3. 饮水要注意的问题

（1）先使用已有的淡水，再进行海水的淡化。

（2）除非特别渴，否则在救生船上的第一个24小时不要喝水（婴儿和重伤员可适当分配一些饮用水）。以后的日子，如果水量有限，每天喝16盎司（约450毫升）水。当雨水充足或16盎司不能满足需要时，每天可以喝24盎司（约680毫升）或更多。

（3）当淡水很少时，在下雨前只能用水湿润嘴和呷一点水。

（4）可在嘴中含一个纽扣或口香糖，增加唾液。

（5）不能抽烟，不能饮酒及咖啡因制品，避免体内水分的散发，酒可以留下用于外伤消毒止痛。

（6）尽量少活动，多休息，减少体内水分的消耗。

（四）食品

1. 食物来源

（1）离开飞机前收集的食品；

（2）飞机断裂后货舱内散落并漂浮在水面上的食物；

（3）海里的鱼类及海面上飞着的鸟；

（4）救命包内的应急口粮。

2. 进食时要注意的问题

（1）水量充足时，先吃蛋白食物；水量少时，先吃碳水化合物。

（2）鱼类是海上生存最大的食物来源，但不熟悉的鱼类不能食用。

（五）发现陆地

1. 确定陆地海岛的位置

在晴朗的天空，远处有积云或其他云集聚在那里，积云下面可能有陆地或岛屿。

黎明鸟群飞出的方向，黄昏鸟群飞回的方向，可能是陆地岛屿。

通常情况下，白天风吹向陆地，晚上风吹向海岸。

在热带海域，天空或云底的淡绿色，通常是由珊瑚礁或暗礁所反射形成的。

漂浮的树木或植物意味着附近有陆地。

注意：不要被海市蜃楼所迷惑，在船上改变坐的高度时，海市蜃楼不是消失便是改变形状。

2. 登陆

登陆是海洋生存的最后环节，要想顺利成功地实施登陆，必须注意以下几点：

选择最佳登陆点，尽力向其靠近。

穿好救生衣并充好气。

穿好所有的衣服鞋帽。

靠岸时，尽量放长海锚绳，降低船向登岸点的接受速度，保证安全。

救生船在海滩上着陆前不能爬出救生船。

救生船一旦登陆，迅速下船并立即设法将船拖上海滩。

3. 获救

当救援船驶到救生船旁边时，不要认为你可以很容易地登上救援船。如果你已经在海上等了很长时间，身体已经很虚弱，一定要静坐船上等待救援人员来救，不要急于离开救生船。

三、特殊环境中的求生技能

（一）森林求生

由于丛林里有丰富的食物和水源，因此丛林求生是最容易的，这里最大的危机是惊慌失措和昆虫及植物引起的疾病。

（1）带上救生衣以便和环境显出对比色彩；

（2）卸下并带上所有滑梯救生艇；

（3）最好在空旷的地方将滑梯救生艇展开，架好帐篷，作为住所；

（4）启动紧急求救发射机；

（5）取出发射信号设备，其余物品留在储存袋里到实际上需要时再取出；

（6）当发现搜救人员时（飞机、直升机、远方车马人员等），白天使用烟雾信号和反光镜，夜间使用火炬或信号弹。

注意：救生包内有内容详尽的各种救生指导小手册。

（二）极地/冬季求生

在任何低温强风和冰雪覆盖的地区，任何季节都必须应用冬季求生原则：

（1）携带救生衣抵御寒冷；

（2）卸下并带上所有滑梯救生艇；

（3）滑梯救生艇应充气架设好作为掩体，并尽快让乘客进入避寒；

（4）启动紧急求救发射机；

（5）在可能条件下收集飞机上的枕头和毛毯分配给乘客，让乘客尽量靠近坐好以保存体温，松开紧身的衣服；

（6）取出信号发射设备；其余物件留在储存袋里到实际需要时再取出；

（7）引导乘客间歇地做些温和的运动，例如坐着屈伸腿部，运动手指和脚趾等；

（8）避免喝酒类饮料，因有促进体温散发的危险；

（9）必须经常放进一些新鲜空气到掩体里；

（10）不要让乘客们同时睡着，日夜都需安排担任轮流守望工作；

（11）发现搜救者时，白天使用烟雾信号和反光镜，夜间使用火炬和信号弹。

（三）沙漠求生

（1）携带救生衣以备夜间抵御寒冷；
（2）卸下带上所有滑梯救生艇；
（3）将滑梯求生艇充气，并将帐篷架设好作为掩体，然后尽快让乘客进入里面；
（4）启动紧急求救发射机；
（5）取出信号发射设备；其余物件留在储存袋里，到达实际需用时再取出；
（6）将现有的饮水保留给伤患人员；
（7）减少日间的活动；
（8）发现搜救者时，白天使用烟雾信号和反光镜，夜间使用火炬和信号弹。

任务七　掌握机上急救的常识和技能

飞机上，有时会遇到突发病情或意外受伤的旅客，在这种紧急情况下，客舱乘务员的任务是提供必要的、基本的紧急救治，直到专业医务人员赶到，而不是诊断某人的病情或进行预先治疗。因此，乘务员在上岗前必须经过专业的医务培训，掌握基本急救常识，在实际工作中还要遵守以下基本急救原则：

第一，每一个客舱乘务员都应作为集体的一员来履行职责，迅速而有效地处理情况。

第二，及时观察患者的生命体征，识别是否会威胁其生命并采取基本的急救措施。

第三，寻求帮助，广播寻求医疗协助，如果有旅客自称为医生，应查看其证件并确定是哪一科的医生，如果机上没有专业的医务人员，并且旅客出现威胁生命的紧急情况，机长可能会要求备降，以使乘客尽快得到医疗救治。

第四，及时通知并让机长了解情况，包括：患者的姓名、性别和年龄；患者的目的地；着陆后需要的医务帮助种类；症状，包括有无知觉等。如有医生协助的话，医生的名字和证件。

第五，提供急救时，应考虑客舱内特定形势下有限的空间。

第六，除非绝对必要，否则不要移动患者，保持最适合他/她病情的体位。

第七，需要的话，准备好机上急救药箱和应急医疗箱。只有在告诉患者并得到示意或默认后，才能给其服用口服药，一般客舱乘务员不得为患者进行皮下注射。

第八，提供急救时，注意保护自己和患者以减少被感染的危险：

（1）避免皮肤或嘴巴直接接触血液和伤口等。

（2）采取某种类型的保护措施以防止皮肤直接接触任何体液。建议用手套、塑料袋、清洁袋、清洁纱布或餐巾等，必要时可穿上防护服。防护服的穿脱步骤如下：

首先检查所有物品是否在效期内，包装是否完好无破损。

穿防护服的顺序：七步洗手法洗手（内、外、夹、弓、大、立、腕）→戴N95口罩→戴帽子→穿防护服→穿靴套（若有）→戴手套（双层）→戴面屏（每进行一步都需要使用95%的酒精棉片擦拭手部）。

脱防护服顺序：洗手→脱一层手套→脱面屏→脱帽子→脱防护服→脱第二层手套→摘口罩（每操作一步都需用95%的酒精棉片擦拭手部）。

（备注：脱下物品都需要装入黄色医疗废物袋内，并采用鹅颈式捆扎。）

（3）急救时采用应急医疗箱，用来清洁被体液污染的东西。

（4）提供急救后尽快洗手。

（5）若备有口罩时，可以戴上口罩预防感染。

（6）如果在提供急救时接触了任何体液，被接触的机组人员和乘务长应报告实情。

（7）随时观察病（伤）情的变化。不要当着患者的面讨论其病（伤）情，通常有些看上去失去意识的人是能够听得见的，也不要把患者的病（伤）情透露给机上其他旅客。

（8）了解接近事故和患者周围的两到三位旅客的姓名、家庭地址和联络电话并做好记录。

（9）直到地面医生或合格的航空公司代表来到后，客舱乘务员才可离开，患者不得单独与机上援助者待在一起。

（10）机上发生的紧急医疗事件需要填写《机上重大事故报告单》。

下面我们从"急救步骤"和"威胁生命的紧急事件"两个方面进行具体阐述。

一、急救步骤

（一）初步检查

·A：通气（= airway）

患者呼吸道是否通畅？

·B：呼吸（= breathing）

患者是否还在呼吸？

·C：循环（= circulation）

检查患者的颈动脉是否还在跳动？

（二）主要检查

1. 评估反应情况

·触摸或轻轻摇动患者。

·问：你怎么样？

如果患者有意识，部分或全部呼吸道被堵，则按"成人、儿童或婴儿窒息——有意识"提供急救。

继续按需要进行生命体征检查。

2. 需要时移动患者的位置

·成人/儿童：用升降车或背负法将患者从座位上挪到硬的平面上；

·婴儿：把患者挪到硬的平台上，如餐车上或厨房地板上等。

3. 打开呼吸道

·用使头后仰或让下巴抬起的方法。

4. 估计呼吸情况

·保持呼吸道通畅；

·将耳朵贴近患者的口鼻，目视胸部；

·观察胸部有无起落，听呼吸声，感觉有无气流从患者的口鼻中流出，持续 3~5 秒钟；

如果患者有呼吸，继续按第 6 步（2）进行主要检查。

如果患者已无呼吸，继续进行主要检查。

5. 试做口对口人工呼吸

·保持呼吸道通畅；

·必要时使用氧气面罩；

·在每次呼吸之间停留足够长的时间，使援助者能喘过气来；

·检查每次呼吸时胸部有无起落。

如果患者不能呼吸，把头后仰再试一次。如果仍然不能呼吸。按"成人、儿童或婴儿窒息——无意识"来提供急救。

如果患者呼吸道通畅，继续进行主要检查。

6. 评估循环系统

（1）依次检查双侧颈静脉搏动

·保持头部倾斜，一手摸患者的前额；

·成人/儿童：检查心跳脉搏 5~10 秒钟；

·婴儿：感觉手臂脉搏 5~10 秒钟。

（2）检查有无严重外出血

·每次心跳都从伤口流出大量鲜血；

·快速检查患者身上是否有潮湿和/或血液浸透衣服。

如果患者严重出血，按"严重外伤出血"提供急救；

如果患者无呼吸，但有脉搏，按"呼吸停止"进行呼吸救治；

如果患者无呼吸也无脉搏，按"心跳停止"急救要求按心肺复苏术进行救治；

如果患者有呼吸，有脉搏，且无严重出血，进行次要检查。

(三)次要检查

次要检查的目的是发现因伤等引起的、不构成立即威胁生命安全的医疗问题。

· 面询此人；

· 询问其他乘客；

· 检查 / 观察生命体征；

生命体征包括脉搏、呼吸和皮肤特征。提供急救的同时观察此人的有效体征。

生命体征	异常
脉搏	微弱、快、不规律
呼吸	浅和 / 或快，胸部上下起伏，费力和 / 或有噪声
皮肤特征	很热或冷，很干或汗湿，苍白、发紫或红

· 检查伤、病和健康状况；

检查此人有无伤病或其他不构成立即威胁生命的问题，如不及时处理，可能会产生严重后果。因此必须提供相应的急救，以保证伤势病情不会威胁生命。

· 将有关信息通报机长和服务人员。

二、威胁生命的紧急事件

(一)窒息

如果在主要检查中发现成人 / 儿童出现部分呼吸道堵塞（高声喘鸣音）或全部呼吸道阻塞（不能使劲有效咳嗽，抓住喉咙，面色先红后紫，努力呼吸却没有声音），按"成人 / 儿童窒息—有意识"的情况提供急救。

1. 成人 / 儿童窒息——有意识

（1）腹部压迫（海姆立克法）

· 站在此人身后，双臂抱住他的腰，嘱患者头低于胸部；

· 大拇指朝里捏成拳头，将拳头的大拇指面放在患者的腹部中央，肋骨下约一指处；

·用另一只手抓住拳头；

·很快向内向上压迫其腹部；

·每次压迫时，努力排除堵塞物。

（2）重复腹部压迫直至通气

（注意：如果成人/儿童变得无知觉，让他脸朝上，头偏向一侧，按"成人/儿童窒息——无意识"的要求从第2步开始提供急救。）

如果在主要检查时，成人/儿童无呼吸能力时，按"成人/儿童窒息——无意识"的要求进行急救。

2. 成人/儿童窒息——无意识

（1）进行5次腹部压迫

·患者平卧在木板或地板上，头偏向一侧；

·术者站在患者近腹部一侧；

·分开患者两腿；

·掌心放在患者腹部重压，在脐部以上、肋骨下一指宽左右距离处；

·另一只手放在第一只手上，两手的手指均指向其头部；

·快速上下压迫患者腹部；

·每次努力排除堵塞物。

（2）检查有无异物

·术者跪在患者头部旁边；

·使患者脸部朝上，打开患者嘴巴，抓住舌头，用靠近腿的手指抬起患者下巴；

·对于成人，用另一只手的手指插入嘴巴，沿腮内部插至喉咙和舌根。用掏钩似的动作清理掉可能存在的异物；

·对于孩子，观察嘴里有无异物，如果看到，小心拿掉。（注意：除非看到异物，否则不得用手指在小孩嘴里掏。）

（3）打开呼吸道

·采用使头后仰/下巴抬起的方法。

（4）努力通气

·成人，做一次持续1.5~2秒钟的人工呼吸；

·孩子，做一次持续 1~1.5 秒钟的人工呼吸；

·察看胸部是否上下起伏。

（注：如果胸部不起伏，再把头后仰进行一次人工呼吸。）

（5）重复这一过程直到通气

·进行 5 次腹部压迫；

·检查有无异物；

·打开呼吸道；

·努力通气。

（6）将患者放在恢复体位

·轻轻将患者放在侧卧恢复体位（在没有头部、颈部或背部受伤的情况下）。

（7）婴儿检查 ABC 步骤

如果在主要检查中，婴儿有部分呼吸道堵塞（高声喘鸣音）或全部呼吸道堵塞（不能用力咳嗽，面色鲜红，然后发紫，努力呼吸时不能出声），应对婴儿提供窒息——有意识的急救。

3. 婴儿窒息——有意识

（1）把婴儿的位置放好

·右手放在婴儿的背后，用手指把住头和脖子；

·用左手将婴儿的下巴夹在大拇指和其他手指之间；

·将婴儿翻转，脸朝下搁在左前臂上。

（2）击背部 5 下

·支持婴儿的头和颈时，左手臂放低，使婴儿的头部低于胸部；

·用右手的两个手指在婴儿的肩胛骨之间击 5 次；

·最好能排出异物。

（3）重新确定婴儿体位

·将婴儿仰卧在平板上，下面垫一床单（毛毯）；

·头偏向一侧。

（4）确定胸部压迫位置

·想象有一条连接乳头、穿过胸部的直线；

·将两个手指压在胸骨上，位置在乳线以下约一指宽处，头部侧向一边。

（5）压迫胸骨 5 次
- 用两个手指压胸骨下端，使之下陷 1~2.5 厘米，共压 5 次；
- 上下压迫，手指一直保持在胸部上；
- 每次压迫时，努力排出异物。

（6）重复击背程序直到呼吸通畅
- 婴儿体位朝下俯卧，头部侧向一边；
- 击背部 5 次；
- 婴儿体位朝上仰卧；
- 确定胸部压迫位置；
- 5 次压迫胸部。

（注意：如果婴儿失去了知觉，从第 4 步开始对失去知觉的婴儿提供急救。）

如果在主要检查中，无法给婴儿吹进气体，则给失去知觉的窒息婴儿进行以下急救。

4. 婴儿窒息——无意识

（1）确定婴儿的体位
- 右手放在婴儿的背后，用手指托住头和脖子；
- 用左手大拇指和食指抓住婴儿的下巴；
- 将婴儿翻转，脸朝着你的左前臂。

（2）击背部 5 次
- 托住婴儿的头和脖子，将左手臂放低到腿上，使婴儿的头低于胸部；
- 用右手的二手指在婴儿的肩胛骨之间敲击 5 次；
- 每次敲击后努力排出异物。

（3）重新确定婴儿体位
- 将婴儿仰卧在硬板上，下面垫一床单（毛毯）；
- 头偏向一侧。

（4）确定胸部压迫位置
- 想象有一条连接乳头，穿过胸部的直线；
- 将两手指放在胸骨上，位置在乳线以下一指宽处，头部侧向一边。

（5）压迫胸骨 5 次
- 用两根手指压迫胸骨使之下陷 1~2.5 厘米，压迫 5 次；

·上下压迫，让手指一直保持在胸部上；

·每次压迫后努力排出异物。

（6）检查有无异物

·让婴儿背朝下，脸朝上，打开嘴巴，提起下巴，抓住舌头；

·看嘴里是否有异物。如果能看到异物，小心地拿掉异物。

（注：除非看到异物，否则别用手指掏婴儿的嘴巴。）

（7）打开呼吸道

·使头后仰／下巴抬起。

（8）努力通气

·做一次持续1~1.5秒钟的人工呼吸；

·察看胸部是否上下起伏。

（注：如果胸部不起伏，重新确定头部位置，让头后仰／下巴抬起，做一次人工呼吸。）

（9）重复该程序直到呼吸畅通

·确定婴儿的体位，击背部5次；

·重新确定婴儿体位；

·确定胸部压迫位置；

·压迫5次胸部；

·检查有无异物；

·做1次人工呼吸；

·如果需要的话，重新放好头部位。

（10）将婴儿放在恢复体位

·轻轻地让婴儿侧卧（在头部、颈与背部没有受伤的情况下）。

（11）成人检查ABC步骤

如果患者过度肥胖或怀孕晚期窒息，你可能无法将手臂放在他的腰上进行有效的腹部压迫。在这两种情况下，进行胸部压迫，而不要进行腹部压迫。

5.过度肥胖／怀孕晚期窒息——有意识

（1）进行胸部压迫

·站在患者背后，用手臂抱在患者腋下，绕胸；

·大拇指朝里握成拳头，将拳头的拇指边放在患者的胸骨上；

·用另一只手抓住拳头，头低于胸部；

·沿胸部向内向上压迫 5 次。

（2）重复胸部压迫

（注：如果患者失去知觉，将他脸朝上，头偏向一侧，从第 2 步开始为他进行急救。胸部压迫代替腹部压迫，面对患者跪下，手的位置如同进行心肺复苏压迫。）

（3）检查 ABC 步骤

如果在主要检查中，确定患者无呼吸但有脉搏，按"呼吸停止"救治要求进行呼吸抢救。

（二）呼吸停止

1. 开始呼吸抢救

·保持患者呼吸道通气；

·急救者深吸一口气，捏紧患者鼻孔，贴紧患者口部，用力向内吹气；

·成人：每 5 秒钟做 1 次人工呼吸；

·儿童：每 3 秒钟做 1 次人工呼吸；

·婴儿：每 2 秒钟做 1 次人工呼吸，也可对口鼻同时吹气；

·观察胸部是否抬起，仔细听并感觉一下有无呼吸进出；

·吹气与排气的时间比例应为 1∶2；

·持续抢救约 1 分钟。

2. 复查脉搏

·保持呼吸畅通；

·确定脉搏，感觉 5 秒钟；

·如果仍有脉搏，但无呼吸，则继续进行呼吸抢救。

（注：如果患者仍然没有呼吸和脉搏，则按心跳停止的急救要求提供急救。）

3. 继续人工呼吸直到患者开始呼吸

·继续通气；

·约每隔 1 分钟检查一次脉搏。

4. 把病人放在恢复体位

·轻轻地让患者侧卧（在头、颈和背部没有受伤的情况下）。

5. 检查ABC步骤

如果在主要检查中就能确定患者没有呼吸，也没有脉搏，按心脏病的急救方法进行心肺复苏急救。

（三）心跳停止

1. 心跳停止——成人/儿童

（1）确定心脏压迫位置

·跪在患者胸旁。若是两人操作，另一人跪在对侧的头部；

·保持呼吸道通畅。

成人：

·把一只手掌根部平放在患者胸骨体中1/3与下1/3段交界处；

·另一只手掌根部重叠在其上。

儿童：

·10岁以上同成人，10岁以下用单手掌根部放在患者的胸骨下段；

·保持患者的头后仰，一只手放在前额上。

（2）心脏压迫5次

成人（二人急救）：

·两手垂直，肘部伸直；

·按每分钟80~100次的速率压迫胸骨下陷5~6厘米，手始终保持接触胸部；

·压迫的同时大声地数："01、02、03、04、05……"

儿童：

·一手垂直，肘部不能弯曲；

·按每分钟100次的速率压迫胸骨下陷2~5厘米，手保持接触胸部；

·边压迫边大声地数："01、02、03、04、05……"

（3）进行人工呼吸

·保持呼吸道畅通；

·成人：人工呼吸，持续1.5~2秒钟；

- 儿童：人工呼吸，持续 1~1.5 秒钟；
- 观察胸部是否上下起伏。

（4）进行心脏压迫/人工呼吸（心肺复苏术）
- 保持呼吸道通畅；
- 用正确的动作进行压迫心脏；
- 成人：(二人急救)心脏压迫 5 次，人工呼吸 1 次，共做 5 个周期；
- 儿童：心脏压迫 5 次，人工呼吸 1 次，共做 5 个周期。

（5）复查脉搏
- 保持呼吸道畅通；
- 确定心跳脉搏，感觉 5 秒钟；
- 如果没有脉搏，继续进行心肺复苏救治。

（注：如果患者再次恢复脉搏，但仍没有呼吸，按呼吸停止的急救方法提供急救。）

（6）继续心脏压迫/人工呼吸（心肺复苏术）
- 继续心脏压迫 5 次，人工呼吸 1 次的周期，直到此人的心跳、呼吸恢复；其间如援助者无力继续，可转接其他合格救助者继续进行。
- 每隔几分钟复查一次脉搏。

（7）把患者放在恢复体位（一旦脉搏、呼吸恢复）
- 轻轻把患者放在侧卧恢复体位（在头、颈和背部没有受伤的情况下）。

（8）检查 ABC 步骤

如果在主要检查中确定婴儿无呼吸、脉搏，则按心脏病的救护要求进行心肺复苏术的急救。

2. 心跳停止——婴儿

（1）确定心脏压迫位置
- 想象有一根直线穿过胸部，连接乳头；
- 两个手指放在胸骨下，乳线以下一指宽处。

（2）心脏压迫 5 次
- 让婴儿头部后仰，一只手放在前额上；
- 用两手指按压胸骨；
- 按每分钟至少 200 次的速率压迫胸骨，两手指保持不要离开胸部；

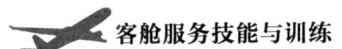

·一边压迫一边大声数："01、02、03、04、05……"

（3）做1次人工呼吸

·停止压迫，两手指保持在位；

·保持呼吸道通畅；

·人工呼吸，持续1~1.5秒钟；

·观察胸部有无起伏。

（注：如果胸部不起伏，重新放好头位，让头后仰，下巴抬起，做1次人工呼吸。）

（4）反复做心脏压迫/人工呼吸（心肺复苏术）

·保持婴儿头部后仰，一只手放在前额上；

·压迫5次，呼吸1次，重复20遍。

（5）复查脉搏

·保持呼吸道通畅；

·让婴儿的头后仰，一只手放在前额上；

·用另一只手，感觉手臂上的脉搏5秒钟；

·如果没有脉搏，继续做心肺复苏急救。

（注：如果婴儿有脉搏但仍没有呼吸，则按呼吸停止急救要求进行急救。）

（6）继续心脏压迫/人工呼吸（心肺复苏术）

·继续压迫5次、呼吸1次的周期直到婴儿的心跳呼吸恢复；

·每隔几分钟复查手臂脉搏。

（7）一旦脉搏和呼吸恢复，将婴儿放在恢复体位

·轻轻地将婴儿侧卧（在头、颈和背部没有受伤的情况下）。

（8）检查ABC步骤

如果在主要检查中，发现患者有严重外伤出血，应加以控制。

（四）严重外出血

1. 直接加压

·用消毒绷带或清洁的布紧压住伤口。

2. 估计受伤的部位

·尽量将伤口抬高至高于心脏的位置；

- 如果你估计会令患者（或引起）不愉快，则不要对伤口加以评论。

（注：如果在直接加压后，出血仍然不停，可能压力点需要技巧。）

3. 施加压力点技术

手臂伤口：

- 在伤口加上直接压力的同时，确定上肢动脉压力点；
- 在骨骼处把动脉压向骨骼来止血。

腿伤：

- 在向伤口直接加压的同时，确定下肢动脉压力点；
- 让患者背朝下平躺，向腿动脉加压，可能的话将手掌直接放在压力点上。

4. 包扎伤口

- 用消毒绷带包上整个伤口；
- 出血控制前，不要将伤口扎得太紧；
- 不要拿掉绷带，有可能会再出血，组织仍有可能受到伤害。如果在主要检查后，发现患者有呼吸，有脉搏，无严重出血，则可进行次要检查。如果有休克的迹象或症状，则按休克的急救要求提供急救。

（五）休克

1. 症状

- 烦躁；
- 脉搏快，弱（脉搏细）；
- 呼吸快，浅；
- 面色苍白，皮肤湿冷；
- 瞳孔放大；
- 表情淡漠；
- 反应迟钝。

2. 急救

- 头、躯干抬高10度，有利于呼吸，下肢抬高20度，有利于静脉血回流；
- 保持呼吸道通畅；
- 用毯子裹住身体来保持体温。

（六）背部和颈部受伤

1. 症状

·疼痛；

·一边或两边出现瘫痪——功能障碍；

·背部或颈部骨折；

·可能影响任何或所有器官；

·手脚有刺痛感或酸麻感。

2. 急救

·不要移动患者；

·颈部受伤时不要抬起头；

·让患者安静地休息；

·让他保暖；

·提供急救。

（七）骨骼、关节和肌肉受伤

1. 症状

·可能变形；

·疼痛；

·变形；

·肿胀；

·擦刮；

·无法移动；

·可能失色。

2. 急救

·保持呼吸道通畅，预防和治疗休克；

·控制出血——不要用力过猛，骨骼可能折断；

·检查有效体征；

·用夹板固定。搬动患者时应使其躯干始终保持伸直位，运送时患者应卧于有衬垫的硬板上。

——只有当夹板不带来更多的痛苦或者不让患者感到不舒服的情况下，才能用夹板；

——在你发现的伤处夹上夹板；

——上夹板前后，检查循环系统。

（八）烧伤、烫伤

1. 一度烧伤、烫伤

（1）症状

· 局部呈红斑，轻度红、肿、热、痛、干燥、无水泡、拔毛痛；

· 皮肤泛红、充血；

· 肿胀呈中度；

· 疼痛。

（2）急救

· 在烧烫伤部位敷上冷水或冷压布；

· 需要的话，轻轻地绑上绷带；

· 为休克患者提供急救。

2. 二度烧伤、烫伤

（1）症状

· 破的或鼓起的水泡，基底均匀发红或苍白；

· 皮肤深红或有红点；

· 水肿；

· 皮肤潮湿；

· 疼痛（越痛烧伤度越轻）。

（2）急救

· 未破的水泡：泼上冷水直至疼痛消失，用湿的绷带轻轻绑扎；

· 已破的水泡：不要在破的水泡上加水，因为它会增加休克和感染的危险。用干的消毒绷带包扎。将烧伤肢体轻轻抬起；

· 为休克患者提供急救；

· 航程长者，可口服含盐水分。

3. 三度烧伤、烫伤

（1）症状

·皮肤上出现白色物体，焦黄炭化，干燥、无水泡、无弹性、焦痂下水肿，拔毛及针刺无痛感；

·组织或骨骼可能暴露；

·人可能休克；

·痛觉消失。

（2）急救

·将衣服留在烧伤的皮肤上；

·用干燥消毒绷带轻轻包扎；

·为休克患者提供急救。

（九）眼睛受伤

1. 挫伤

（1）症状

·可能流血及后续烧伤眼睛流血；

·水肿、褪色及混浊；

·破损；

·头痛。

（2）急救

·50% 葡萄糖高渗溶液滴眼，禁用压迫绷带，可包扎双眼；

·做冷湿敷；

·用干燥消毒绷带轻轻包扎眼睛，给予云南白药止血。

2. 漂浮物（如灰尘等）

（1）症状

·明显可见异物；

·红色、灼痛、流泪、疼痛；

·擦破；

·头痛。

（2）急救

- 提起上眼睑；
- 让患者向上看；
- 用湿棉签拭去，轻轻拿出异物；
- 用凉开水冲眼睛，从鼻子里流出来。

如果异物不出来：

- 让患者闭上双眼；
- 用绷带轻轻包住双眼，涂抗菌眼药膏（如金霉素眼膏）。

3. 异物扎入

（1）症状

- 明显可见异物；
- 疼痛。

（2）急救

- 患者仰卧；
- 不要挪出渗入物；
- 在异物和眼睛上使用杯状硬物罩住受伤区域，以免异物移动增加眼部受伤程度；
- 用绷带轻轻包住双眼。

（十）头部受伤

1. 症状

- 头部受伤或肿块；
- 严重疼痛或肿胀；
- 鼻子出血；
- 流涕或流血；
- 大脑意识障碍，面色苍白；
- 说话迟钝；
- 耳鸣或听力受限；
- 惊厥；
- 失去知觉；

- 瞳孔或大或小；
- 单眼或双眼视觉受扰；
- 单一或多个器官瘫痪；
- 呕吐、恶心；
- 脉搏微弱；
- 呼吸浅慢。

2. 急救

- 确保呼吸畅通，小心处理相当关键，因为可能脊柱受伤；
- 让患者安静休息；
- 不要阻止耳朵或鼻子里流出干净或者带血的液体；
- 不要清头皮上的伤口；
- 控制流血时不要用力过猛，因为可能存在骨折现象，用绷带轻轻绕在伤口周围；
- 向仍有意识的人提问，以确定患者是否有记忆丧失、语言混乱或意识水平的变化；
- 需要的话给其吸氧；
- 准备处理可能呕吐现象；
- 检查有效体征；
- 为休克患者提供急救。

（十一）腹部疼痛（急性腹膜炎）

1. 症状

- 疼痛——普通性的或广泛性的；
- 恶心；
- 呕吐；
- 腹泻或便秘；
- 腹部肿胀。

2. 急救

- 让患者处于尽可能舒适的坐位或半卧位；
- 保持呼吸道畅通，处理好呕吐物；

- 对呼吸浅或者有呼吸困难者，则给予吸氧；
- 禁食；
- 为休克患者提供急救。

（十二）急性酒精中毒

1. 症状

- 呼气中有酒精气味；
- 嗜酒；
- 部分或完全丧失意识；
- 脸红，继而变成苍白；
- 脉搏跳动强烈，随后又变弱；
- 如同睡觉般呼吸；
- 行为神志不清：讲话含糊，协调能力下降；
- 恶心，呕吐。

（说明：患急症糖尿病的人通常可能表现得如醉酒。）

2. 急救

- 不允许再喝酒；
- 提供无酒精的饮料。建议不要进食咖啡因；
- 鼓励进食，特别是高蛋白食品，如花生仁等；
- 鼓励睡觉；
- 要对患者做好保暖并让其休息；
- 提防呕吐或抽搐；
- 观察重要体征。

（十三）糖尿病急性发作

1. 糖尿病性昏迷

（1）症状

- 即将昏迷

——症状和体征逐渐开始；

——口干和严重口渴；

——腹部疼痛和/或呕吐；

——逐渐增加的焦躁不安，神志不清，随后为不省人事。

· 实际昏迷

——呼吸深；

——脉搏微弱，快速跳动；

——皮肤干燥，发红和/或发热；

——眼睛凹陷，眼球内陷；

——呼吸中有丙酮、烂苹果的甜味。

（注意：患糖尿病的患者经常出现类似的症状。）

（2）急救

· 向患者询问有关病史情况；

· 帮助患者开出口头药方；

· 如果必要，给予吸氧；

· 检查重要体征；

· 立即通知机长，并且尽可能快地得到医护帮助。

（注意：当怀疑病人患糖尿病性昏迷或胰岛素性休克时，请记住"每个人都需要食糖"的原则对两者均可用。）

2. 胰岛素性反应

（1）症状

· 症状和体征迅速开始；

· 头晕；

· 头疼；

· 异常的敌对行为或侵略性行为；

· 昏厥，抽搐；

· 呼吸急促，变浅；

· 脉搏跳动，快速；

· 强烈的饥饿感；

· 皮肤苍白，畏寒和发冷。

（注意：患糖尿病的病人经常出现类似的症状。）

（2）急救

神志清醒的病人：

· 给病人一杯含有糖的饮料、急救药或其他糖果；

· 等待15分钟，如果没有改善，则重复之。

神志不清的病人：

· 要避免给予液体：缓慢地在面颊内放2~3包砂糖，在那里，它将被迅速吸收；

· 等待15分钟，如无好转，则重复之；

· 如必要，给予供氧；

· 观察重要体征。

（十四）婴儿出生

飞行乘务员的作用：大多数情况下，分娩是一种自然的现象而不是紧急事件。女性和婴儿的独特生理条件使得这个过程在几乎没有什么直接的问题的情况下发生。飞行乘务员的作用是帮助母亲分娩婴儿。

1. 分娩的要素、症状和急救

（1）要素

· 产道；

· 产力；

· 胎儿。

（2）症状

· 腰背部酸痛、腹部阵发性疼痛；

· 可能有黏液，少量见血（不是流血）；

· 腹部像痉挛般的疼痛，以10~20分钟的间隔持续30秒钟至1分钟；

· 羊水可能先破裂，造成突然喷流或缓慢地渗水。

（注意：如果疼痛是以10分钟或者更长时间的间隔，则有足够的时间让飞机着陆。）

（3）急救

· 把母亲的座位调换到门附近，这样在着陆之后更便于医务人员进入；

· 为她保持尽可能舒适的环境；

- 只给几小口水或冰块；
- 告诉她不要用力，以避免撕裂组织；
- 不允许母亲进入厕所；
- 和母亲待在一起并给予她信心；
- 如果疼痛是以 2~3 分钟的间隔，则必须做分娩准备。

获得以下信息，以便让机长通过无线电发送给医务人员：
- 母亲的姓名与年龄；
- 是否第一胎；
- 预产期；
- 分娩疼痛的持续时间与频率；
- 是否有渗出物等症状出现，或者羊水是否已经破裂。

2. 为分娩做准备

（1）收集可以得到的供给品
- 干净的毛毯、内衣裤、报纸、枕头；
- 急救工具包；
- 乳胶手套；
- 温开水；
- 塑料纸、清洁袋；
- 卫生巾。

（2）安置母亲
- 移到适当的分娩区；
- 让母亲仰天躺下，双腿分开，双膝弯曲和双脚平放；
- 使用一个或两个枕头来垫高母亲的头和肩部。在她的臀部底下垫上折叠的毛毯，以使得分娩容易些。在她产道开口之下放上另外的毛毯，在双腿和腹部各放一块，并把它们搭在每条腿之上。

3. 临产

（1）让一个乘务员在母亲的头这边陪伴

（2）让婴儿自己出生
- 婴儿在出生时可能面部朝下，并且将自然地转到耻骨之下；
- 当婴儿生出来时，用手臂支撑其头部和身体，将其引导出来，但是不要拉，不要接触到母亲的皮肤；

·如果是头在羊水囊内的情况下生出来时，则在头的背部抓它，直到它撕裂为止；

·如果脐带绕在婴儿的颈上，则轻柔地把它移出婴儿的头部；

·当脚出来时，侧着放下婴儿，让其头部稍低于其身体；这样做是为使得血、液体和黏液从嘴和鼻子中流出来。从鼻子和嘴上擦掉黏液。

（3）注意一下出生的具体时间

（4）促使婴儿呼吸

·轻柔但有力地擦婴儿的背部，用食指按婴儿的脚底；

·如果婴儿不哭也不呼吸，则进行紧急人工呼吸。

（5）不要切断脐带。

·如果婴儿通过脐带仍保持和胎盘联系在一起，直到母亲抵达医院为止，不会造成伤害。

4. 产后

（1）用干净的覆盖物包上婴儿并且把婴儿侧身，头向下放在母亲的上大腿区。

（注意：脐带的长度大约为30厘米长。把其放在大腿上的话，母亲能够把一只手直放在婴儿身上而用另一只手按摩她的子宫。）

（2）帮助母亲产出胎盘。

·当婴儿出生时停止的分娩疼痛再次短暂出现时，胎盘开始产出；

·在大多数情况下，将在婴儿出生之后的几分钟之内排出胎盘；

·让母亲轻柔地在靠近脐部的子宫顶部之上进行按摩；

·把产出的胎盘放在塑料袋之内并且为医务人员把它保存好。请记住：胎盘仍通过脐带与婴儿身上连接。

（3）控制产生流血。

·产出胎盘始终伴随着一些子宫流血，因此在母亲身上放一块卫生巾；

·在不进行挤压的情况下，让母亲放低腿并让它们合拢在一起，垫高她的脚；

·让母亲轻柔地按摩她的子宫顶部，以帮助子宫收缩减少流血。

（4）为母亲提供舒适感。

·保持与母亲的接触，并且在整个分娩过程中和产后提供感情上的支持；

·保持母亲尽可能地舒适和温暖。如果需要的话，给一些饮料。

（十五）心脏病

1. 症状

·胸口不适或疼痛；

·疼痛可能辐射到手臂、颈部、下巴或背部；

·焦虑不安，急躁易怒，难以集中注意力；

·出汗；

·恶心；

·呼吸、咳嗽极为短促；

·拒绝。

2. 急救

·用现成专用的药物帮助病人；

·放松紧身衣裤；

·如有必要，则吸氧；

·让病人保持安静；

·在不过热的情况下注意让病人保暖；

·观察重要体征；

·为休克病人提供急救。

（注意：迅速发现症状是让病人获得生存机会的重要因素，因为心脏病发作可能会导致心脏停止跳动。）

（十六）过氧/缺氧

1. 过度换气

（1）症状

·呼吸急促，深呼吸；

·头晕目眩；

·手、脚与嘴唇麻木和发抖；

·尤其是手和脚僵硬和肌肉痉挛；

·失去平衡；

- 昏厥；
- 可能失去知觉。

（2）急救

- 通过高声讲话让病人有意识地放慢呼吸的速率；
- 让病人把气呼入袋中，再把二氧化碳循环到他的系统之内；
- 如果病人坚持认为他需要氧气并且不能安静下来，则给予活动氧气瓶和面具，但不要打开。

（注意：如果对是换气过度还是呼吸系统疾病持有疑虑，则给予氧气，因为给氧不会加重病情。）

2. 缺氧

（1）症状

- 呼吸频率增加；
- 头疼；
- 晕眩或头昏眼花感；
- 行为改变，可能出现"欣快症"自我感觉良好；
- 睡眠过度，疲劳，无精打采；
- 发抖或温暖感；
- 判断力、视力受到影响，协调不佳；
- 皮肤发紫，尤其是嘴唇、耳朵、脸颊和指甲等处；
- 失去知觉。

（2）急救

- 立即给氧；
- 与患者待在一起，并让其消除疑虑；
- 观察重要体征。

（注意：氧过少可能在失压中发生。）

（十七）中风

1. 症状

- 头痛和／或头晕；
- 神志迷乱；

- 手足失灵或麻痹（通常是在身体的一边）；
- 麻木（通常限于身体一侧）；
- 倒下；
- 面部松弛并且失去表达能力（经常是在脸部的一侧）；
- 讲话受到影响；
- 双瞳孔不等大；
- 视力受到影响；
- 脉搏跳动迅速、有力；
- 呼吸困难；
- 打鼾；
- 恶心；
- 大小便失禁。

2. 急救

对神志清楚的病人：
- 确保呼吸道畅通；
- 让病人保持镇定；
- 如果必要，则给氧；
- 禁食；
- 让病人保暖和休息好；
- 保持与病人的眼睛接触并且缓慢和清晰地讲话；
- 观察重要体征。

对失去知觉的病人：
- 保持呼吸道通畅；
- 供氧；
- 观察重要体征；
- 让病人保暖和休息好。

（十八）哮喘

哮喘是一种由于变态反应、植物性神经功能紊乱等原因引起的广泛性气道狭窄（痉挛）的疾病。临床主要表现为反复发作的带有哮鸣音的呼气性呼吸困难。每个病人都可能由不同的过敏原（变应原）而诱发哮喘发作。

1. 症状

·先有胸部紧迫感或窒息感；

·继而出现呼气性呼吸困难，带有哮鸣音；

·病人十分痛苦，呼气时间明显延长，端坐呼吸，两肩耸起；

·全身大汗；

·口唇发绀；

·烦躁不安，精神紧张；

·发作持续半小时至数小时，在咳出少量黏液性痰或大量痰液后，哮喘随之停止。

2. 急救

·使患者采取坐位或者半卧位；

·解开其领口，裤带；

·避免胸腹受压和不必要的搬动；

·及时清除其口鼻分泌物，保持呼吸道通畅；

·询问患者是否随带喷雾剂；若有，可使用；

·必要时给予低流量吸氧。

（十九）癫痫

癫痫，俗称"羊角风"，是一种反复发作的短暂脑功能异常。

1. 症状

·突然意识丧失；

·大叫；

·倒地；

·全身抽搐；

·口吐白沫；

·翻白眼；

·有时咬破唇舌，尿失禁，瞳孔散大；

·发作后可有头痛。

2. 急救

· 针刺、拇指掐人中穴；

· 口中塞手绢、手巾或纱布，以免咬伤唇舌；

· 防止其他外伤；

· 倒地者使之翻身，以免唾沫、呕吐物等吸入呼吸道引起窒息；

· 必要时给以镇静、止痛药。

（说明：不同原因也可引起癫痫小发作，表现形式各异，易被忽视，乘务员应特别注意和重视。）

（二十）死亡的处理

乘务人员没有资格正式宣布乘客的健康状况。处理这种情况时，应像乘客处于严重情况下一样，要求救护车。不张扬，以免惊吓其他乘客。

必须在飞行结束后 24 小时内由机长或乘务长交出"飞行中医疗事件记录单"，包含以下信息：

机组人员姓名，航班号、机号，乘客姓名、地址、性别和大致年龄，明显死亡的大致时间，抢救记录，至少三位目击者的姓名、地址、电话号码和陈述，此人的座位号，处理医生的姓名和地址。

乘客尸体的处理：

（1）如可以，将尸体放于座位上，疏散周围旅客；

（2）建议将尸体束缚在座位上或其他某个地方，应考虑将其遮盖以免引起其他乘客的恐惧和伤感；

（3）飞机降落后，乘务长应做出报告并由机长将异常情况报告调度中心及机场人员，同时提交书面报告；

（4）抵达后，在未得到当地有关部门的许可前，不要搬动乘客的尸体。

模块小结

1. 掌握一定的应急处置知识是客舱乘务员上岗的重要条件之一。本模块较为详细地介绍了客舱内的一些突发事件的处置，如灭火、反劫机、客舱释压、紧急迫降和紧急撤离等。

2. 本模块阐述了基本的求生技能和机上急救原则。

复习与思考

复习题

1. 飞机上的火灾类型分为哪几种？分别适用什么类型的灭火器扑灭？
2. 客舱内缓慢释压和快速释压的具体反应是什么？乘务员对释压的处置程序有哪些？
3. 紧急迫降和应急撤离的基本处置原则是什么？如何选择有效出口？
4. 乘务员和旅客的防冲击姿势有哪些？
5. 国际上常用的求援符号有哪些？
6. 提供急救时，如何减少自己和乘客被感染的危险？

思考题

1. 谈一谈乘务员在突发事件中应当扮演什么样的角色。
2. 结合所学知识，谈一谈乘务员如何在突发事件中保持清醒的头脑。

模块六
客舱服务模拟训练

模块导读

在前面所学知识的基础上，本模块着重组织学生在模拟舱内进行实际操作，将模拟训练按照"客舱服务分项训练→案例训练→综合训练"的形式层层推进。通过这些训练，学生要能熟练操作客舱服务程序中的每一个环节，强化服务技能，在训练中及时发现问题、解决问题，培养学生高度的乘务工作意识和熟练的客舱工作能力。

学习目标

1. 熟悉客舱乘务工作程序、熟悉各号位乘务员的工作职责；
2. 通过案例训练，培养学生在特定情况下的反应和处置能力；
3. 通过训练，强化学生的客舱语言服务技能和动作服务技能。

任务一 客舱服务技能分项训练（一）

一、航前个人准备练习

（一）练习内容

（1）个人业务的准备；

(2)个人物品的准备。

(二)练习要点

(1)个人业务准备的形式和内容;
(2)个人物品准备的内容及要求;
(3)准确、清晰地说出资料及证件的名称。

(三)练习方式

按照上述要求,每名学生完成模拟个人业务和物品的准备。
(参照本书模块二任务二中"预先准备阶段")

二、航前准备会

(一)练习内容

(1)以参与者的身份参加航前准备会;
(1)以主持者的身份参加航前准备会。

航前准备会

模拟训练视频 6-1

(二)练习要点

(1)熟悉航前准备会的流程;
(2)掌握航前准备会的内容;
(3)了解作为主持者和参与者参加航前准备会的工作内容异同。

(三)练习方式

按照上述要求,学生以小组为单位完成"航前准备会的"练习。
(参照本书模块二任务二中"预先准备阶段"之"集体准备")

三、起飞前项目检查练习

（一）练习内容

（1）客舱设备检查；
（2）机上卫生检查；
（3）餐食及机供品检查；
（4）检查结果汇报。

（二）练习要点

（1）掌握客舱应急设备和服务设备的检查标准；
（2）掌握机上卫生清洁检查标准；
（3）按"机上用品配备回收清单"检查餐食及机供品；
（4）按要求进行"检查结果汇报"并了解汇报流程。

（三）练习方式

按照上述要求，学生以小组为单位完成起飞前项目检查。
（参照本书模块二任务二中"预先准备阶段"）

四、经济舱迎送客练习

（一）练习内容

（1）迎接旅客；
（2）欢送旅客。

迎客
模拟训练视频 6-2

送客
模拟训练视频 6-3

（二）练习要点

（1）迎接旅客的程序，包括准备迎客、迎接旅客（统计人数）、问候旅客、引导入座、协助安放行李、疏通过道等；

（2）欢送旅客的程序，包括向旅客致意、归还旅客物品、送别旅客等；

（三）练习方法

按照上述要求，每名学生完成模拟应急出口座位介绍。
（参照本书模块二任务二中"直接准备阶段"）

五、应急出口座位介绍练习

（一）练习内容

（1）判别旅客是否适合坐在应急出口座位；
（2）进行应急出口座位介绍

（二）练习要点

语言及动作：

——（面向旅客45度站姿，上身前倾15度，面带微笑）"打扰了，先生/女士，您就座的是我们的应急出口座位。正常情况下，请不要触碰带红色标记的把手；（四指并拢，拇指回收，掌心与地面呈135度，指尖指向把手，目光跟随指尖）在紧急情况下，您愿意充当我们的援助者，帮助其他旅客撤离吗？"

——（得到旅客的肯定答复）

——"请您在起飞前阅读我们的出口座位须知卡，同时请您监督，不要让其他旅客随便触碰我们的应急窗口。如果您还有什么疑问，请随时与客舱乘务员联系。"

——（看到旅客接过须知卡）

——"报告乘务长，应急出口座位确认完毕！"

（三）练习方式

按照上述要求，每名学生完成模拟应急出口座位介绍。
（参照本书模块二任务二中"直接准备阶段"）

六、安全演示及安全检查

（一）练习内容

（1）客舱安全演示；
（2）客舱安全检查。

客舱安全演示

模拟训练视频6-4

（二）练习要点

1. 安全演示广播词

客舱安全检查

模拟训练视频6-5

女士们、先生们：

现在由客舱乘务员为您介绍救生衣、氧气面罩、安全带的使用方法和紧急出口的位置，请注意我们的示范和说明。

救生衣在您座椅下面的口袋里。使用时取出，经头部穿好。将带子扣好系紧。然后打开充气阀门，但在客舱内不要充气；充气不足时，请将救生衣上部的两个人工充气管拉出用嘴向里充气。

氧气面罩储藏在您座椅上方，发生紧急情况时，面罩会自动脱落。氧气面罩脱落后，请用力向下拉面罩。请您将面罩罩在口鼻处，把带子套在头上进行正常呼吸。

在您座椅上备有两条可以对扣起来的安全带，当飞机在滑行、起飞、颠簸和着陆时，请您系好安全带。解开时，先将锁口打开，拉出连接片。

本架飞机共有6个紧急出口，分别位于前部、后部和中部，在客舱通道上以及出口处还有紧急照明指示灯，在紧急脱离时请按指示路线撤离，在您座椅后背的口袋内备有《安全手册》，请您尽早阅读。谢谢！

Ladies and Gentlemen,

We will now explain the use of the life vests, oxygen masks, seat belts and the location of the exits.

Your life vest is located under your seat. To put the vest on, slip it over your head. Then fasten the buckles and pull the straps tight around your waist. To inflate, pull the tabs down firmly but don't inflate while in the cabin. If your vest needs further inflation, blow into the tubes on either side of your vest.

Your oxygen mask is in the compartment above your head, and will drop automatically if oxygen is needed. and pull the mask firmly toward you to start the flow of oxygen. Place the mask over your nose and mouth and slip the elastic band over your head. Within a few seconds, the oxygen flow will begin.

In the interest of your safety, there are two belts on the sides of your seat that can be buckled together around your waist. Please keep them fastened while the aircraft is taxiing, taking off, in turbulence and landing. To release, lift up the top plate of the buckle.

There are 6 emergency exits in this aircraft. They are located in the front, the rear and the middle sections. Please follow the emergency lights which are on the floor and the exits to evacuate when emergency evacuation. For further information you will find safety instruction card in the seat pocket in front of you. Thank you!

2. 了解客舱安全检查项目

按照要求，学生两人一组完成模拟安全演示及安全检查。

（参照本书模块二任务二中"直接准备阶段"）

七、报刊服务练习

（一）练习内容

（1）横版报纸的发放；

（2）竖版报纸或杂志的发放。

（二）练习要点

（1）报刊的扇形摆法和层叠摆法；

（2）发放报刊时的身体语言要求；

（3）准确、清晰地说出报刊的名称；

(4)注意发放报刊时语言的变换,忌单一。

(三)练习方式

按照教师的示范和要求,每名学生完成模拟舱内发放报刊服务,正走、倒走,横版、竖版。

(参照本书模块三任务二中"书报杂志服务")

八、客舱广播练习

(一)练习内容

模拟训练视频 6-6

模拟训练视频 6-7

致礼广播、安全规定广播、演示广播、客舱安全检查广播、起飞前安全广播、起飞广播、餐饮广播、落地前安全广播、着陆前广播、着陆后广播、走客广播。

(二)练习要点

1.使用的语言包括:中文、英文或目的地国家语言,高比例乘客群体的方言;

2.吐字清晰流畅,注意语音语调的运用;

3.表情管理:亲和、微笑。

(三)练习方式

根据各项环节的广播词,使用机载电话进行练习和考核。

九、航后讲评练习

(一)练习内容

(1)航后讲评会的流程;

(2)航后讲评会的召开。

（二）练习要点

（1）乘务长组织讲评会，汇总各区域的工作情况，提出存在的问题及改进措施；

（2）反馈与各相关部门的协调、配合情况；

（3）认真填写乘务日志、相关单据；

（4）做好应急医疗箱、资料箱等物品及文件资料的交接；

（5）如遇特殊情况及时向有关部门汇报。

（三）练习方式

（1）乘务长综合讲评；

（2）检查员点评；

（3）乘务员自我讲评。

按照上述要求，学生以小组为单位完成"航后讲评会"。

（参照本书模块二任务二中"飞行后讲评阶段"）

任务二　客舱服务技能分项训练（二）

一、托盘练习

（一）练习内容

（1）用托盘收水杯、餐盒；

（2）用托盘送饮料；

（3）用托盘捡拾垃圾杂物。

（二）练习要点

（1）空托盘的拿法；

（2）收物品时托盘的拿法；

（3）盛放了物品的托盘的拿法；

（4）用大托盘送杯装饮料；

（5）用小托盘送咖啡、茶；

（6）手执托盘在客舱过道内正走、倒走；

（7）手执盛有物品的托盘在客舱过道内转身（身转盘不转）；

（8）用托盘捡拾垃圾。

（三）练习方式

根据练习要点，每名学生在教师指导下首先分步骤练习，最后分别连贯完成用托盘收水杯和餐盒、用托盘送饮料、用托盘捡拾垃圾杂物的连贯服务动作。

（参照本书模块三任务二中"餐饮服务"）

二、手推车练习

（一）练习内容

（1）用手推车发餐和饮料；

（2）用手推车收餐和饮料。

（二）练习要点

（1）手推车上（内）饮料的摆放；

（2）在过道里保持对手推车的控制（踩、松刹车）；

（3）推手推车时，两名乘务员对过道两边旅客的语言提醒（注意语言的变换）；

（4）用手推车发饮料（饮料的拿、倒、送）；

（5）用手推车发餐食（餐食的拿、送）；

（6）用手推车收用过的餐盒和杯子（餐盒和杯子的收取、摆放）。

（三）练习方式

根据练习要点，每两名学生一组，在教师指导下进行餐食发放及回收练习。

三、欢迎饮料服务练习

欢迎饮料服务是针对头等舱旅客提供的服务。通过为旅客提供欢迎饮料，让旅客感受到更高规格的服务。

（一）欢迎饮料的准备

（1）客舱乘务员要主动了解旅客人数，提前准备好欢迎饮料。

（2）欢迎饮料的品种为橙汁和矿泉水（精品航班为柠檬水）。根据季节变换，可为旅客提供温水。要确保饮料在有效期内，无异味；橙汁需摇匀后再倒。

（3）提供柠檬水时，要使用干净的一次性手套提前将柠檬片放入瓶装矿泉水内，数量为 6 片 / 大瓶、2 片 / 小瓶，半瓶则减半。如柠檬片充足可直接将柠檬片放入盛有矿泉水的玻璃杯内，数量为 1 片 / 杯。

（4）准备欢迎饮料的同时，还要检查小托盘、盘垫纸、杯垫、水杯等服务用具完好、干净无污渍。

（二）欢迎饮料的发放

（1）欢迎饮料服务在旅客登机入座后适时提供，并应主动为旅客介绍饮料品种，供旅客选用。

（2）欢迎饮料一般使用高玻璃杯，每杯倒六分满（少于正常饮料一成）。

（3）欢迎饮料要使用小托盘摆放，每盘最多不超过六杯，最少不低于两杯。初次送出时，要确保不同饮料品种的装杯量大致相同，并整齐摆放，以体现美观。

（4）为旅客发放欢迎饮料时，小托盘要始终对准通道，左边旅客左手发，右边旅客右手发；将饮料放置于头等舱两座位之间的扶手台面上，并使用杯垫。水杯航徽要对准旅客。

（5）VVIP、VIP 旅客的欢迎饮料应单独送出，并视情况优先提供。

（三）欢迎饮料的回收

欢迎饮料杯要及时回收。如回收时旅客还未用完饮料，应询问后再回收。

（四）注意事项

（1）禁止使用询问的方式让旅客点欢迎饮料，因为欢迎饮料一般都只准备限定的几个品种。

（2）如旅客提出其他的饮料需求，可视情况提供。航空公司指定的重要旅客在提出需求时，在确保安全的前提下必须满足。

（3）客舱乘务员可根据航班实际情况为旅客添加欢迎饮料。

（4）如因特殊情况无法为旅客提供欢迎饮料，客舱乘务员应向旅客表示歉意，在飞机平飞后及时提供饮料服务。

（5）提供欢迎饮料时，如旅客自行拿取，客舱乘务员应主动将杯垫放置在头等舱两座位之间的扶手台面上。

（五）标准服务用语

场景 1：主动为旅客提供欢迎饮料

"先生/女士，您好，这是我们为您准备的橙汁和矿泉水，请问您需要哪种？"

"好的，请慢用。"

场景 2：如果旅客不需要饮料

"好的，先生/女士，平飞后我再为您提供。"

场景 3：旅客提出其他的饮料需求

"不好意思，先生/女士，飞机很快将起飞，你先喝点橙汁或矿泉水，平飞后我马上把（茶、咖啡等）给您送过来。谢谢！"

场景 4：在飞机起飞前未能向旅客提供欢迎饮料

"很抱歉/不好意思，先生/女士，飞机马上要起飞了，现在来不及为您送饮料,平飞后我马上为您提供。谢谢!"

四、饮料单服务练习

饮料单是专门为头等舱旅客选用饮料而准备的服务用品。通过为旅客提供饮料单,使旅客更直观地了解机上饮料的品种,方便其选用,体现用心、周到、高规格的机上服务,同时提升服务品质。饮料单是带班乘务长和头等舱乘务员的必备物品。

(一)饮料单服务

(1)在飞机平飞后首次提供饮料服务时,客舱乘务员要使用饮料单为旅客提供饮料服务,除非旅客直接指定饮料品种。

(2)客舱乘务员不得自行在饮料单上涂、改、写或张贴饰物。

(3)如推餐车进行饮料服务,需将饮料整齐摆放、直接展示并主动介绍,则可不使用饮料单。

(二)饮料单的使用

(1)客舱乘务员要提前检查饮料单,确保其干净、整洁,无污渍、卷边、破损等情况;还需确保使用的饮料单与航线相符。

(2)将饮料单竖直合封拿出,封面朝向旅客。两手手臂稍微弯曲,左手四指弯曲托住饮料单底部左侧边缘,拇指藏于饮料单后,尽量不露出手指。右手手心朝上,拇指卡于饮料单中,四指扶上部并藏于饮料单后。同时要避免饮料单与身体接触。

(3)在将饮料单递给旅客时,要使用标准语言,并提前展开,大方得体地双手呈上,供旅客选择。如实际配送的饮料与饮料单不符(饮料单上有但未配送或饮料单上未注明但已实际配送),应提前主动向旅客介绍。

(三)饮料单的回收

(1)回收饮料单时,应双手接回,注意姿态,动作轻柔并稍做停顿。

(2)回收后的饮料单,应妥善保管,防止水渍、油渍污染,以及卷边、破损，脱、掉页。

（四）标准服务用语

场景1：为旅客提供首次饮料服务

"先生／女士，您好，这是我们今天为您准备的饮料（同时呈上饮料单），您看需要喝点什么／请问您喝点什么？"

"好的，马上为您准备。"

场景2：如旅客不需要饮料

"好的，先生／女士，您需要的时候我再为您提供。"

场景3：如旅客直接指定饮料

"好的，先生／女士，我马上给您送过来。"

五、饮料服务练习

饮料服务是机上服务的基本服务项目，分为推饮料车进行服务和使用小托盘单独提供两种方式。

（一）普通舱饮料服务

1. 服务时间

飞机平飞后，发放餐点前后进行。

2. 服务方式

发放饮料

模拟训练视频6-8

（1）推饮料车服务

推饮料车服务是在餐食服务前进行的服务程序。

·旅客人数在80人（含）以上时，使用两个饮料车分别从客舱前、后向中部发放。

·双通道飞机使用多台饮料车从客舱前、后向中部同时、同步发放。

（2）使用小托盘单独提供

·普通舱在回收餐盘后，如距离航班落地时间≥40分钟，按程序使用小托盘和热饮壶为旅客提供单独的添加饮料服务。并按每30分钟增加一次服务递增。除此之外，带班乘务长可根据实际情况增加单独提供饮料服务的次数。

·在为个别旅客提供饮料时，单独使用小托盘送出。

3. 饮料车摆放标准

（1）饮料车上：饮料根据配送品种，按中间高、四周低的原则摆放于饮料盒内。除可乐、七喜、矿泉水外，其余饮料应根据旅客人数及配备数量均匀、交叉摆放在饮料盒内两侧。水杯放在饮料盒内左右两侧，各摆放至少一摞，高度略低于矿泉水瓶。

（2）饮料车抽屉内：干湿纸巾、小毛巾、手套、清洁袋、笔、纸（记录休息旅客座位等其他信息）。

（3）饮料车内上层：放置装有茶水、咖啡、热水壶的饮料盒或大托盘，装有方形纸毛巾的小托盘。

（4）饮料车内下层：根据需要放置备份饮料、水杯、垃圾袋。

（5）如为每位旅客发放瓶装饮料，先除去外包装，整齐摆放在饮料盒内放置于饮料车上，将备份的瓶装饮料放置于饮料车内。

4. 普通舱饮料服务细则

（1）饮料准备

·相应号位客舱乘务员提前检查服务用具完好、干净无污渍，并准备好饮料车。

·备份饮料要摆放整齐，摆放时动作一定要轻，放置带气饮料更要小心。

·饮料盒内的瓶装饮料应在服务间内松开瓶盖，推出客舱为旅客发放时取下瓶盖，并将瓶盖放置于饮料车或饮料车抽屉内。在客舱内开启带汽饮料时应在饮料车内开瓶、开盖。

（2）饮料发放

·发放饮料时，主动介绍饮料品种，使用标准语言，按先里后外的顺序逐一询问，并逐一给予旅客回应。递送时使用标准用语，注意与旅客的眼神交流。

·提供冷饮时，主动询问旅客是否需要加冰块（酒类除外）。

·发放时，如有旅客同时提出需求，客舱乘务员应使用标准语言积极给予回应，并逐一为其提供；

·提供饮料服务时，客舱乘务员应做好配合并逐一确认，防止错、忘、漏。

·提供饮料时,手握水杯下 1/3 处,饮料应为七成满。儿童视情况提供五成满;

·递送饮料时,要特别小心,使用标准用语,注意与旅客的眼神交流,确认旅客接拿稳妥。

·发放饮料时,如发现饮料有异味应立即停用。

·推车服务时,客舱乘务员应注意动作轻柔,避免碰撞到旅客。

·特殊情况下,带班乘务长有权对饮料服务程序进行调整并记录。

(3) 添加饮料

·配备饮料的航班应推车进行一次添加饮料服务,添加时应逐一询问,并按需提供。

·使用小托盘、热饮壶单独为旅客添加茶水或咖啡时,应使用铺有干净垫纸的小托盘,提前准备好水杯,杯口向下,数量不超过 15 个,放于小托盘左上角,热饮壶放于右下角。倒饮料时,对准通道。递送时,要特别小心,防止漏、洒。

(二)头等舱饮料服务

1. 服务时间

头等舱除提供欢迎饮料服务外,还应按程序提供餐前饮料,并在餐中、餐后及时为旅客添加饮料。

2. 服务方式

为头等舱旅客提供饮料,也分使用小托盘单独提供和推饮料车进行服务两种。

3. 使用小托盘单独提供饮料的服务细则

(1) 饮料准备

·为旅客提供餐前饮料时,使用饮料单供旅客选择,主动询问旅客的特殊需求(加冰、柠檬〈如有〉、糖、奶包、浓淡、温度等),并根据需求及喜好进行准备,为其提供。

·注意检查服务用具完好、干净无污渍,确认饮料在有效期内,无异味。果汁饮料应摇匀后提供。

·除非旅客指定饮具盛装饮料,饮料按品种使用相匹配的饮具(无杯托的饮具应配以干净的杯垫）。

・加冰以 2~3 块为宜。如旅客需要增加，按旅客需求提供。

・在厨房中准备饮料，动作应尽量轻，避免影响旅客休息。

（2）送饮料

・送饮料时使用小托盘，递送时小托盘要始终保持对向通道，将饮料放于头等舱两座位之间的扶手台面或小桌板上，如有杯垫应提前放好。饮具的航徽（如有）对向旅客。

・送饮料时，要使用标准的语言，规范、轻缓的动作（端、拿位置均在杯〈瓶、罐〉底部，避免接触杯〈瓶、罐〉口），配合眼神和表情。

・罐装饮料要先倒入杯中一部分，并将瓶罐一并送出。送出前确认瓶体干净。在服务过程中，要注意观察，主动询问，及时添加，收回空罐。

（3）添加饮料

・随时关注旅客需求，及时主动添加，将服务做在旅客开口前。

・添加时，注意检查用具（杯托、杯垫、勺、杯、热水壶），确保干净。

・如配有专用热水壶，可直接将热水壶拿出为旅客添加。添加时，水杯放置于小托盘上，注意动作要轻缓，避免热水漏洒、壶盖掉落。

（4）回收饮料

・及时回收旅客不需要的水杯。回收时主动询问，征询旅客意见是否需要更换或添加饮料；

・回收时，注意清理小桌板/扶手，主动协助旅客收回小桌板。

・回收的饮具要及时清理（倒掉剩余饮料、茶叶等），并分类存放，避免与干净的饮具接触。

・特殊情况需要清洗水杯时，要先清洗干净，再使用高温开水对水杯内外进行至少三次消毒，并使用干净的餐巾布将杯口及水杯外部擦干。

4. 推饮料车进行服务的细则

・如头等舱旅客超过 10 人（含）同时用餐，可推车进行饮料服务。将饮料按品种整齐、美观地摆放于饮料盒内，将饮料盒放置于铺有垫纸的饮料车上，备份饮料、各种饮具、存放冰块的保温箱及热水放置在餐饮车内。

・推饮料车服务时，带气的饮料要在车内开启，提供冰块时要使用冰夹。

・如提供热饮，应确保温度适宜，避免温度过低。

·推饮料车在头等舱服务时,要特别注意三轻服务。

(三)标准服务用语

场景1:询问旅客需要的饮料

"先生/女士……您好,我们为您准备了(有)七喜、可乐、橙汁/番茄汁、咖啡、绿/花茶,请问您需要喝点什么?"

"先生/女士……今天为您准备有十余种饮品,请问您喜欢哪种呢?"

"好的。"

场景2:递送饮料时

"先生/女士……您的茶/饮料/咖啡,特意给您多倒了些,稍微有点满,请您当心,请拿好/请慢用/小心烫手。"

场景3:如果旅客需要多一杯饮料

"好的。"

场景4:推车时如多名旅客同时提出添加饮料的需求

"好的。"/"好的,马上加过来。"(观察旅客表情,如旅客表现出急切需要的愿望,应立刻满足。)

场景5:如旅客提出需要的饮料在航班上并未配备

"不好意思,先生/女士……没有配备××,七喜可以吗?"

场景6:旅客自行拿取或准备拿取饮料进行添加

"先生/女士……您好,请您当心,小心饮料洒在衣服上,我来为您添加吧!/需要我为您添加吗?"(使用正确的语调)

"先生/女士……您好,想喝点什么?我来为您添加吧。"

场景7:为旅客发放矿泉水时

"先生/女士……这是为您准备的矿泉水,请拿好。"

六、毛巾服务练习

毛巾服务是头等舱服务的重要内容,是体现品质服务的重要环节。客舱乘务员要将提前折好形状(如三角形、玫瑰花形等)的毛巾放入指定容器(如毛巾碟、6寸盘或其他),确保摆盘整齐美观。通过为头等舱、VIP或航空公司指定的重要旅客提供毛巾，让其感受到贴心的机上服务。

（一）毛巾服务

（1）毛巾服务应在开餐铺餐布前为旅客提供，确保旅客用餐前享受一次毛巾服务。

（2）毛巾应现湿现用，确保无异味、挤压不出水。除非旅客提出冷毛巾的需求，客舱乘务员应为旅客提供热毛巾服务。

（二）毛巾的摆盘

（1）使用6寸盘发放毛巾时，应提前将毛巾折叠成美观的形状，如三角形、玫瑰花形等，整齐摆放于盘中，每盘最多不超过十二条，最少不低于两条。盘中毛巾数量应始终多余旅客人数至少一条。

（2）使用毛巾碟发放毛巾时，应提前将毛巾折叠成美观的形状（玫瑰花形优先），整齐摆放于毛巾碟中，每盘最多不超过两条。单独为一位旅客发放毛巾时，可只摆放一条。可用花瓣点缀增加美感。

（3）叠毛巾时，客舱乘务员可佩戴一次性手套，将毛巾放置于小托盘上折叠。折叠时要注意检查确保毛巾干净、整洁，禁止将毛巾直接放在服务台面上折叠。

（三）毛巾的发放

（1）使用6寸盘发放时，毛巾要竖向摆放对着旅客，并稍微倾斜盘面，让毛巾光滑面朝向旅客，以方便旅客取用。递送毛巾时要配以标准用语。

（2）使用毛巾碟发放时，将分装好毛巾的毛巾碟整齐摆放在托盘上，为旅客送出，放置于头等舱两座位之间的扶手台面上，并配以标准用语。

（3）如毛巾不足或旅客提出额外的毛巾需求，客舱乘务员应积极与旅客沟通，视情况立即为其提供湿纸巾或湿毛巾。

（4）如配备毛巾碟，必须使用毛巾碟为旅客提供毛巾服务。

（四）毛巾的回收

（1）客舱乘务员在餐饮服务结束后征求旅客意见回收毛巾。

（2）回收使用 6 寸盘发放的毛巾时，需使用毛巾夹。

（3）回收使用毛巾碟发放的毛巾时，需使用托盘回收毛巾碟和毛巾。如旅客将毛巾放于毛巾碟外，乘务员需使用毛巾夹回收毛巾。

（4）盘子始终保持在过道中。左边旅客左手收，右边旅客右手收。如有旅客直接递出，应立即予以回收。

（五）标准服务用语

场景 1：主动发毛巾

"先生 / 女士，您好，请用热毛巾。"

场景 2：主动收毛巾

"先生 / 女士，您好，请问毛巾您还需要吗？" / "先生 / 女士，您好，请问毛巾可以收走了吗？"

"好的。"

场景 3：旅客在上机时提出毛巾需求

"先生 / 女士，好的，我先给您送湿纸巾过来，平飞以后马上为您送热毛巾。"

场景 4：旅客提出额外的毛巾需求时，机上毛巾已用完

"先生 / 女士，不好意思，由于毛巾已经用完了，我为您提供热的纸毛巾（湿纸巾）好吗？"

"好的，马上给您送过来。"

七、餐布服务练习

餐布是专门为头等舱或其他重要旅客用餐、点、水果时使用的服务用品。通过为旅客提供餐布，让旅客感受到整洁、舒适的用餐环境，同时提升服务品质。

（一）餐布服务

餐布在旅客用餐食、点心、水果前为其提供。

（二）餐布的准备

（1）客舱乘务员应根据旅客人数提前准备好餐布。

（2）客舱乘务员在准备餐布时，应检查并确保餐布干净、整洁，无污渍、油渍、破损、异味。

（三）餐布的发放

（1）为旅客提供餐布时，应提前折叠成长条形，数量应至少多于旅客人数一条，搭在手臂送出，餐布不可与腹部接触。

（2）在为右手边旅客服务时，将餐布搭在左臂，航徽（如有）朝下；为左手边旅客服务时，将餐布搭在右臂，航徽（如有）朝上。

（3）为旅客铺餐布时，要使用标准用语，轻轻为旅客取出小桌板并用双手铺上餐布。铺餐布时，航徽（如有）要正对旅客，毛边朝下，注意铺放平整，尽量一铺而就。

（4）如因特殊情况无法为旅客取出小桌板铺放餐布时，应使用标准用语请旅客协助取出小桌板，并将餐布展开双手递出。

（四）餐布的回收

（1）旅客用餐结束后，客舱乘务员应及时回收餐布。回收时，应轻轻朝上对折，小心翼翼地收回。避免油渍、汤汁、杂物掉落在小桌板或旅客身上。如与餐盘一并回收，应将餐布放置于餐盘之下。

（2）回收餐布时，应征求旅客意见并协助其收起小桌板。

（3）回收到厨房的餐布，应统一放置在干净的塑料袋内，与餐具分开，避免再次污染。

（五）标准服务用语

场景1：为旅客铺餐布

"先生/女士，您好，我能帮您铺一下餐布吗？"

"好的，我帮您把小桌板打开。"（旅客主动打开，应表示感谢）

场景 2：因特殊情况不能为旅客取出小桌板

"不好意思，先生/女士，我能帮您铺一下餐布吗？麻烦您帮我把小桌板取出来。谢谢您。"

八、餐食服务练习

餐食服务是机上服务程序的必需环节，更是旅客的基本需求。餐食是餐食、点心、小食品的统称。

（一）服务时间

饮料服务后或与饮料服务同时进行。

（二）餐食清点及存放

（1）相应号位客舱乘务员负责清点（餐食种类、数量、特殊餐食）、确认、接收餐食，并报告带班乘务长，由带班乘务长或其指定人员签字确认。

（2）相应号位客舱乘务员负责妥善存放餐食，并根据需要使用干冰或冷风机储存，特殊餐食单独存放。

（三）餐食准备

1. 烘烤

烘烤餐食使用中温烘烤。

（1）烘烤标准

——粥、西点（炒蛋、煎蛋）烘烤时间 15~20 分钟。

——面条、米饭烘烤时间 20~25 分钟。

——点心（面包、蛋糕、中点）烘烤时间 10~12 分钟。

——大丰收、肉夹馍、汤类烘烤时间 10~15 分钟。

（2）烘烤要求

——烘烤前检查确认烤箱内无异物（纸屑、保鲜膜、大量油渍等）。

——烘烤时使用烤笼、烤架。头等舱尽量使用烤架将餐食分隔烤制，避免加热后油渍、汤汁渗漏。

——烘烤后检查确认餐食受热均匀（瓷盘底部、热食盒外侧）、温度适中。餐食受热不均或未烤热，应继续烘烤。

2. **餐食的准备**

（1）头等舱

·（餐、点）套盘整理：除去套盘内食品的保鲜膜，检查餐具、刀叉勺及筷子（一体式筷子为非一次性物品；分体式筷子筷身为非一次性物品、筷头为一次性物品）等服务用具，完好、干净无污渍，食品无异味。

·（餐、点）套盘摆放：套盘按上下两部分整齐摆放。上部从左至右摆放水果、小菜（如有）、甜点、汤（如有）、配料/小食品，下部从左至右摆放点心/热菜、冷荤（如有热食，收回冷荤盘后再送出热食）/米饭、湿纸巾、餐巾布包好的刀叉勺及筷子。

·热食摆放（推车）：头等舱超过10人同时用餐，可推车服务。热食整齐摆放在铺有口布/餐车布（视配备情况而定）的餐车上，最多不超过两层。套盘放置在车内并准备小垃圾袋。

·小食品摆放：呈扇形提前整齐摆放在竹篮/托盘中。

（2）普通舱

·热食摆放：热食摆放在铺有垫纸的餐车台面上，摆放不超过五层，品种均衡。餐盒/盘放于餐车内。

·点心盒摆放：提供盒式点心餐时，可将部分餐盒放置在餐车台面上，最多不超过五层。

·小食品摆放：提前将小食品整齐摆放在透明塑料抽屉内，放置在餐车台面上，并准备与旅客人数相当的湿纸巾。

（四）餐食的发放

客舱乘务员在饮料服务后或饮料服务同时为旅客提供餐食服务。服务时，注意语言、微笑、表情、眼神的配合。

1. **头等舱**

（1）（餐食、点心）套盘发放：为头等舱旅客送套盘时，提前铺好餐巾布，将准备好的套盘竖直端出，横放在铺好餐巾布的小桌板上，放置时动作轻缓，如有航徽要对向旅客。

（2）主食发放：正餐主食在回收冷荤盘后发放（精品航线头等舱中式餐食应将热菜和米饭一起随餐盘送出）。发放时主动介绍品种，供旅客选择。主食在送出前要检查餐具外部无油渍、汤汁，放在热食托上送出，放于旅客餐盘内，使用干净的毛巾（折叠成长条形）从靠近旅客一侧小心翼翼揭开，同时提供香辣酱服务。如旅客提出一并送出等特殊需求，应满足旅客。

（3）点心餐发放：点心餐的热点按摆放标准提前摆放在套盘内送出。如配有小食品，视情况将小食品放于套盘内送出。

（4）面包发放：面包烘烤后放于有垫纸的竹篮内，及时送出（确保面包的温度和软度），避免面包变冷、变硬影响品质。发放时，使用面包夹。

（5）果盘、小食品发放：配有小食品的航班，应先发放果盘（如有），再将准备好的小食品送出供旅客选择。发放果盘时要先铺上餐巾布。

（6）推车服务时，均按单独提供的标准发放。

2. 普通舱

普通舱正餐主食与餐盒/盘一并发放。发放时，按由里到外的顺序，航徽对向旅客。

（1）正餐发放：发放正餐时，如有两种以上主食，客舱乘务员要逐一向每位旅客介绍供其选择。如热食只剩一种无法选择，应主动逐一向旅客说明，表示歉意。

（2）热点心发放：热点心使用垫有垫纸的竹篮/托盘为旅客分发。

（3）小食品发放：发放小食品时，将湿纸巾与小食品一并为旅客提供，湿纸巾放于小食品上方，航徽正对旅客。

（五）标准服务用语

场景1：为头等舱旅客提供餐食

"先生/女生，我们今天为您准备了早餐/午餐/晚餐/点心餐/小食品（水果盘），请问您现在需要用餐吗？"

"好的，我马上为您准备。"

"好的，马上给您送过来。"

场景2：为普通舱旅客提供餐食

"先生/女士……特意为您准备了两种口味的米饭，两荤一素，营养搭配，希望能合您的胃口……请问您需要辣椒酱吗？"

"好的……请您当心/请您拿好/请您慢用，小心烫手。"

场景3：主食只剩一种，旅客无法选择

"先生/女士……很抱歉/不好意思，米饭/面条已经发完了，米饭/面条，请您拿好。谢谢！"

场景4：旅客需要额外增加餐食

"好的，没问题，今天刚好有富余的餐食，请慢用。"（如有富余）

"好的，我去看看还有没有，如果有马上给您送来。"（如果没有，应给旅客回复，并表示歉意。）

场景5：为旅客介绍餐具包内的筷子

"先生/女士，您好，我们在餐具包里特意为您准备了筷子，在您需要的时候使用，希望我们的用心能方便到您。"

场景6：旅客提出餐食质量问题

"先生/女士……对不起，对不起，真的很抱歉。我马上为您更换。"

九、水果切割服务练习

（一）练习内容

（1）用餐刀切割杧果、装盘；

（2）用餐刀切割苹果、装盘；

（3）用餐刀切割香蕉、装盘。

（二）练习要点

（1）工具的准备（餐刀、水果盘、牙签/水果叉、塑料手套）；

（2）清洗水果；

（3）不同水果的切割要点（杧果、苹果、香蕉）；

（4）装盘、服务。

（三）练习方式

根据练习要点，每 6 名学生一组，在教师指导下进行水果切割、装盘、服务的练习。

十、乳酪服务练习

（一）练习内容

（1）圆形硬乳酪的服务；
（2）方形硬乳酪的服务；
（3）软乳酪的服务。

（二）练习要点

（1）折叠式推车上整块乳酪、配料（芹菜条、黄瓜条、苏打饼干等或核桃仁、提子干、鲜提子、苏打饼干等）的摆放；
（2）单人/双人乘务员服务时的不同合作、分工；
（3）圆形、方形硬乳酪和软乳酪的切割、服务：

圆形乳酪的切法一般可分为"三切法"和"六切法"，如下图所示："三切法"是先沿对角切后再直身快切；"六切法"是从乳酪的中心向外切。每块奶酪以分六份，每份宽 1 厘米、长 6 厘米为宜。

切乳酪时应注意，刀从上方直切下去，不要左右摇晃，切好后从乳酪下方拉出刀，动作要干净利索。

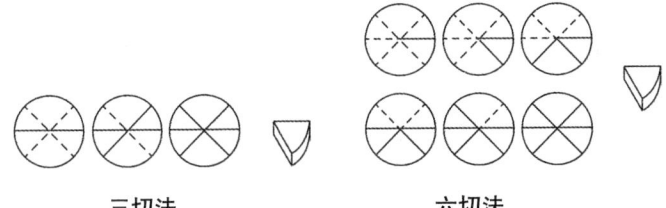

三切法　　　　　　　　六切法

(三) 练习方式

根据练习要点,每两名学生一组,在教师指导下进行乳酪切割服务的练习。(可参照本书模块三任务二中"餐饮服务")

📄 相关链接

认识奶酪

一、奶酪的种类

1. 新鲜奶酪

不经过成熟加工处理,直接将牛乳凝固后,去除部分水分而成。质感柔软湿润,散发出清新的奶香与淡淡的酸味,十分爽口。但储存期很短,要尽快食用。

2. 白霉奶酪

表皮覆盖着白色的真菌绒毛,食用时可以保持表皮的霉、菌,也可以根据口味去除。质地十分柔软,奶香浓郁。一般这种奶酪不用于做菜。

3. 蓝纹奶酪

在青霉素的作用下形成大理石花纹般的蓝绿色纹路,味道比起白霉奶酪来显得辛香浓烈,很刺激。

4. 水洗软质奶酪

成熟期需要以盐水或当地特产酒频繁擦洗,表皮呈橙红色,内部柔软,口感醇厚,香气浓郁。

5. 硬质未熟奶酪

制造过程中强力加压并去除部分水分。口感温和顺口,容易被一般人接受,由于它的质地易于溶解,因此常被大量用于菜肴烹调。

6. 硬质成熟奶酪

制作时需要挤压和煮,质地坚硬,香气甘美,耐人寻味。可以长时间运送及保存。

7. 山羊奶酪

最经典的山羊奶酪的制法与新鲜奶酪制法相同，可新鲜食用，或去水后食用。体积小巧，形状多样，味道略酸。

8. 融化奶酪

一种以上经过挤压的奶酪团，经融化后加入牛奶、奶油或黄油后制成。不同产品可以添加不同成分，如香草、坚果等。味道不浓烈，可以长期保存。

9. 奶油奶酪：一种未成熟全脂奶酪，经加工后，其脂肪含量可超过50%，质地细腻口味柔和。

二、奶酪的切法及注意事项

1. 奶酪的切法

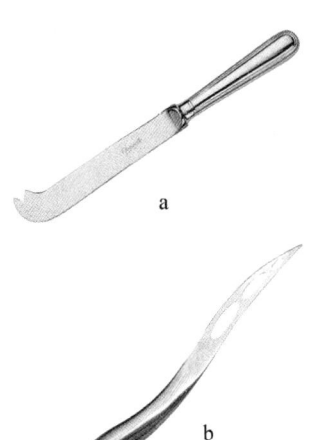

（1）奶酪种类不同，切奶酪的方式也不同。

硬奶酪需要使用如右图 a 所示的刀具。用刀切下一片，然后用刀具前端凸起的部分将奶酪叉起放在盘子中（千万不能直接放入嘴中）。之后可以将刀放入温水中，既能清洁刀具，又可以方便下次取用。

软奶酪需要用特殊形状的刀具来切，如左图 b 所示。这种刀具能帮您更轻松地将软奶酪放到盘子中。

（2）各种形状奶酪的正确切割，如下图所示。

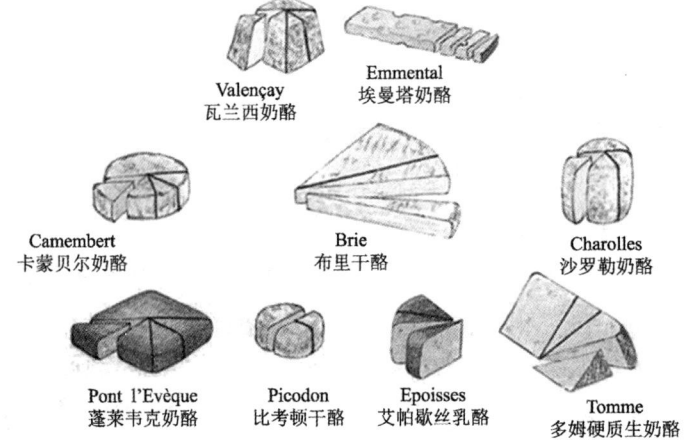

2.注意事项

切奶酪时，刀要从上面直切下去，不要左右摇晃，切好后从奶酪下方拉出刀，动作要干净利索。

任务三　案例模拟训练

一、训练目的

案例模拟训练是组织学生按照事先策划的案例模拟训练，目的在于通过模拟不同客舱服务状况的训练，锻炼和培养学生在特定情况下的应变能力和语言组织能力。

二、训练内容（案例）

训练案例 1

某航班，旅客人数不多，飞机的货物全部安置在机身前部。为了保持配载平衡，乘务员安排旅客统一到第八排后的座位就座。就在这时，一名旅客在换座过程中被小桌板剐破裤子，她提出索赔。

训练案例 2

某航班乘务员为公务舱一名旅客保存西服上衣，在即将到达目的地机场归还上衣时，该名旅客发现西服口袋中的手机丢失，乘务员帮忙寻找未果。后该旅客又检查了所有乘务员的飞行箱，始终没有找到手机，他要求获得赔偿。

训练案例 3

某航班，25D座的小旅客要喝一杯咖啡，乘务员在把咖啡送到小旅客桌子上时，看到小旅客桌子上放满了餐盘、汉堡、饮料杯等物品，正想帮他清理出放咖啡的地方时，小旅客伸手来拿咖啡杯，不小心碰翻了乘务员手上的咖啡杯，咖啡翻在小旅客和乘务员的手上及腿上。乘务组立即按烫伤急救程序处理,乘务长在请示机长后,联系了目的地地面急救医务人员为其诊断,结论为轻度烫伤。

训练案例 4

在飞行过程中,一名旅客要上洗手间,恰逢后舱乘务员都在客舱中服务,后舱无人监管,该名旅客误以为后舱门是洗手间,而试图打开后舱门,幸好被在过道中服务的乘务员及时发现并制止。在确定没有其他危险后,乘务员对该旅客进行了说服教育,但事后遭到了投诉。

训练案例 5

某日,在青岛飞往福州的航班上,飞机发生了较严重的颠簸,乘务员及时广播提醒旅客系好安全带。颠簸过后,乘务员进行巡舱,发现一名旅客因未系好安全带而磕到头部,当时旅客表示无大碍,没有提出检查要求,但事后向航空公司提出索赔。

训练案例 6

某航班在降落前广播结束后开始下降,起落架已放,一名旅客起身欲打开行李架取物品。前舱乘务员发现,语言提醒未果后解开安全带上前制止。旅客由于没取到东西非常愤怒,给了乘务员一拳后坐下。

训练案例 7

某航班正在供餐,一位女士因为前排椅背放下而稍感不便,于是用力推了几下椅背,想以此提醒前排的男士调整一下座椅角度,男士旅客非常反感,不理会她的请求。于是这位女士按了呼唤铃,请求乘务员负责解决此事。

训练案例 8

乘务员发现一对夫妇带着一个两岁多的小孩,坐在翼上应急出口处,便马上走上去要为他们调换座位,但遭到拒绝。旅客声称自己是民航局工作人员,是特意要求地面这样安排座位的,并出示了工作证件。

训练案例 9

准备起飞前的检查中,乘务员发现一旅客仍在使用手机,提醒后旅客表示再打一个电话后关机。

训练案例 10

某航班供餐中,一名旅客发现饭中有头发,而当天航班满座,部分乘客尚未拿到餐盒。

训练案例 11

洗手间外烟雾显示灯亮起,表示该洗手间的烟雾警报器被触动。乘务员迅速赶到,敲门后有一男乘客出来,表示没有吸烟,但有明显烟味。

训练案例 12

在某个"红眼"航班上,一旅客在供餐时熟睡,事先也没有特别说明,乘务员轻声叫唤后仍未醒,就没有供餐。旅客醒后很生气,表示服务很差。

训练案例 13

在飞行中,客舱的尾部发生了旅客骚乱事件,过道中挤满了试图离开客舱尾部的乘客,你在客舱的前面,怎么也无法挤到事发地点,此时,你怎样做才能对事件的解决有所帮助?怎样才能到达事发的客舱尾部?

训练案例 14

某航班,乘务员在巡视客舱时发现有一位旅客身上穿着一件已经充气了的救生衣,询问后得知是该旅客在看完安全示范录像带后,很好奇地想看看救生衣到底是什么样子,当拿出来摆弄时,不小心触发了充气阀门。乘务员应如何处置?

训练案例 15

航班马上要起飞了,一个乘客匆匆忙忙找到乘务长说:在离开家之前,自己将太阳能热水器的上水开关打开了,由于太匆忙忘了关闭,如果水溢出来,不仅自己家里被淹,邻居也要遭殃……

训练案例 16

晚餐服务过后,航班正在平稳飞行,这时"系好安全带"的信号灯亮起。作为广播员的你立即作了一段广播,之后又与同事一起检查客舱。细心的你发现有一个乘客睡着了,但没有系安全带……

训练案例 17

开始登机了,优美的登机广播词响起,乘客们有序地入座。这时,有一位乘客向你反映他的座位被别人占了……

训练案例 18

飞机降落后正在缓缓滑行中,这时有些心急的旅客开始站起身拿行李……

训练案例 19

飞行中,乘客在洗手间发现了一个戒指,交给了你……

训练案例 20

飞机在 A 地中转加油,乘客们有的去机场逛逛,有的在机上稍做休息。这时你发现有个乘客拿出了手机……

训练案例 21

飞行中,你正在巡舱,突然有两个男性乘客将你左右挟持,并命令你走向驾驶舱……机长通知乘务长飞机已被劫持,广播时乘客反应激烈……

训练案例 22

由于机械故障,飞机晚点了,听了广播后,有两位乘客还是很着急地找到你。其中一位表示家里老人在紧急手术,家属必须按时赶到医院签署责任书;另一位则要在目的地转机,允许中转时间大约为一个半小时……

训练案例 23

飞机在地面开始滑行,你做完欢迎广播后开始检查客舱。乘客甲还在笔记本电脑上忙于公务;乘客乙将椅背后倾,作酣睡状……

三、训练组织

(1)将学生以 4~5 人一组分开,10 分钟准备后模拟案例表演,结束后,全班结合案例展开讨论。

(2)指导教师数量 1~2 名,负责在每组案例模拟后,组织同学讨论,并做出正确的分析讲评。

任务四 客舱服务综合训练

一、训练目的

客舱服务模拟综合训练是组织学生利用服务模拟舱,模拟完成包括预先准备、直接准备、飞行实施、飞行后讲评等完整乘务工作程序的训练。目的在于通过训练，帮助学生熟悉和掌握空乘服务程序的每一个阶段，以及每一阶段的服务内容、服务技巧，将学生的选修课程知识，如形体训练、礼仪训练、服务心理等，与客舱服务技能训练课程内容充分结合并运用。通过反复训练，培养学生高度的乘务服务工作意识和熟练的客舱工作能力。

二、训练要求

（1）在模拟训练之前，学生必须熟悉乘务工作的每一个阶段以及每一个环节；熟悉飞机应急设备的位置（不同机型的应急设备位置不同）、检查标准（见表6-1）、使用方法；熟悉客舱乘务员之间的各种工作口令；熟悉客舱服务设备的配备和使用（见附录）。

表 6-1 应急设备检查标准

设备名称	检查标准
舱门及滑梯	在位；滑梯压力表指示正常；舱门锁风锁正常
便携式氧气瓶	在位；面罩及管子完好；压力表指示在满的位置；数量正确；在有效期内
水灭火瓶	在位；铅封完好；二氧化碳气瓶可见（通过手柄上的小孔可见）；数量正确；在有效期内
海伦灭火瓶	在位；安全销在位，塑料铅封完好；压力表指示在绿色区域；数量正确；在有效期内
呼吸保护装置	在位；真空包装完好；数量正确
应急医疗箱和急救药箱	在位；铅封完好；数量正确
机组安全带	在位；型号正确
机组救生衣	在位；型号正确（红色）；数量正确
乘客救生衣、备份救生衣 （跨水/延伸跨水运行）	在位；型号正确；数量正确
婴儿救生衣 （跨水/延伸跨水运行）	在位；型号正确；数量正确
婴儿安全带、加长安全带	在位；数量正确
救生筏（延伸跨水运行）	在位；数量正确
示范用氧气面罩、安全带、安全须知、救生衣（跨水运行）	在位；数量正确

续表

设备名称	检查标准
手电筒	在位；电池指示正常（隔 3~5 秒闪一次）；数量正确
扩音器	在位；声音良好；固定完好；数量正确
内话机	在位；声音良好、通话正常
生化隔离包	在位；铅封完好
烟雾探测器（各卫生间内）	在位；状态指示灯正常
自动灭火器（各卫生间内）	在位；温度指示牌正常
应急斧	在位；数量正确
乘客安全带	在位；型号正确；数量正确
应急滑梯	在位；压力表指示正常；数量正确
应急灯光	照明电门预位；照明指示良好
应急定位发射器	在位；固定完好
滑梯杆	指示正常；滑梯杆所处位置正确
客舱维修记录本	在位
机载应急检查单	在位；数量正确
系好安全带、禁止吸烟指示灯	客舱、厨房、卫生间、客舱乘务员座位处显示正常
（卫生间内）返回原位指示灯	显示正常
出口座位旅客须知卡 旅客安全须知卡	与机型匹配，插放正确；备份数、存放位正确

（2）熟悉各号位乘务员的工作职责（见表 6-2）。

表 6-2　各号位乘务员主要职责（以波音 737-300/700 四名乘务员为例）

乘务员号位	主要职责
1 号（乘务长 PS）	分配各乘务员号位，指定广播员； 确认好号位乘务员工作情况； 签收舱单（载量平衡表）、货单、机供品配备清单、旅客人数交接单； 负责核对人数； 负责 L1 门滑梯、娱乐系统管理、前舱服务； 指挥预位装置操作、指挥应急处置。

续表

乘务员号位	主要职责
2号（SS2）	检查所负责区域的应急设备、服务设备、卫生状况、机供品、安全演示用品； 配合乘务长前舱工作（厨房、驾驶舱、卫生间）； 负责 R1 门滑梯、迎送旅客、核对人数。
3号（SS3）	检查所负责区域的应急设备、服务设备、卫生状况、机供品、安全演示用品； 配合 4 号乘务员完成后舱工作（厨房、卫生间）； 负责引导旅客入座、照顾特殊乘客； 负责 L2 门滑梯操作、管理翼上出口。
4号（SS4）	检查所负责区域的应急设备、服务设备、卫生状况； 负责后厨房工作、清点机供品、迎送客和核对人数（L2 门上客时）； 负责 R2 门滑梯操作； 协助乘务长对后舱的管理，协助 3 号乘务员完成后舱服务。

（3）学生需严格按照空乘形象要求盘头、化妆、穿制服。
（4）严格遵守训练时间，需在规定时间内完成整套服务程序。

三、训练内容

乘务工作的四个阶段：预先准备、直接准备、飞行实施、飞行后讲评（见表6-3）。

客舱全流程服务

模拟训练视频 6-9

表 6-3 客舱服务模拟训练内容

客舱工作程序	说明	训练内容	备注
预先准备阶段 （个人准备阶段本表略去）	于航班起飞前 90 分钟在准备室召开乘务组准备会议	乘务长主持会议内容如下： （1）检查乘务组成员证件、装备用具、资料、制服着装及专业化形象； （2）检查客舱乘务员个人准备情况； （3）检查客舱乘务员对应急设备分布、使用及应急处置程序的准备情况； （4）预习空防预案，明确联络暗号； （5）重申危险品处置程序；	乘务组准备会实际上为 10 分钟左右，训练时控制在 5 分钟左右

295

续表

客舱工作程序	说明	训练内容	备注
预先准备阶段（个人准备阶段本表略去）	于航班起飞前90分钟在准备室召开乘务组准备会议	（6）通报航班特殊旅客及要客的情况，传达近期业务和行政方面的信息； （7）根据各岗位职责进行合理分工（分号位）； （8）拟定服务程序，提出服务要求； （9）检查手册插页的更换情况，考查客舱乘务员对新规定的掌握情况； （10）集体就餐后进场，并于预计起飞时间70分钟前到达工作岗位。	乘务组准备会实际上为10分钟左右，训练时控制在5分钟左右
直接准备阶段	从乘务员登机开始到旅客登机前结束，准备工作必须于起飞前30分钟完毕	（1）乘务组登机，将个人行李存放于驾驶舱、指定的行李架或衣帽间内； （2）各号位乘务员根据《应急设备检查标准》和《应急设备检查单》检查所负责区域的应急设备，之后，2号乘务员将检查结果报告给乘务长，4号乘务员将检查结果报告给3号乘务员，3号乘务员利用内话系统报告给乘务长（"报告乘务长，后舱应急设备检查完毕，请示检查应急路径灯"）； （3）4号乘务员从R2门接收机供品，3号乘务员协助摆放机供品，同时检查服务设备，2号乘务员推车到后厨房取前舱所需机供品，回到前厨房后，乘务长协助2号乘务员摆放； （4）4号乘务员通过内话向乘务长报告机供品情况，并报告水箱加水情况（"机供品数量配备完好，××到××航段预计××人，餐食××份，其中×清×素，水已加满"）； （5）乘务长服务驾驶舱（进入前须敲门），提供物品，如叠好的湿毛巾、报纸、笔、衣架、枕头、清洁袋、干点、盒纸、饮料等； （6）乘务长利用内话系统确认（"机组人员是否齐全，有无外来人员？"）之后，向机长报告情况，请示是否可以上客（"报告机长，机组人员已经到齐，无外来人员，是否可以上客？"）。	实际上为40分钟左右，训练时控制在10分钟左右。乘务员边工作边口述自己所操作的内容

续表

客舱工作程序	说 明	训 练 内 容	备 注
飞行实施阶段	从旅客登机开始到旅客离机结束	（1）播登机音乐，迎客：各号位乘务员站在各自的号位上，以乘务人员形象标准站好。 （2）上客过程中，1、2号乘务员在L1门口负责数客；3、4号乘务员在客舱中随时关注应急出口座位，发现有人入座，要进行评估（评估标准详见模块四任务一），并进行出口座位简介（简介时的口令详见模块二任务二）。 （3）1号乘务员取得地面人员递交的舱单，按照舱单显示旅客人数与2号乘务员数客结果核对一致的话，由1号乘务员报告机长，请示是否可以关机门，关闭登机音乐（"报告机长，舱单显示旅客人数××人，人已到齐，是否可以关机门？"）。 （4）1号乘务员拿起内话询问后舱："后面还有无外来人员？"如无外来人员，1号乘务员关闭机门，之后外话："机门已关闭，请各号门滑梯预位，两门互检。" （5）1、2、3、4号乘务员将所在机门滑梯预位："将红色警示带斜置于观察窗，将滑梯杆从机门上取下放在地板的支架上。"预位后相邻两门互检，同时说出互检口令："××门滑梯预位完毕，确认！" （6）1号乘务员按captain键"当当"两声，示意驾驶舱机门已经关闭；之后，1号乘务员拿起外话，播送《103安全规定广播》；广播的同时，各号位乘务员安排旅客就座，整理行李后关闭行李架；2号、3号或4号乘务员将氧气面罩、安全带、救生衣、安全须知卡等准备好，氧气面罩先拿在手里。 （7）1号乘务员播送《104演示广播》，2号、3号或4号乘务员根据广播提示，进行演示，动作要一致。 （8）1号乘务员播送《105客舱安全检查广播》，其余各号位乘务员进行"客舱安全检查"，边检查边复述检查的内容。 （9）检查完毕，各号位乘务员回到座位，系好安全带，调暗客舱灯光，1号乘务员进行《106起飞前安全广播》。	训练时将该阶段控制在30分钟左右

续表

客舱工作程序	说明	训练内容	备注
飞行实施阶段	从旅客登机开始到旅客离机结束	（10）驾驶舱闪烁"系好安全带"指示灯两次，并伴有声响，这时"系好安全带"指示灯点亮；如客舱已做好起飞准备，1号乘务员回应驾驶舱（captain键）两次铃声；飞机开始起飞，各号位乘务员密切注意客舱旅客，如发现有起身走动的，要及时劝阻。 （11）飞机处于平飞阶段后，驾驶舱闪烁"系好安全带"指示灯两次，并伴有声响，"系好安全带"指示灯关闭；1号乘务员调亮客舱灯光，各号位乘务员起身，拉好前后厨房的帘子后，到客舱过道分散站好，准备致意。 （12）1号乘务员组织大家致意，每名乘务员可自由发挥，进行有特色的自我简介。 （13）1号乘务员播送《107航线介绍广播》，各号位乘务员回到各自厨房区域，拉好帘子，派一人出来发报纸，其他人系好围裙，准备水车、餐车。 （14）发水、发餐，动作要标准，语言要丰富、亲切。 （15）收餐盒、水杯，动作要标准，语言要丰富、亲切。 （16）派一名乘务员巡视客舱；之前未收上来的餐盒、水杯，还需要拿一个空托盘。 （17）1号乘务员播送《112国内航班着陆前（20分钟）广播》，其他乘务员进行着陆前"客舱安全检查"，边检查边复述检查的内容；如还有未收上来的餐盒、水杯，则需要两名乘务员拿托盘一个从前排、一个从后排开始收取。 （18）各号位乘务员回到座位上，1号乘务员巡视客舱安检情况之后，也回到座位上，按captain键两下，调暗客舱灯光，驾驶舱闪烁"系好安全带"指示灯两次，并伴有声响，这时"系好安全带"指示灯点亮，飞机开始下降。 （19）1号乘务员播送《106落地前安全广播》，各号位乘务员密切注意客舱旅客，如发现有起身走动的，要及时劝阻。 （20）飞机着陆后，1号乘务员播送《114着陆后广播》。	训练时将该阶段控制在30分钟左右

续表

客舱工作程序	说 明	训 练 内 容	备 注
飞行实施阶段	从旅客登机开始到旅客离机结束	（21）飞机完全停稳后，1号乘务员调亮客舱灯光，用外话："飞机已停稳，各号门滑梯解除，两门互检"。 （22）各号位乘务员："将滑梯杆从地板的支架上取下，置于机门上，将红色警示带平行于观察窗"，解除后，相邻两门互检，同时说出互检口令："××门滑梯解除完毕，确认！" （23）1号乘务员给驾驶舱（captain键）两声铃，驾驶舱闪烁"系好安全带"指示灯两次，并伴有声响，"系好安全带"指示灯关闭，1号乘务员可以开门。 （24）3号乘务员在后面用内话，播送《117走客广播》，其他号位乘务员站在规定的位置，送客。 （25）旅客全部下机后，各乘务员清舱，之后，报告给1号乘务员："报告乘务长，前/后舱清舱完毕。" （26）1号乘务员检查后，报告机长："报告机长，全体旅客下机完毕，清舱完毕。"	训练时将该阶段控制在30分钟左右
飞行后讲评阶段	乘务工作的结束阶段，也是总结提高的过程	乘务长主持会议内容如下： （1）乘务长应对航班四阶段上反映出的安全及服务工作问题在乘务日志上反馈，并提出改进意见； （2）乘务长应对乘务员在航班中的表现进行评价，并对表现突出人员进行表扬，对航班工作中存在问题的组员提出改进建议或处理； （3）对特殊旅客服务情况的反馈； （4）对机上突发事件的处理进行汇报； （5）遇航班不正常事件的处理； （6）对机上设备问题提出建议； （7）对机上卫生等其他问题提出建议； （8）对机上娱乐报刊问题提出建议； （9）对机供品、餐食配备问题提出建议； （10）相关信息的汇报。	飞行后讲评会实际上为10分钟左右，训练时控制在5分钟左右

注：该训练内容仅为参考，不排除由于时空变化而有异的情况。

四、训练组织

（1）指导教师数量：2~3名。在模拟训练过程中，分别位于前、后厨房，或客舱内，以便于及时发现学生在训练中存在的问题，及时讲评。

（2）模拟乘务组：每组4名学生（模拟波音737-300/700机型乘务员配置），分别担任乘务长、各号位乘务员。

（3）乘客：其他同学担任乘客。

五、训练讲评

可采取教师讲评和学生讨论讲评两种方式。

> **模块小结**
>
> 本模块指导学生利用所学知识进行客舱服务的分项和综合模拟训练，强化学生的语言和动作服务技能，帮助学生进一步熟悉和牢记烦琐的乘务工作程序，是空乘专业学生客舱服务技能的巩固和提升阶段。

附录
飞机客舱设备与系统

一、急救设备

（一）手提式氧气瓶

1. 功能

在机上出现异常情况旅客急需用氧时提供应急用氧，如附图1所示。

2. 使用方法

（1）打开防尘帽（有的机型上的氧气瓶分高低流量出口，在使用前首先需确定要使用的流量出口）。

（2）将氧气面罩插在出口上。

（3）逆时针打开（带箭头的）开关。

（4）检查氧气袋是否充满。

（5）戴上氧气面罩，罩在口鼻处。

附图1　手提式氧气瓶

3. 使用注意的问题

（1）不要摔或撞氧气瓶。

（2）避免氧气与油或脂肪接触，擦掉浓重的口红或润肤油。

（3）用氧周围3米之内（前后四排座位）不能吸烟且无火源。

（4）当压力指针指示为500磅/英寸时，应停止使用，以便充氧。

（5）肺气肿患者使用低流量。

（6）氧气开始流动时，氧气面罩出现充气。

（7）氧气瓶在使用过程中必须有客舱乘务员监控。

（8）将氧气瓶使用情况填入《客舱维修记录本》。

4. 飞行前检查

（1）氧气瓶压力指针在标准位置（具体标准根据不同机型而定，指针在红色区域），"开/关"阀在"关"位。

（2）与之配套使用的氧气面罩与氧气瓶放在一起，包装完好。

（3）开关阀门上的铅封完好。

（4）检验日期是否在有效期内。

（5）检查固定支架是否完好，氧气瓶是否易于取用。

（二）药箱

飞机上配有急救药箱和应急医疗箱两套不同的急救设备。如果发现航班上的急救设备不符合中国民航的最低要求，应补充达到要求后再起飞。所有不带下飞机的药箱必须铅封，存放在指定位置并固定好。

1. 急救药箱

（1）数量：按载客人数不同急救箱数目也不同。

载客人数	急救箱数
<50人	1个
51~150人	2个
151~250人	3个
251~400人	4个
>401人	5个

（2）内容物：急救药箱用品（不同机型会稍有差异）。

名　称	规　格	数　量
绷带	5列	10卷
消毒棉签		20支
敷料	10cm×10cm	8块
三角巾		5条

续表

名　称	规　格	数　量
止血带		1 条
外用烧伤药膏		3 支
手臂夹板		1 副
腿部夹板		1 副
胶布	1cm、2cm	各 1 卷
剪刀		1 把
橡胶手套或者防渗透手套		1 副

急救箱中还有急救手册（说明）一份、使用登记单若干，如附图 2 所示。

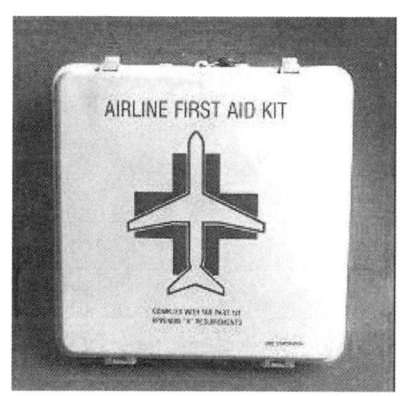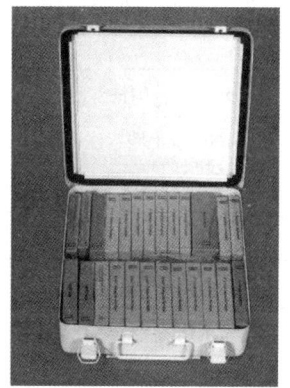

附图 2　急救药箱

（3）使用

在机上出现外伤或需用其中用品时即应取用。

经过急救训练的乘务人员、在场的医务人员或经专门训练的其他人员均可打开并使用此箱内物品，但非本航班乘务员应在开箱时出示其相关的证书证件。

用后要做好相应记录，一式两份，要有乘务长或机长签名，记录单应一份交使用人，一份留箱内交回航卫处。

（4）航前检查

检验日期是否在有效期内。

2. 应急医疗箱

（1）内容物

每只应急医疗箱内应当至少配备以下表中的医疗用品和物品。

名　称	规　格	数　量
器械及敷料		
血压计		1个
听诊器		1副
人造口咽气道（三种规格）		各1个
消毒棉签		40支
5ml注射器		2支
2ml注射器，20ml注射器		各1支
药　品		
50%葡萄糖注射液	20毫升（ml）	3支
1:1000肾上腺素注射液	1毫克（mg）	2支
盐酸苯海拉明注射液	10毫克（mg）	2支
小檗碱片（黄连素片）		24片
硝酸甘油片		10片
索米痛片（去痛片）		20片
颠茄片		20片
皮肤消毒剂（碘酒）		100（ml）
说明：箱内医疗用品清单和药物使用说明1份。		

（2）使用

只要机上有急重伤病旅客，广播找医务人员帮助，且正好有医务人员在场出来帮忙时，即应出示医用药箱内容物品名称、用法一览表，并供使用。

当有人要求打开并使用其内物品时，应确认并记录证明该人身份为医生的证明或文件。

其他需要的场合机长有权决定打开并取用其中的相关用品。

使用医药箱后，应一式三份做好使用记录，并在相应位置请机长、使用医生和乘务长分别签名。

将医用药箱使用登记表一份送到达站的有关部门，一份交使用药箱的医生，另一份随医用药箱交回航卫处做统计。

按年度将医用药箱使用情况做好统计上报民航管理局的有关部门。

（3）航前检查

检验日期是否在有效期内。

3. 药品包

除了急救药箱和应急医疗箱，在不经停的长途航线航班上还应备有常用药品药包，由乘务长随身携带。

（1）内容物：包括常用药品、药品一览表（药品包内药品的名称、适用范围、用法、作用、不良反应，可随时取用）及使用记录手册一本。

常用药品请见下表：

医药用品名称	规　格	数　量
对乙酰氨基酚（扑热息痛）		6片
茶苯海明（乘晕宁）		1瓶
创可贴		6贴
滴鼻液		1支
小檗碱片（黄连素片）		1瓶
氨伽黄敏胶囊		2板
京万红		1支
清凉油		1盒
滴眼液		1支

（2）使用

有处方权的专业人员（医生）可以建议使用其中药品。

无医生人员在场时，可按病人的请求给药。

用药时应做好记录，其中医生建议用药应出示证明其身份的文件或证件并签名，病人自行要求用药也应要求其签名，并在给药前说明该药品的作用和副作用等。

二、烟雾及灭火设备

（一）灭火瓶

飞机上灭火瓶的型号与数量必须适合驾驶舱、客舱、厨房等部位可能发生的火灾，并均匀分布于上述可能发生火灾的部位，且具有明显标志。

1. 手提式灭火瓶的最小数量配备

座位数	灭火瓶数量
6~30	1
31~60	2
61~200	3
201~300	4
301~400	5
401~500	6
501~600	7
600 以上	8

2. 手提式海伦灭火器（Portable Halon Fire Extinguisher）

手提式海伦灭火器，适用任何类型的（A 类、B 类、C 类）火灾，最适用于 B 类和 C 类的失火。它由插销式安全销、喷口、压力指示器、手柄和瓶体组成，如附图 3 所示。

（1）使用方法

① 快速取下安全销；

② 垂直握住瓶体；

③ 握住手柄和触发器，喷嘴对准火源底部边缘；

④ 压下顶部手柄由外向里做圆圈状喷射；

⑤ 喷射距离是距火源 1.8 米。

⑥ 使用时间：持续喷射可使用 7~10 秒。

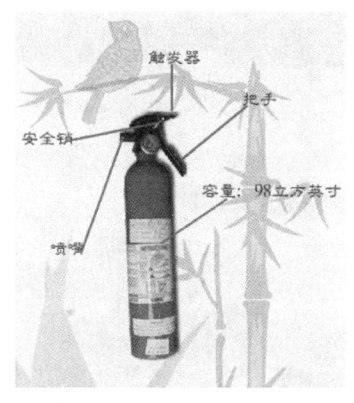

附图 3　手提式海伦灭火瓶

（2）注意事项

① 海伦灭火瓶喷出的是雾，但很快会被气化；这种气化物是一种惰性气体，它可以隔绝空气使火扑灭，表层的火很快被扑灭后，里层仍有余火，所以应随后将火区用水浸透；

② 瓶体不要横握或倒握，喷射时要对准火源底部；

③ 不能用于人身上的火灾，以免造成窒息；

④ 开始使用时，可能火焰猛然增大，不要紧张，继续灭火，火焰即会扑灭；

⑤ 距火源不宜过近，以免灭火剂吹散火源，蔓延火势；

⑥ 灭火剂渗透性较差，注意应观察火警现场，以免复燃。

（3）飞行前的检查

① 是否在指定位置并固定好；

② 安全销是否在穿过手柄和触发器的适当位置；

③ 铅封是否完好；

④ 压力指针在绿色区域，瓶体无损坏；

⑤ 检验日期是否在有效期内。

3. 手提式水灭火瓶（Portable H$_2$O Extinguisher）

手提式水灭火瓶适用于一般性火灾的处理（A类），例如：纸、木、织物等。它主要由手柄、喷射开关、喷口和瓶体四部分组成，如附图4所示。

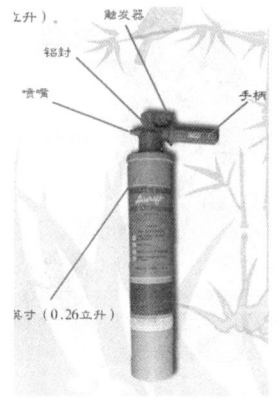

附图 4　手提式水灭火瓶

（1）使用方法

① 向右转动手柄；

② 垂直握住瓶体；

③ 按下触发器，喷嘴对准火源底部边缘；

④ 移动灭火器喷向火的底部边缘；

⑤ 喷射距离距火源 2~3 米。

（2）注意事项

① 不能用于电器和油类火灾；

② 瓶体不要横握或倒握；

③ 瓶内装有防腐剂，不能饮用；

④ 喷射时间为 40 秒左右。

（3）飞行前的检查

① 在指定位置并固定好；

② 铅封处于完好状态，无损坏；

③ 检验日期是否在有效期内。

（二）卫生间灭火系统（Fire Extinguisher System in the Lavatory）

卫生间的灭火系统包括：烟雾报警系统和自动灭火系统两部分。

1. 烟雾报警系统

烟雾报警系统可以及时发现火情并自动发出警告，它包括烟雾探测器和信号显示系统，如附图 5 所示。

（1）烟雾探测器：安装在卫生间内顶部，当卫生间内的烟达到一定浓度时，通过它的感应传给信号显示系统。

（2）信号显示系统：位于烟雾传感器的侧面，当烟雾达到一定程度时，信号系统的红色指示灯闪亮，并发出刺耳的叫声，当需要关断信号系统时，按下按钮（传感器侧面）即可截断声音，关闭指示灯。

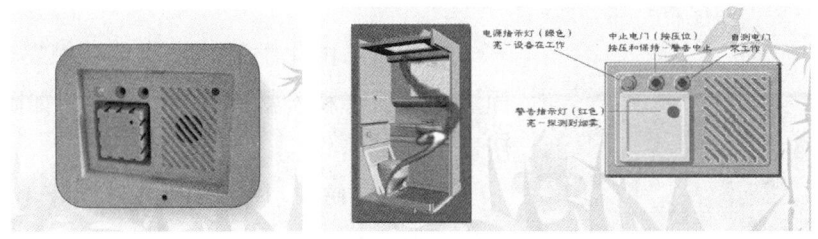

附图 5　烟雾报警系统

2. 自动灭火系统

位置：一般在每一个卫生间的盆池下面都有一个自动灭火装置，每个灭火器装置包括一个海伦灭火器和一个装在垃圾箱上方深处的喷射管组成，如附图 6 所示。

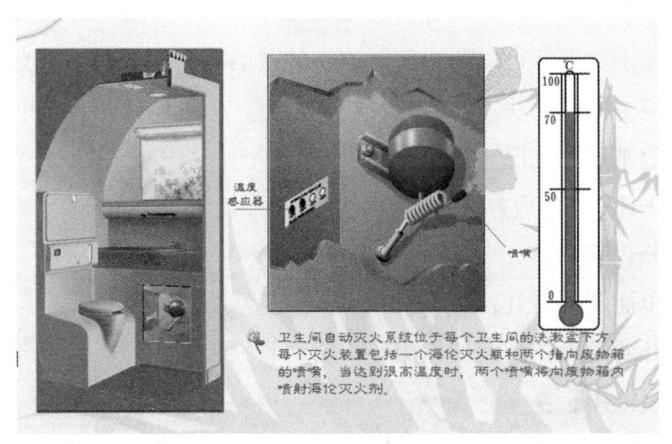

附图 6　自动灭火系统

工作原理：贴在每个废物槽垃圾箱附近的温度指示器用来指示垃圾箱附近的超温状况：当温度接近71℃时，指示口上的灰色感应点变为黑色；当温度接近79℃时，灭火器喷嘴处的可熔性物质熔化，灭火剂在3~15秒完全喷出。

使用时间：喷射时间为3~15秒。

（三）呼吸保护装置（PBE，Protective Breathing Equipment）

呼吸保护装置又称"防烟面罩"（Smoke Hood），是用于乘务员和机组人员在客舱封闭区域失火或有浓烟时使用的，它可以保护灭火者的眼睛和呼吸道不受火和烟的侵害。

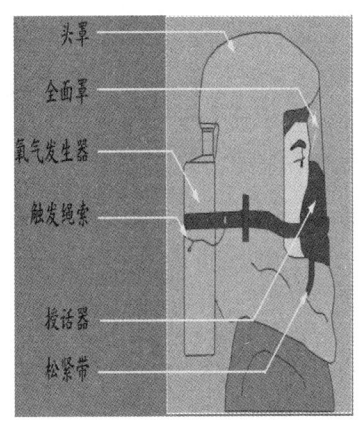

附图7　呼吸保护装置

防烟面罩由化学氧气发生器、触发开关、面罩、送话器和松紧带五部分组成，如附图7所示。

一般的呼吸保护装置分为美式和欧式两种。氧气是靠防烟面罩上的化学氧气发生器提供的，当拉动触发拉绳后，发生器中的化学元素发生了化学反应并释放出热量，使化学氧气发生器中的温度上升，产生出氧气。

PBE的使用时间大约为15分钟（平均为15分钟，呼吸快时可能有灰尘感和咸味，时间相对要短一些）。

特点：戴上面罩后可以通过面罩前部的送话器与外界联系。当氧气充满面罩时，面罩应为饱满的状态，当氧气快用完时，由于内部压力减小面罩开始内吸，应学会辨别这种状况。

1. 美式PBE的使用方法

（1）打开包装盒；

（2）取出面罩并展开；

（3）拉开防烟面罩一侧的作用环，启动氧气装置，须听到氧气流动声，该防烟面罩方可使用；

（4）撑开密封胶圈（大小与头同大）；

（5）戴上防烟面罩；

（6）抽紧面罩两边带子，使面罩紧固；

（7）吸氧。

2. 欧式 PBE 的使用方法

（1）打开包装盒；

（2）取出面罩并展开；

（3）撑开密封胶圈（大小与头同大）；

（4）戴上防烟面罩；

（5）调整面罩位置；

（6）系好固定搭扣，拉动触发绳；

（7）吸氧。

3. 飞行前的检查

（1）确认呼吸保护装置固定在指定的位置；

（2）确认包装盒未被打开；

（3）确认捆扎带完整；

（4）确认真空包装袋完好。

4. 使用时应注意的问题

（1）必须在非烟区穿好；

（2）穿戴前必须确保头饰、耳钉等尖锐物品已除去，以防刺破面罩；

（3）头发必须全部入进去，衣领要离开密封胶圈；

（4）如果呼吸困难，可能是氧气用完和穿戴不当；

（5）当面罩开始内吸或头部有热感时，使用时间已到，应迅速远离火源，到安全区摘下面罩；

（6）取下面罩后，因头发内残留有氧气，不要靠近有明火，要充分抖散头发；

（7）当观察窗上有水汽和雾气时迅速取下面罩；

（8）如果戴着眼镜使用，戴好后要在面罩外面调整眼镜位置。

三、厨房设备

（一）断路器

断路器，用于切断电源，操作时将黑色按钮开关拉出，按下则重新接通电源，如附图8所示。

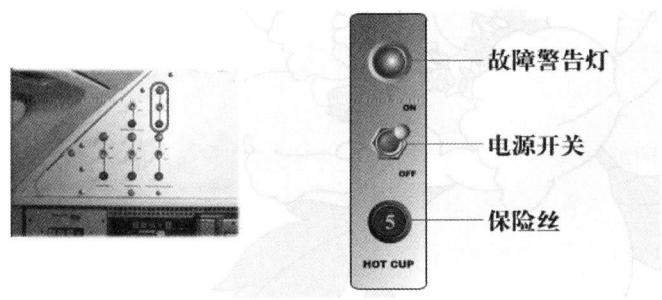

附图8 断路器

特殊考虑：
（1）若电路器跳出，让它冷却3分钟后再压入按钮重置开关；
（2）在重置断路器前通知驾驶舱；
（3）一旦断路器重置好后，马上通知所有飞行员和客舱乘务员；
（4）断路器只允许重置一次，不要一直压着断路器，否则会引起火灾。

（二）烤箱

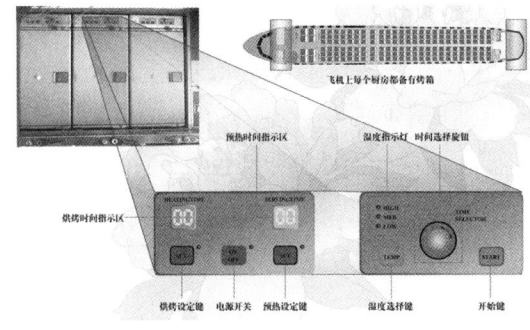

附图9 烤箱

烤箱，只可用于加热食物。根据食物性质，在选定时间、温度后启动，如附图9所示。

特殊考虑：
（1）在加热前确保烤箱内无任何纸片、纸制品以及干冰；
（2）使用烤箱前要区分烤箱

的种类，严格按程序操作；

（3）为防止起火，严禁在烤箱内存放任何服务用器、用具、报纸、餐盒及各类可燃物；

（4）起飞、着陆前烤箱必须断电。

（三）烧水器

烧水器，用于烧煮开水，接通电源后使用。

特殊考虑：

（1）烧水器内的水为可饮用水，飞行中沸水水温一般为80℃左右；

（2）出现断路警告时，应立即关闭电源，检查水阀、水量、水压是否正常；

（3）起飞、着陆前关断电源。

（四）咖啡机

咖啡机，用于烧煮开水，接通电源选定煮水方式后使用。

特殊考虑：

（1）烧水器内的水为可饮用水，飞行中沸水水温一般为80℃左右；

（2）出现断路警告时，应立即关闭电源，检查水阀、水量、水压是否正常；

（3）在沸水滴注时，若需取出盛水杯，应先关断电源；

（4）只有在水杯有水时，方可使用底盘保温方式；

（5）起飞、着陆前关断电源，倒空盛水杯内的水，并将盛水杯固定。

（五）烧水杯

烧水杯，用于烧煮开水，在水杯内加入水，插在电源插座上（旋转定时器）接通电源后使用。

特殊考虑：

（1）只有在水杯内有水时，方可通电；

（2）起飞、着陆前关断电源，倒空盛水杯内的水，并将盛水杯固定。

（六）餐车

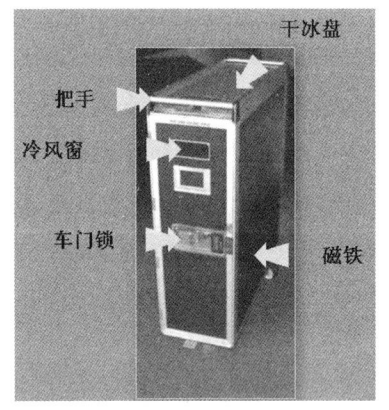

附图10　餐车

餐车，用于存放各类食品、饮料、用具、用品等，如附图10所示。

特殊考虑：

（1）餐车不得用于存放各种试剂、疫苗或其他生物化学制剂、制成品；

（2）餐车按规定位置存放；

（3）起飞、着陆前，必须妥善存放（不超出规定限载重量），车门紧锁踩好刹车，并被锁扣固定。

四、旅客服务设备

（一）旅客座椅

下面将从"椅背""扶手"和"其他设施"三个方面来介绍旅客座椅（见附图11）。

1. 椅背

（1）操作

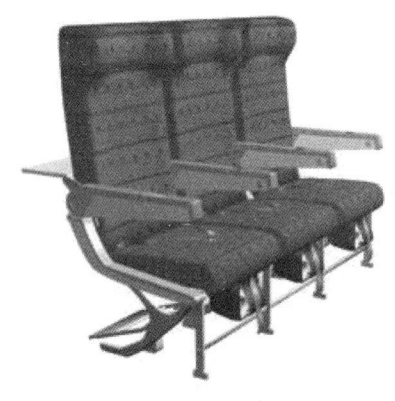

附图11　旅客座椅

压下扶手上的按钮向后倚靠可将椅背向后放倒至少15度；椅背通常也可前倾。

（2）特殊考虑

部分靠近机门、应急窗的旅客座位的椅背无法向后或向前放倒。

有些飞机上的座位是无法前倾的，不要硬推，否则会损坏座椅结构。

每一旅客座椅上都配有安全带（机上配备的加长安全带必须与旅客座椅上的安全带相匹配）。

2. 扶手

（1）操作

旅客座椅间的扶手通常可向上翻起，或被拆卸。

（2）特殊考虑

所有飞机上都有一些过道座位的外侧扶手可向上翻起，以便于轮椅旅客就座。

在一些飞机上，至少半数以上的过道座椅扶手可以移动。

3. 其他设施

飞机上座椅设计有旅客服务或娱乐组件。

注意：起飞、下降时椅背必须调直，餐桌与旅客荧屏必须被收藏起来。

（二）窗户与遮光板

窗户用于观察窗外，遮光板用于遮挡阳光，如附图 12 所示。

特殊考虑：

（1）窗户的机外层与中间层玻璃有时会有裂纹。请立即报告驾驶舱，并将这个窗户附近的旅客调至其他座位，在接下来的飞行中应始终接通"系好安全带"信号灯。

附图 12　窗户与遮光板

（2）如窗户的机内层玻璃出现裂纹，不必担心飞机是否会失压，它是不密封的。将情况报告乘务长并在客舱记录本上做好记录。

（3）起飞、下降时必须打开遮光板，便于观察机外的状况。

（三）污水系统

厨房和卫生间的污水系统用于排除与储存污水。机上的厨房用水和卫生间的洗脸池水经污水管通过安装在机身外的高温排水口排出。便池中的污水则会存入污水收集箱内。

操作注意事项：

（1）勿将茶叶包、冰块、拉环、瓶盖、毛巾等异物投入便池内；

（2）使用/清洁卫生间后应放下便池盖板防止异物掉入；

（3）各类包装饮料、酒类、乳制品、豆浆、果汁等可将盖拧死后投入垃圾箱或存入餐车中；

（4）勿将含颗粒的果汁直接倒入厨房下水池中。

五、安全设备

（一）客舱维修记录本（Cabin Log Book，CLB）

每架飞机上都有客舱维护记录本，当机组成员在执勤期间发现或由旅客反映中得知飞机客舱设备功能及外观存在缺陷或故障时，用来填写这些缺陷或故障，以便维修部门及时维修。客舱设备包括内话系统、广播系统、音像设备、应急设备、灯光照明及各种座椅等。所有记录都应由乘务长用蓝色或黑色圆珠笔书写。乘务长有责任在起飞前对CLB中所记录情况进行检查。

（二）客舱乘务员折叠座椅/限制装置（安全带）

折叠座椅下部有弹簧负载使其成垂直位置并装有限制装置。腿部安全带的固定器和每个带子顶端均装有卷轴带，在每个带子靠近腰部处装有金属调节扣，可用来调节与腿部安全带相连的肩带，如附图13所示。

注意：只有指定的机组人员才可以坐在折叠座椅上；收好安全带，防止带子损坏及紧急情况下阻挡出路；每个折叠坐垫在不用时，应具有自动恢复功能。

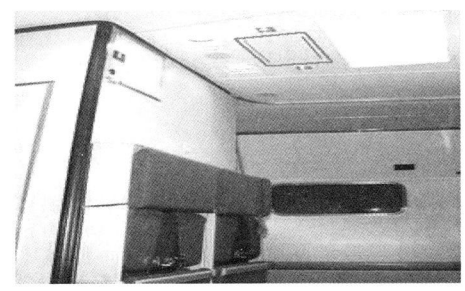

附图13　乘务员座椅

（三）加长安全带

当安全带的正常使用长度不够时使用，应当使用加长安全带，加长安全带连接原来的安全带后使用。加长安全带必须与该机型飞机上的旅客座椅安全带相匹配，不用于客舱乘务员折叠座椅，如附图 14 所示。

（四）婴儿安全带

婴儿安全带是为婴儿提供防冲击的固定装置。将座椅安全带从婴儿安全带中间的环中穿过，使之与座椅安全带相连接。此安全带仅限于 2 岁以下儿童使用。解开安全带时，先解开婴儿安全带，再解成人安全带，如附图 15 所示。

附图 14　加长安全带

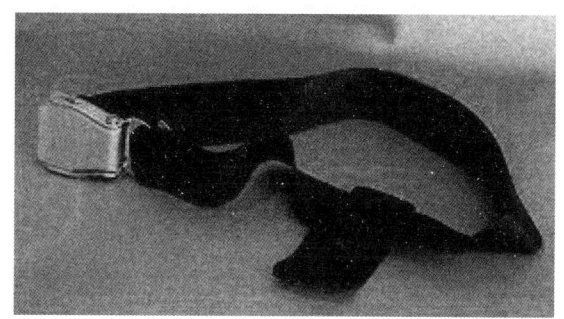

附图 15　婴儿安全带

（五）石棉手套

石棉手套由在驾驶舱内工作的机组人员使用。如发生失火，可使用石棉手套作自身防护，有防火隔热作用。如附图 16 所示。

（六）防烟镜

在驾驶舱的每个机组座位处都有防烟镜。防烟镜用于驾驶舱内的机组人员，可以在驾驶舱充满烟雾时保护眼睛不受伤害，保证飞行员继续飞行。如附图 17 所示。

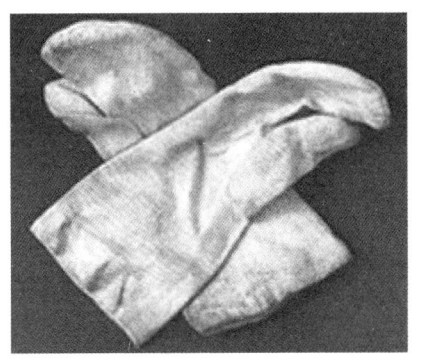

附图 16　石棉手套

附图 17　防烟镜

六、紧急撤离设备

（一）紧急出口

机门，即地板高度出口，装有滑梯或滑梯筏，如附图 18 所示。

应急窗，即非地板高度出口（部分机型的应急窗附带有滑梯装置），如附图 19 所示。

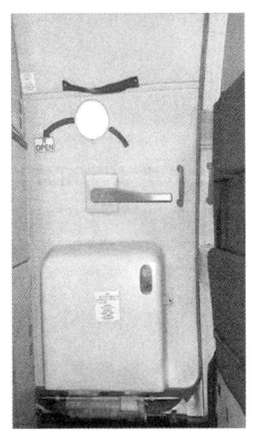

附图 18　机门

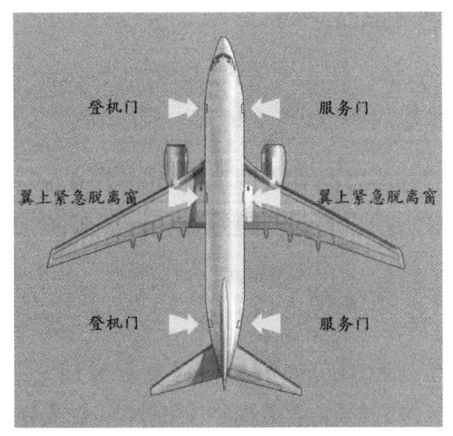

附图 19　应急窗位置

（二）滑梯

滑梯仅用于陆地迫降，水上迫降时可拆卸下来作为浮板，如附图20所示。通常在舱门滑梯预位情况下开门可自动充气，自动充气失效时，可拉地板上的红色人工充气手柄进行人工充气。掀开滑梯顶端的盖布，拉出白色断开手柄，割断系留绳，可使之与机体完全脱离。

飞行前必须检查滑梯的压力。滑梯充气不足或不充气时，可使用滑梯底部两侧的手柄使之展开，作为软梯使用。

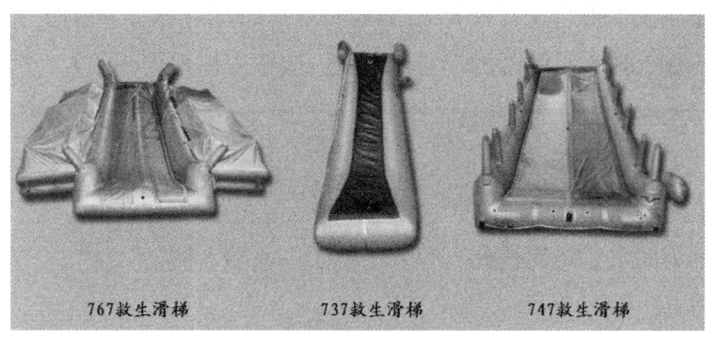

附图20　滑梯

（三）救生筏

救生筏用于水上迫降时撤离旅客。救生筏为六角形或八角形，折叠后装入带有搬运手柄的包装袋中，如附图21所示。

注意：使用时无须解开包装袋上的绳扣；救生筏包重量最少为50~64千克；两个充气管分别位于筏的上下两侧；无论哪一面在上，救生筏都可以使用；断开手柄、人工充气手柄、缠绕好的系留绳位于包装袋上一块颜色显明的盖布下；救生包系在展开的救生筏上，由一根绳子连接着漂浮在水中，撤离时必须将其拉入救生筏上。

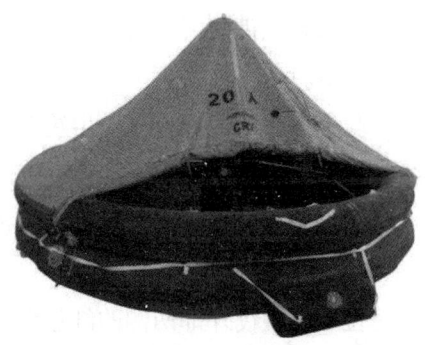

附图21　救生筏

以六角形救生筏为例，该救生筏重量约为 63.5 千克，正常载客容量为 46 人，最大为 69 人。该救生筏存放于救生筏存放处或者适用的应急出口上方的行李架内。

1. 帐篷的安装

从救生包中取出帐篷和支架；将支架固定于救生筏连接处和帐篷的支撑点。确认拉链式的开口在登筏处。从逆风一侧开始支撑，以在风大时能够控制帐篷。用索扣或绳子将帐篷与筏身连接并固定。

2. 平衡

救生筏载量不得超过其最大限制载量。进入救生筏后，所有人员应两腿伸直，面对面坐于救生筏的两侧。要移动时，应事先提示周围的人，并采取爬行姿势，不得站立行走。

3. 救生筏辅助设备

（1）说明书（英文）

说明书为防水、防腐设计，存放于救生筏前端右侧。

（2）刀具

存放于系留绳旁的刀具，用于水上迫降时割断系留绳，使救生筏与飞机脱离。该程序应在撤离完成后进行，以防止救生筏接触到尖锐的金属残片或被溅出的燃油侵蚀。

（3）登筏处

应从救生筏两端的登筏处登上救生筏。

（4）救生环

救生环由缆绳连接于救生筏左侧的尾部。救生环主要用于援救落水者并将各救生筏连接在一起。

注：用布包裹缆绳以防筏身受损。

（5）救生索

位于救生筏外部两侧的红色绳索，用于提供落水者漂浮时攀牵用，直至由登筏处上筏。

注：避免由筏两侧上筏，以防筏翻侧。

（6）海锚

小的伞状尼龙织物，系在救生筏的外沿，在救生筏上标示有其位置，用于减少救生筏漂流与漂荡，将其停泊在迫降处附近，便于营救。

注：抛海锚时应在救生筏风上侧，用布包裹缆绳以防筏受损。

（7）发射器固定点

救生筏左侧、右侧前端的发射器固定点用于固定应急定位发射器，防止其随波逐流。

（8）定位灯

定位灯使用水驱动电池供电。安装于登筏处附近。可帮助营救人员在夜间或能见度很低的环境下识别救生筏。

（9）人工充气泵（充气阀门与接头）

人工充气泵用于救生筏气囊充气。使用时，打开充气阀门，将接头连接充气阀门与手泵。充气完成后，关闭充气阀门。

（10）帐篷支撑棒

帐篷支撑棒位于救生筏两侧。通过8个支撑棒将帐篷覆盖整个救生筏。

4. 救生（SK）包

一般每个救生筏都配备一个救生包。救生包可为紧急撤离后的生存提供帮助，在撤离到安全地带后再从水中捞出使用。

救生包辅助设备包括：

（1）救生手册

救生筏维护设备的使用和详细的求生说明。塑料纸印制，浸水后不易腐烂。

（2）修补钳

用来修补救生筏的破损面。使用时，应小心撕开或用刀具割开较小的破损口，将修补钳下部的垫片穿入并紧贴破损口，然后将上方的盖片压下封严，放下翼形螺帽，将钳的两部分垫片拧紧。

注：操作时，修补钳上拴的绳子应系在手上，以防掉出筏外。

（3）瓶装／袋装饮用水

每个救生包内装有少量瓶装／袋装饮用水。应注意保存，必要时使用。

（4）水净药片

用于净化收集到的淡水。较清洁的1升淡水放入1片，用力摇晃，沉淀3分钟后可饮用；较污浊的1升淡水放入2片，用力摇晃，沉淀10分钟后可饮用；

温度较低的 1 升淡水放入 2 片，用力摇晃，沉淀 20 分钟后可饮用。净化后的水应控制饮用。

（5）急救品

烧伤药膏：用于烧伤、晒伤、灼伤。

氨吸入剂：用于苏醒昏迷者。使用时，直接由中间折断，放于昏迷者鼻下。

消毒剂：用于创伤部位的消毒。使用时，将盖子取下套在瓶身另一端，挤压瓶身至破裂。但应避免碰触到瓶塞，因瓶塞可用作棉签。同时远离眼睛周围。

绷带：用于包扎流血或擦伤的创面。

多用刀具：用于维护设备或切割食物。

（6）目视信号装置

应急撤离后发射求援信号。存放于每个救生包内，独立真空包装。其两端分别具有昼间/夜间使用功能。

说明：平滑的橘黄色盖子一端用于昼间，可发射橘红色烟雾信号。晴朗、无风的天气其目视距离可达 13 公里。烟雾持续时间为 20 秒；有突出圆点的橘红色盖子一端用于夜间，可喷射出明亮的红色火焰信号，晴空的夜晚其目视距离可达 6 公里。信号持续时间约 20 秒。

注意：确定救援飞机或船只进入视听范围时开始发射。

使用：确认应使用的部分；在救生筏的下风侧握住信号弹下端并伸出筏外，手臂与水面成 45 度角（防止热的燃屑烧坏救生筏，并防止信号弹的烟雾吹向筏内的人员）；打开盖子，拉开环形扣，启动导线引燃信号弹；使用完毕，将燃过的一端浸入水中冷却，妥善保存信号弹未用的一部分并存放于救生包内。

（7）海水染色剂

海水染色剂为化学试剂，用于定位及求救。昼间在较平静的水面，可将救生筏周围 300 米（1000 英尺）的水面染成荧光绿色，持续时间为 45 分钟。使用时将短绳系在救生筏逆风的一方；撒放染色剂或将染色剂投入水中。

注：确定救援飞机或船员进入视听范围后使用。

（8）手电筒

有效可视距离为 15 公里的海域范围。该手电筒只用于夜间，不使用时应妥善保管并注意防潮。

(9) 反光镜

将太阳光反射到过往的飞机和船只上。镜面反射光线可以被32公里（20英里）范围内的人发现；反射镜可反复使用。连续使用时，让筏上的人员轮流使用。使用时，慢慢将镜子拿至眼睛高度，透过视孔观察；对准阳光后，成为一个引导指示器；将镜子靠近眼睛，不断变换角度直至阳光对准目标（太阳与目标在同一面）。

(10) 舀水袋

舀水袋，用于舀尽救生筏积水，也可用于储存淡水。

(11) 脱水海绵

脱水海绵，用于吸干救生筏积水。

(12) 口哨

口哨，用于召唤幸存者、其他救生筏或水上最近区域的船只。

（四）坐垫

坐垫，是漂浮工具。撤离时，上拉并拔出客舱坐垫，将带子展开，把垫子压在胸前，紧抵下颌，双臂从带子中伸出，坐垫紧抵下颌，双手相扣或抓住两侧的带子。

（五）救生衣

救生衣，供漂浮时使用，如附图22所示。水上撤离前，拉座椅下方（部分机型救生衣在旅客头顶上方的PSU面板里）黄色标签带打开塑料包取出救生衣。将救生衣从头上穿过，红色充气阀门应在身前。将带子从后向前扣好，系紧。调节带子的松紧，使救生衣与腰部吻合。在离开飞机时拉下红色充气阀门使两个气囊充气。如果救生衣漏气或不能充气，则使用人工充气管充气。

1. 儿童救生衣的使用

拉黄色标签带打开塑料包取出救生衣；

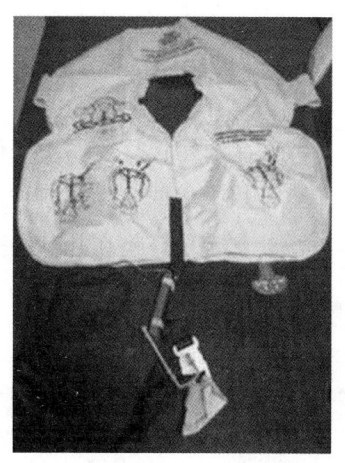

附图22　救生衣

将救生衣从儿童的头上穿过，红色充气阀门应在身前，将背后的救生衣拉下使其完全展开；

将带子从小孩的两条腿间交叉穿入前面的环中扣好，系紧；

调节带子的松紧使救生衣与腰部吻合；

多余长度的带子缠在小孩的腰间；

离开飞机前拉下一个充气阀门使一个气囊充气；

若救生衣漏气或不能充气，则使用人工充气管来充气。

2. 婴儿救生衣的使用

打开塑料包取出救生衣；

拆下救生衣上的两个气瓶；

用人工充气管给一个气囊部分充气；

让婴儿脸面向上，把头放在救生衣最上端将婴儿纵向躺在部分充气的救生衣上；

用带子缠住救生衣并将一条带子在婴儿两条腿之间系好。

注意：

（1）救生衣正反可以调换。

（2）若要释放出救生衣内气体，压下充气管内的阀门并挤压救生衣使气体挤出。

（3）旅客救生衣是黄色的，机组救生衣是红色/橘黄色的。

（4）示范用救生衣为黄色的是不可充气的。

（六）救生衣定位灯

救生衣定位灯，用于在夜间确定落水旅客的方位。当海水浸入救生衣中底部电池块上的两个小孔内时，电池即开始工作。

注：定位灯将在几秒内亮并可持续亮8~10小时。

（七）手电筒

手电筒，用于指挥、搜索、发布求救信号等。直接从乘务员座椅下的支架上取下，灯即亮，通常可持续使用4小时以上。如附图23所示。

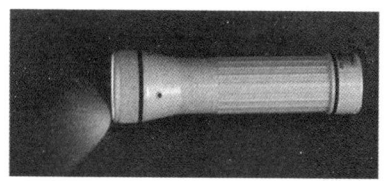

附图 23　手电筒

用后重置：把断路开关嵌入支架、使之复位，否则，电池将被耗光。

电量指示灯：若闪亮间隔时间在 10 秒钟以上会变暗，表明电量不足，需更换电池。

（八）麦克风

麦克风，是用于在紧急情况下指挥旅客的广播系统，可以在舱内和舱外使用。如附图 24 所示。使用时，取下麦克风，按下讲话开关，将麦克风靠近嘴边，根据声音大小来调整音量。

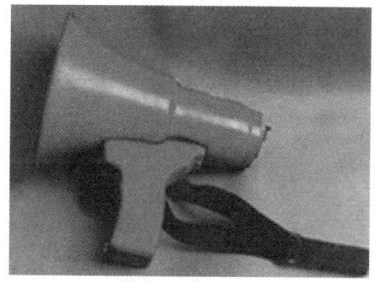

（九）应急发报机（长筒型）

附图 24　麦克风

应急发报机，可以为援救者提供一个方位信号。在紧急情况时发射无线电频率，频率为 121.5MHz、243MHz、406.025MHz。如附图 25 所示。

附图 25　应急发报机

在水上时，将应急发报机的绳索绑在救生筏上。取下发报机套子，将应急发报机投入水中，绳索自动松开（在海水中 5 秒钟后开始工作，在淡水中 5 分钟后开始工作），放入水中后天线即自动伸直。使应急发报机与救生筏体及绳索保持相近的距离。中止发报时，将应急发报机从水中取出，并把它平放在救生筏上。

在陆地上时,将应急发报机尽量避开障碍物,不能倒放。松开绳索,天线自动竖直。将应急发报机袋内或套内装入一半的水;把发报机放入套内或袋内,发报机开始工作。发报机的袋内或套内,只能放水、咖啡、果汁或尿液,不能放入油中。

一旦接通,应急发报机将持续发射48小时以上,作用范围大约350千米。应急定位发射器在咸水中比在淡水中发射时间长,在冷水中比在热水中发射时间长。

(十) 救生斧

救生斧,在紧急情况时用于清理障碍物及灭火。救生斧手柄包裹有绝缘材料,是足以耐2400伏电压的绝缘体。刀口有一保护套,以避免不使用时误伤人。如附图26所示。

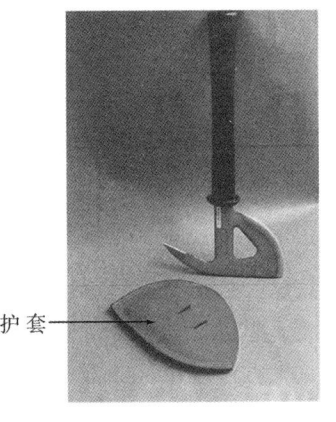

附图26 救生斧

(十一) 应急灯光

应急灯光包括安装在地板处的撤离路径灯、客舱顶灯、上下出口指示和应急滑梯照明灯,便于在紧急情况下提供目视帮助。撤离路径灯包括地板上和座椅腿边的白灯、绿灯、应急发光条及通向每个出口处的红色指示灯。如附图27所示。

附图27 应急灯光

当驾驶舱内应急灯开关放在"Armed"位置时,所有的应急灯在飞机电源失效后自动接通,可以使用15~20分钟。

当驾驶舱的应急灯开关放在"ON"的位置时,所有应急灯都会亮。

当客舱乘务员控制板上的应急灯开关放在"ON"的位置时,所有应急灯也会亮,并可超控驾驶舱。

在通道两侧的地板上安装了有光致发光的应急逃生通道照明应急发光条,在距离客舱地板 1.2 米高以上的所有光源都被烟雾遮蔽的情况下,打开逃生通道的照明应急发光条以后,可以为应急疏散提供照明。

应急发光条需要被正确地激励。在激励过程中,需要打开全部的客舱顶和侧壁的灯,应急发光条不能被覆盖或遮住。

七、氧气系统——氧气面罩

(一)功能

氧气面罩是旅客用于吸氧的工具,当客舱释压时,为飞机上所有成员提供足够的氧气,供氧量和供氧时间符合国际民用航空组织(ICAO)的用氧标准。

(二)位置

旅客氧气面罩位于每一排旅客座椅上方氧气面罩储藏室内、洗手间马桶上方及每个乘务员座椅上方。

(三)氧气面罩脱落方式

自动方式:当客舱释压后,氧气面罩储藏室的门自动打开,氧气面罩自动脱落。如附图 28 所示。

电动方式:当自动方式失效或任何高度层,由机组操作驾驶舱内的一个电门(MASK MAN ON),如附图 29 所示。氧气面罩储藏室的门也能打开,氧气面罩脱落下来。

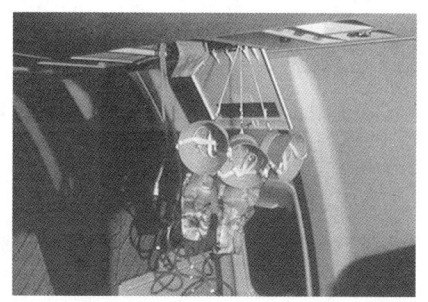

附图 28 氧气面罩脱落

人工方式:当自动和电动都无法打开氧气面罩储藏室的门时,可由人工使用尖细的物品,如笔尖、别针、发卡等,打开氧气面罩储藏室的门,使面罩脱落。

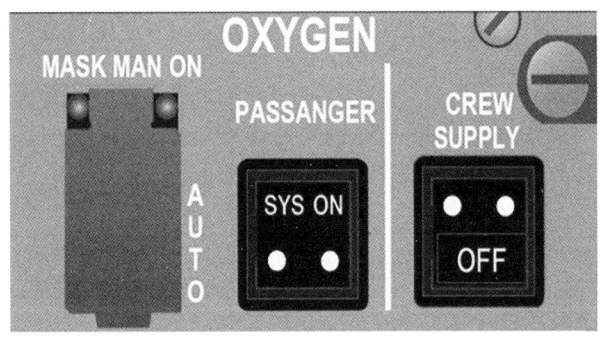

附图 29　氧气面罩脱落电门

（四）使用方法

当氧气面罩脱落后，用力拉下面罩，将面罩罩在口鼻处，正常呼吸。

（五）供氧方式

大多数机型上的旅客用氧是由氧气面罩储藏室内的氯酸盐化学氧气发生器提供的。

（六）注意事项

必须拉动面罩才有氧气流出，拉动一个面罩可使该氧气面罩储藏室内所有的面罩都有氧气流出；氯酸盐化学发生器供氧时间为 15 分钟，氧气发生器一旦触发，就不能停止；氧气面罩不能用作防烟面罩使用；氧气发生器工作时，组件会发热，客舱的温度会稍有增加，同时伴随有燃烧的气味和烟雾；化学氧气发生器工作时，不要用手触摸，以免烫伤；用完后乘务长应及时填写客舱故障记录本。

八、空调和增压系统

空调系统通过处理来自发动机或动力辅助装置（APU）的引气或来自地面气源的空气而提供温度控制的空气。地面气源供给的空气，通过混合进气管进入空调系统，并送至客舱分布管道。温度控制空气与再循环的客舱空气在

③ 相应客舱乘务员区域会听到提示音。

（3）再次按压卫生间门外壁的提示灯使其复位，同时乘务员区域呼叫灯面板上的提示灯灭。

（五）主呼叫灯

吊装式主呼叫灯面板分别位于前、后客舱顶部。

（六）旅客信息通告

（1）客舱内每个旅客头顶上方的服务单元均设有"禁止吸烟"和"系好安全带"标识灯，以保证每位旅客都能够清晰地看到。

（2）每个卫生间内的"返回座位"标识只有灯亮时显示。

（3）这些标识灯由驾驶舱人工或自动控制。

（4）标识灯的亮/灭循环将同时伴随有谐音提示。

十、客舱灯光系统

（一）非平飞阶段时的灯光

（1）为了安全起见，在登机、安全示范、安全检查和下机时将客舱灯光亮度调至100%。

（2）在起飞、下降、滑行时将客舱灯光亮度调至10%，厨房工作灯亮度调至10%，以增加紧急情况下的能见度。

（二）平飞阶段服务时的灯光

（1）客舱灯光亮度调至50%或100%，以便提供客舱服务。

（2）在夜间航行或播放录像时，客舱灯光亮度调至10%。

（3）夜航飞行中，厨房灯光亮度调至50%。

（4）在供餐前不要用强光唤醒旅客。

图书在版编目（CIP）数据

客舱服务技能与训练 / 贾丽娟主编. -- 5版. -- 北京：旅游教育出版社，2022.12
民航空中乘务专业系列教材
ISBN 978-7-5637-4380-3

Ⅰ．①客… Ⅱ．①贾… Ⅲ．①民用航空－旅客运输－商业服务－教材 Ⅳ．①F560.9

中国版本图书馆CIP数据核字(2022)第004606号

民航空中乘务专业系列教材
客舱服务技能与训练
（第5版）
贾丽娟　主编
高宏　田宇　黄天吉　刘英子　参编

策　　划	李红丽
责任编辑	李红丽
出版单位	旅游教育出版社
地　　址	北京市朝阳区定福庄南里1号
邮　　编	100024
发行电话	（010）65778403　65728372　65767462（传真）
本社网址	www.tepcb.com
E-mail	tepfx@163.com
排版单位	北京旅教文化传播有限公司
印刷单位	天津雅泽印刷有限公司
经销单位	新华书店
开　　本	710毫米×1000毫米　1/16
印　　张	21.5
字　　数	293千字
版　　次	2022年12月第5版
印　　次	2022年12月第1次印刷
定　　价	39.00元

（图书如有装订差错请与发行部联系）